첫사랑은 추억이고

우정은 그리움이다

첫사랑은 추억이고 우정은 그리움이다
2025년 09월 09일 초판 발행

저　　자 | 심인택
삽　　화 | 유란
발행인 | 박찬우
발행처 | 파랑새미디어
등록번호 | 제313-2006-000085호

서울특별시 마포구 서교동 357-1 서교프라자 318
전　　화 | 02-333-8311

정가 18,000원
ISBN 979-11-5721-210-1(03810)

이 출판물은 저작권법에 의해 보호를 받는 저작물이므로
무단 복제할 수 없습니다. 잘못된 책은 교환해 드립니다.

첫사랑은 추억이고 우정은 그리움이다

글 · 심인택

머릿말

어느날

붓을 들고 원고지 앞에 앉았을 때 가슴 떨리는 흥분이 있었다.

그것은 두려움과 자신감으로 뒤섞여 있었고, 글을 쓰는 내내 행복과 즐거움을 함께하는 매순간의 열정이기도 했다.

오래전, 아득한 기억과 마주하는 시간이었다.

그 기억과 이야기하고 싶었다.

순박하고 풋풋한 순정의 첫사랑.

그리고 진솔한 감정과 존중으로 오랜 만남을 슬기롭게 이끌어가는 이성의 우정의 이야기다.

그 사랑과 우정의 배경에는 사라져가는 60년대 농촌의 아련한 풍습과 우리들의 시골 문화를 빼놓을 수 없다.

첫사랑과 우정 그리고 그 시절의 이야기들을 실처럼 뽑아내어, 흐려지는 망각의 세월 속에 잊히지 않고 조금이라도 전해 보고 싶은 심정도 있었다.

있을 수 없는 긴 인연.

오랜 세월 동안 추억의 그리움으로 찾아가는 진정 소설 같은 인연의 이야기라고나 할까….

누구에게나 추억은 있다.

감추어진 아름다운 이야기.

설익은 첫사랑이든, 친구와의 깊은 우정이든, 버릴 수 없는 소중한 인연이든, 잊지 못할 기억의 수많은 이야기들. 그 행복한 비밀의 세월 속에 자신만의 세계에게 꿈을 꾸는 첫사랑의 이야기.

추억의 긴 시간을 되돌아보며 서술해 가는 내내 인연이 무엇인지 의문의 부호를 머릿속에 떠올리면서 한 편의 드라마를 연출해 보는 부끄럼 속에 필을 놓는다.

심 인 택

목차

1부; 나비의 꿈

캠핑 여행 …………………… 010	천렵 …………………… 116
친구 …………………… 016	외갓집 1 …………………… 119
회상 …………………… 021	외갓집 2 …………………… 125
설렘 …………………… 024	닭서리 …………………… 134
방문 …………………… 026	마실놀이 …………………… 140
다시 만남 …………………… 029	염소뒷다리 …………………… 143
나비의 꿈 1 …………………… 035	설날 …………………… 147
소개 …………………… 037	입영영장 …………………… 153
청송집 1 …………………… 040	환송나들이 …………………… 156
첫 만남 …………………… 050	머나먼 곳, 청송, 가출 ……… 166
깊은 밤 데이트 1 …………… 054	과수원 …………………… 173
깊은 밤 데이트 2 …………… 063	이별? …………………… 183
깊은 밤 데이트 3 …………… 069	학훈단 (회환) …………… 186
깊은 밤 데이트 4 …………… 077	마지막 편지 …………… 193
동창생 …………………… 079	딸기밭 …………………… 196
대숲밭에 탈출 …………… 088	청주 시내 구경 …………… 200
청송집 2 …………………… 097	아픔의 소식 …………… 207
친구 우석 …………………… 104	미리 …………………… 210
할아버지 …………………… 109	미랑 …………………… 213

2부; 세월의 방아

재회 ·· 218
종이학 ······································ 224
을숙도 ······································ 227
세월의 방아 ······························ 233
여린 순정 ·································· 236
출장 ·· 239

송도 바다 ·································· 241
엄궁 부두 ·································· 246
뒤안길 산책 ······························ 250
기장 바닷가 ······························ 255
얼음골 ······································ 260
이별 ·· 268

3부; 인연의 끈

나비의 꿈 2 ······························ 278
기쁨 ·· 285
회상 ·· 291
다짐 ·· 296
팔공산 ······································ 298
색소폰 연주 ······························ 300
야영 ·· 306
오솔길 산책 ······························ 309
상념 ·· 311
유람 산천 ·································· 313
마음의 행로 ······························ 316
야생화 정원 ······························ 318
산골의 별장 ······························ 321
청황산 숲길 ······························ 326
노을 속으로 ······························ 329
저수지 산책 ······························ 334

마중 ·· 337
까투리 ······································ 341
천축사 ······································ 345
연정 ·· 351
항아의 월궁 ······························ 354
남천강 산책 ······························ 358
크루즈 여행담 ·························· 362
봄바람 꽃바람 ·························· 380
외로운 여로 ······························ 384
석남사 ······································ 389
달빛 연서 ·································· 383
인연의 끈 ·································· 398
청보리밭 ·································· 403
여심의 바다 ······························ 407
인생은? 꿈! ······························ 410

캠핑 여행	깊은 밤 데이트 4	입영영장
친구	동창생	환송나들이
회상	대숲밭에 탈출	머나먼 곳, 청송, 가출
설렘	청송집 2	과수원
방문	친구 우석	이별?
다시 만남	할아버지	학훈단(회환)
나비의 꿈 1	천렵	마지막 편지
소개	외갓집 1	딸기밭
청송집 1	외갓집 2	청주 시내 구경
첫 만남	닭서리	아픔의 소식
깊은 밤 데이트 1	마실놀이	미리
깊은 밤 데이트 2	염소뒷다리	미랑
깊은 밤 데이트 3	설날	

제1부

나비의 꿈

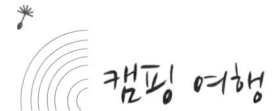

8월의 하늘이 머리 위에 뜨겁다.

'살라미'같이 엷게 깔린 솜털 구름이 실안개처럼 점점이 흩어져서 흘러간다.

나무 막대기 하나 주워다가 쑤욱 찔러서 빙글빙글 돌리니 실안개가 둘둘 말려서 하얀 솜사탕이 되어 부풀어온다.

가만히 손가락으로 찔러 살짝 뜯어내어 침 고인 입속에 넣고 녹여본다. 입안에서 녹아나는 꿀맛 같은 단맛. 가슴에 촉촉이 녹아드는 행복한 맛, 빙그레 웃음을 짓는 즐거운 맛이다.

솜사탕을 머릿속에 녹이며 심인택이는 여행을 떠나기로 들뜬 마음을 굳힌다.

급히 캠핑 장비를 챙기기 시작했다. 캠핑카로 훌쩍 떠나는 나 홀로 여행이다. 목적지도 없는 자연 속에 묻는 나그네.

이곳저곳 기웃거리며 야영도 숙식도 캠핑카 안에서 해결하며 여행을 즐긴다. 혼자만의 여유로움에 해방된 기분이다.

집을 떠난 지 벌써 열흘 정도 되었다. 고향 집에도 들렀고 가까운 곳에 계시는 엄마 요양원에도 들러 잠깐 머물고는 편안히 잘 지내고 계신지 확인도 하고 짧은 시간이나마 효도하고 길 따라 경치 따라 정해진 곳 없이 마음 따라 발길 따라 쉬엄쉬엄 구름 흐르듯 여유롭게 여행하며 만년의 풍족한 시간을 즐기며 아주 흡족한 혼자만의 여행이 되었다.

천년고도 경주에 도착하여 어린 시절 수학여행 때 견학하고는 오랜 세월이 흐른 뒤 이제 다시 이곳저곳 답사해 보았다. 신라 마지막의 비극이 전해져 오는 안압지에서 하룻밤을 또 보냈다. 아침 늦게 잠에서 깨어나 고요함이 깃들어있는 안압지 둘레를 천천히 한 바퀴 돌아 야트막한 언덕바지에 올라 큰 소나무 밑에 자리 잡고 앉았다. 그저 무심한 마음에 잔물결을 바라보고 있을 때, "혼자 여행하시나 봐요?"

누군가의 말소리가 귓가에 울렸다. 돌아보니 한 쌍의 나이 든 남녀가 약간의 기울어진 비탈에 앉아서 과일을 먹고 있으면서 인사를 건네온 것이다.

"아, 네⋯."

좀 멋쩍어하며 답례하고 미소를 지었다.

"심심하지 않으세요? 혼자 여행이⋯ 애인이라도 함께 다니시지 그래요."

참 별걸 다 묻고 관심을 표현한다 싶었지만, 명랑한 표정과 시원스러운 목소리에 가식이 없음이 보여 웃음으로 답했다.

"혼자가 편합니다. 신경 쓰임 없이 조용히 나만의 즐거움이 있으니깐요."

"멋있는 분이 고독해 보여요, 그렇게 앉아 먼 곳을 보는 모습이 자연환경에 잘 묻혀 쓸쓸함이 배어 나오는 것 같아 한 말씀 드렸습니다. 이해하시기를 바랍니다."

함께 있는 남자가 허허거렸다. 연인 사이인가? 부부는 아닌 것 같은데…. 중년의 남녀라 딱히 집히는 느낌이 없다. 아직은 아침나절인데, 저네들도 여행 중인 가보다. 연인이든 부부든 보기 좋은 그림이다.

포도랑 사과를 가져다준다. 출출하던 참이라 감사히 받아먹었다. 잠깐의 인연으로 덕담과 함께 조용히 작별 인사를 하고 일어섰다.

동해 쪽으로 방향을 잡았다. 해안을 따라 쭉 내려오면서 바다 경치를 보며 중간중간 휴식도 취하고 야영도 했다. 8월의 여름 바닷가는 언제나 역동적인 모습으로 보은 이의 가슴을 활짝 열어젖혀주고 해방된 기분을 황홀한 감정으로 온몸 구석구석 짜릿한 전율로 전신을 아득하게 만든다. 시원한 바람은 얼굴을 스치다 못해 좁쌀 알갱이인 양 아프게 때리고 산발한 머리카락을 쥐어뜯으며 뽑아낼 듯 미친 듯이 춤을 춘다.

해안선을 따라 쭈욱 내려왔다. 새벽 어시장 공판장에서 경매꾼들의 시끌벅적한 삶의 현장도 체험하고 퍼덕거리는 생선과 싱싱한 해산물, 왁자지껄한 인간 군상들 그 속에 묻혀도 보았다.

방랑 끼가 있는 게다. 내 몸속엔 언제나 자유로운 영혼이 자리 잡고 있는 거다. 문득문득 떠나고 싶은 충동이 있기에….

기장 바닷가에 도착해서 야영을 했다. 옛날엔 한적한 시골 어촌인데 이미 도시화가 진행되어 몰라보게 발전되어 있었다. 딱히 35년 전에 이곳에 한 번 왔었다. 길옆으로 언덕배기에 간단한 횟집이 올망졸망 있었는데 바로 바닷가를 끼고 있어 위에서 내려다보면 경치가 일품이었다. 키가 큰 소나무도 듬성듬성 서 있었고 그 중간중간에 간이 식당들이 있어 관광객을 맞아 영업하는 횟집들이 나란히 몇 군데 있었다.

천막을 친 평상에 식탁이 놓여 있고 바닷바람이 가파른 언덕배기를 치고 올라와 시원하게 바람을 불어주어 청춘 남녀 연인들의 데이트 장소로 한몫하는 곳이었다. 이젠 그런 정취가 묻어나는 낭만 있는 풍광은 옛것이 되어버렸고 고급스러운 주택과 빌딩만이 휘황한 가로등 불빛 속에 가물가물 잠들고 있었다. 아무리 찾아봐도 기억을 더듬어 봐도 옛 그림자는 아련한 추억 속에 아슴푸레하게 잠들어 버렸다.

어느 한쪽 벼랑 끝자락에 앉아 어딘가에서 그녀와 회를 먹고 술을 한잔했던 기억이 안개 속의 피어오르는 한 컷의 영상이 자꾸만 가까이 다가오고 있었다.

"그래! 기지다."

"이기지, 그녀다. 그녀와 이곳 기장 바닷가에 왔었지. 참 고운 여자였지. 딱 이십 년 전 청도역에서 헤어진 후 한 번도 잊어본 적이 없는 여자, 내 첫사랑! 기지가 불현듯 떠올랐다. 맞아! 이참에 기지를 찾아볼까 보다" 하고는 반짝하는 섬광, 한 줄기가 뇌리를 스쳐갔다. 청도역에서 마지막 본 후 아차 하는 순간 세월은 저 동해, 바다 위에 떠 있는 흰 구름처럼 조금씩 흘러가듯 야금야금 제 갈 곳으로 갔다. 부지불식간에 어느새 오십 년이란 시간이 지나가 버렸다.

내 삶의 영역에서 열심히 활동하며 바쁘게 살아왔기에 시위를 떠난 화살이 정해진 과녁으로 향해 번개처럼 달려가는 줄 모르고 의식도 못 차린 채 시간이란 도둑놈에게 강탈되어 고스란히 바쳐 버렸구나! 기지도 많이 변했으리라 피차 칠십을 바라보는 노년의 시간을 간간이 뒤돌아보는 여유를 즐기고 있을까?

비탈진 벼랑길에 서서 먼바다 저녁노을을 바라보며 내려와 파도치는 해안도로 길옆 바위 귀퉁이에 차를 세우고 하룻밤을 자기로 했다. 넘실거리는 검은 파도 위로는 푸른 달빛이 청량하게 너울거리며 밀려와서 바윗돌을 세차게 휘감아 처대는 밤 바닷가, 갈매기들은 이 밤을 어디에 모여 하루의 휴식을 취할까?

차 속에 간단히 술상을 마련하고 자연풍광을 즐기며 잊었던 지난 일들을 돌이키며 추억의 주머니에서 살금살금 하나씩 끄집어냈다. 삼십여 년 전 이곳 기장 바닷가 어느 언덕에서 기지와 한잔 술을 나누던 생각이 물안개처럼 피어왔다. 기지의 모습이 아슴푸레 떠오르기 시작했다. 짧은 커트 머리가 잘 채색되어 참빗으로 곱게 빗어놓은 것처럼 찰랑이며 긴 속눈썹이 깊은 호수 같았다. 단아하게 받쳐 입은 투피스가 세련미로 몸에 곱게 배어서 전해 오는 조용한 모습은 사십 초입에 들어선 여인으로 아름답게 보였다.

"머리색이 참 곱고 멋있어요." 속눈썹이 진정 매혹적이라고 속말을 감추고 불어오는 바람에 살랑이는 갈색 머리에 인사를 했다.

"아, 이거 코팅한 거예요."

머리색을 코팅한다는 것을 그땐 몰랐다. 염색은 알았지만… 십 년 만에 재회를 한 후 지방에 업무차 내려오면 기지를 가끔 만났었다. 기지의 조신한 여성스러움이 서로가 반듯하게 갖춘 예의로 만났다. 옛 생각이 자꾸만 펼쳐지는 추억이 밤바다 파도 소리에 어우러져 온갖 상념들이 술잔 속에 쉽게 잠들지 못했다.

끼욱끼욱… 귀청을 어지럽히는 갈매기들 울음이 새벽 바다에 무리 지어 울부짖는 노랫소리에 잠이 깼다.

먼 곳 수평선엔 붉은빛이 차츰차츰 물들이듯 번져오고 있는 파도 넘어 조그마한 통통배가 잠길 듯 솟아오르고 가라앉을 듯 떠오르고 하며 열심히 어디론가 떠가는 아침 바다. 파란 하늘이 구름 위에 그토록 맑고 깔끔했다.

정해진 목적이 있으니, 여행이 한결 가뿐하다. 기장을 뒤로하고 해안

따라 내려갔다. 이제 옛 정취의 바닷가는 어디론가 숨어버렸고 멋진 집과 상가만이 줄줄이 연이어져 나타났다.

해운대에 들러 바다 모래톱에 발가락을 간지럽히게 걷고 피로에 찌든 육신을 파도치는 물결에 담겨 보았다. 잘 알려진 세계 속의 명승 관광지라 온갖 인종들의 집합소인 양 다양한 사람들의 전시장처럼 피부색도 모양새도 형형색색이라 솔직히 구경 한번 재밌었다.

백사장 넓은 이곳저곳 청춘을 만끽하는 젊은이들을 부러워하며 잠시 쉬었다.

햇볕이 이글거리는 한낮의 백사장엔 아찔한 비키니 차림의 눈부신 몸매를 보며 조물주의 위대한 작품에 깊은 찬사를 보내며 한동안 쉬었다.

백사장을 앞에 두고 시원한 솔밭 그늘에서 더위를 식히며 즐거운 마음과 피로에 젖은 육신에 활기찬 기운을 충전시킨 후 천천히 일어섰다.

 친구

　대도시의 번잡한 교통체증은 한낮의 이글거리는 태양과 함께 짜증과 조급함이 더위 속에 정비례하여 서서히 요동치는 분화구처럼 폭발 직전의 고속도로다. 언양 쪽으로 가다 양산 통도사 톨게이트를 빠져나왔다. 오히려 한가롭고 시골 풍경이 비쳐 시원하다.

　옛날 부산서 시외버스를 타면 구포를 지나 수산으로 해서 밀양 쪽으로 간 기억이 나는데 이쪽 방면은 초행이라 어딘지 분간이 잘 안되었다. 하여간 내비게이션을 보며 이리저리 구불거리며 잘 포장된 시골 도로를 따라 완행으로 놀며 쉬며 찾아 나섰다.

　사실 가보긴 한다만, 그녀의 소식을 꼭 알 수 있다는 보장도 없지만 그렇다고 이쯤에서 뒤돌아서기엔 또 너무 많이 와버린 현실에 그래도 무작정 그 장소 그 자리에 가보지 않고서 포기하기에는 첫사랑의 사연이 깊고 길어서 마음으로 받아들이기가 쉽지 않았다.

　처녀 시절에 만나 놀던 친정에 그녀가 다시 그곳에 있을 리는 만무할 거고 그 당시 함께 즐겁게 보냈던 친구들이라도 있다면 혹여 기지의 소식이나마 알 수 있을 터이지만, 이미 만년도 한참 노년인데 늙은 친구인들 무슨 관심이 있겠는가…!

 어쩜, 영헌이 그 친구라도 만날 수 있다면 희망이 있을 것 같지만 영헌이도 모른다면 이제는 영영 끈 떨어져 날아가 버린 방패연처럼 꿈의 첫사랑도 너울너울 아련한 추억을 가슴에 안고 서산마루에 사그라지는 마지막 노을빛처럼 황혼에 묻히어 잊힐 것이다.

 밀양시 외곽으로 돌아 무안면으로 가는 길목에 들어서니 포장된 도로에 양옆으로 코스모스가 바람에 간들거린다.

 어린 동심의 고사리손들이 수없이 흔들어 방실방실 인사하는 시골길.

 열아홉 청춘의 시절, 이 길을 얼마나 많이 오갔던가! 울퉁불퉁 비포장 길을 하루에 두 번만 운행하는 털털이 고물 버스에 몸을 부딪치며 친구도 보고 기지도 만나러 갔었다. 꾸불꾸불 산길 재를 감돌아 돌아 올라가니 정상 넘어 약간 비탈진 모퉁이에 차를 세우고 잠시 멈추어 섰다.

 늦여름 산등성이로 불어오는 바람에 더위를 식히고 맑은 공기를 마시며 심호흡을 하였다. 기지가 부산에 있을까?

 언젠가 한 번은 친정 근방에 땅을 샀다고 말했다. 만년에 시골서 살 거라고 하던 말이 어슴푸레하게 기억이 났다. 어쩌면 지금쯤 친정 근방 어느 곳에 살고 있지 않을까? 여긴 없다 해도 혹여 소식이라도 들을 수 있지 않을까?

 많은 궁금증을 가슴에 안고 다시 출발했다. 무안을 지나 내진으로 천천히 주변 환경을 감상하며 옛길을 더듬으며 추억도 생각하면서 찾을 수 있는 희망을 품고 달렸다. 마침내 눈에 익은 풍경이 확연하게, 또렷하게, 서서히 나타났다.

 오! 오십 년이 흘렀구나. 강산은 변함없이 그 자리 그대로인데 세월만 물처럼 흘러가고 말았구나. 인생의 덧없음이 회한이 되어 가슴에 스며왔다. 동네 어귀의 모습은 마을 앞에 고요하게 펼쳐져 있고 입구의 물웅덩이도 언제나 그만큼의 물이 차서 고여 있었다.

마을을 지키는 느티나무도 여전히 푸른 잎을 너풀거리며 시원한 그늘을 만들어주고 있었다. 저녁 어스름이 되긴 좀 이른 시간인지 동네엔 인적이 없고 고요함마저 느껴지는 한적한 골목 어귀에 저만큼 꼬마 소녀 몇몇이 속삭이듯 얘기하고 있는 무리 속으로 걸어가서 말을 건넸다.

"얘들아, 여기 이영헌 씨네 집을 아느냐?"

제법 큰 녀석이 손가락으로 가르쳐 주는데 대충 짐작이 갔다. 골목길로 차를 몰고 찾아가서 적당히 주차하고 집 마당으로 들어가니 텅 빈 느낌에 도시 인기척이 없어 이리저리 살피다가 되돌아 나와 잠시 망설였다.

"어떻게 하나…."

멍하니 응시하다 천천히 근처 논밭으로, 찾아보기로 하고 저수지 근방으로 재차 차를 몰았다. 골목길을 도니 조금 전 놀던 아이들과 한 아주머니가 손자 됨직한 아이를 업고 오는 것이 보였다.

"저기, 이영헌 씨를 아십니까?"

"아이고, 우리 집 양반인데요."

"예? 그럼, 영헌 씨 댁입니까?"

그렇다고 하면서 웃는다.

"아이고, 반갑습니다. 내가 친구 심인택입니다. 조금 전에 댁에 들렀더니 친구가 없어 논밭으로 찾으러 가려던 참이었습니다."

"그 양반 집에서 자고 있을 낍니다" 하고는 함께 걸어갔다. 조금 전 갔을 때 방문을 두드려 봐야 했는데 그냥 나온 것이 아니었다. 떠들썩하게 들어서니 잠이 덜 깬 모습으로 나를 보고는 반가워했다.

"어? 인택이가? 오랜만이다."

"그래 반갑다. 그동안 잘 지냈고?" 손을 맞잡고 반가운 인사를 나눈 후 둘이서 무안면 소재지 장터로 나왔다.

내진에서는 이제나저제나 주막은커녕 식사와 술 한잔할 수 있는 곳이 전무하니 대처로 나올 수밖에 도리 없었다.

잘 아는 단골 식당으로 들어가서 저녁 겸 술 한잔하며 그동안 서로 무탈하게 지나온 세월에 축하하며 온갖 덕담으로 끝없이 술잔이 오갔다. 사실 이 친구도 근 이십여 년 소식없이 지냈다. 내 사업에 많은 도움과 힘 써준 친구였는데 내가 너무 무심했었다. 속으로 많이 미안해하면서 늦게 찾은 우정을 탓하지 않고 그저 반가움에 기뻐하며 많은 술잔을 내게 권해 주는 고마움에 술은 만취되어 갔다.

식당 영업이 끝나고서야 비틀거리며 일어섰다. 밤은 깊었는데 아직 즐거운 기분이 연속이라 한 잔 더 할 곳을 찾아 밤거리를 헤매었지만 마땅치 못해 근처 모텔로 들어갔다. 술도 여러 병 사고 안주도 조금 마련해서 한잔 더하기로 했다.

영헌이는 말술이라고 예전부터 익히 잘 아는지라 밤새 마셔 보자고 작심하고 준비했다.

밀린 얘기를 하며 밤새 마시며 새벽까지 이어졌다. 나는 기지에 대하여 한마디로 묻지 않았고 영헌이도 전혀 그런 내색은 비치지도 않았다.

여름밤은 짧아 이미 새벽은 미명 속에 잔물결처럼 주름 펴듯 밝아오는데 술도 떨어져 갔고 만취 상태에서 마음은 실로 조바심에 서서히 내 마음도 가랑비 옷 젖듯 궁금증에 젖어갔다.

섣부른 안부는 친구를 찾아온 목적이 따로 있다고 생각할 것 같아 조심스럽게 용기를 내어 먼저 말을 언뜻 꺼내었다.

"기지 소식은 좀 듣나?"

"어? 그래! 기지, 여기 산다. 구귀에 있다. 니하고 많이 사귀었제" 하며 시원스레 말하며 빙그시 웃는다.

"뭐, 그렇지 뭐…" 하고는 약간 멋쩍어하며 얼버무렸다. 그런 나를 엷게 웃으며 조곤조곤 기지의 얘기를 들려주었다. 우선 혼자 산다고 했다. 몇 년 전 남편을 먼저 보내고 과수댁으로 친정에서 조금 떨어진 조용한 시골에 전원주택에서 지낸 지 십 년은 되었다는 것이다.

처음엔 노년의 생활을 위해 구귀에 터를 잡았는데 부군의 병세가 위중하여 병 간호 겸 휴양처로 약간 일찍 귀촌했다는 것이다. 경치 좋고 공기 좋은 너른 들판과 산새가 잘 어우러진 곳인데 그만 남편 없이 혼자 조용히 잘 있다고 했다. 기지의 부군은 공부도 많이 하고 뼈대 있는 가문의 외동아들인데 사회적으로도 성공하였고 활동성도 강하고 경제적인 안정에도 충실했다고 한다.

이곳에 들어올 땐 건강에 이상이 생겨 이미 준비되었던 전원에 좀 일찍 휴식을 하며 건강을 되찾으려고 했지만, 고질적인 지병으로 몇 년을 고생하다 세상을 떴다고 했다. 일생에 있어 부부생활의 모든 과정을 함께 잘 꾸려나가다가 말년에 병시중으로 한참을 힘든 시절을 보냈고 이젠 조용히 세상을 관조하며 남은 생을 조용히 보내고 있다고 하며 얘기를 들려주었다. 그리곤… "지금 전화해보까?"

"아이고야… 너무 일찍다 참아라."

이미 새벽이 밝아오고 있었고 또 지금은 너무 취하고 피곤했다. 우선 한숨 자고 나중에 연락해 보자 하며 그대로 깊은 잠이 들었다. 조급한 마음을 잠시 가슴에 묻고서….

해는 이미 동편에서 붉게 솟구치며 새벽 공기를 달구기 시작했다.

회상

　8월 말, 아직은 햇볕이 뜨거운 여름 끝자락이지만 입추가 지나고 처서를 고비로, 아침저녁으로 제법 서늘한 공기가 피부에 느껴진다.
　동이 트려면 아직 이른 감이지만 언제나 이쯤이면 잠자리에서 깨어 있다. 오늘따라 새벽잠을 설쳤다.
　밤새 잠자리에서 자는 둥 마는 둥 괜스레 뒤척이며 눈만 찌그러트리다 못해 부스스한 모습으로 일어났다.
　어두움이 아직 가시지 않은 미명이지만 채마밭으로 나갈 채비를 했다.
　일하기 좋게 고무줄이 있는 헐렁 바지를 입고 작은 소쿠리를 챙겨 정원 안 채마밭에 나가 이것저것 먹거리와 채소 등을 솎아주며 쪼그리고 앉아 크지도 작지도 않지만 제법 넓은 밭을 매어 나갔다.
　서늘한 기운과 아침 이슬이 이젠 차갑게 느껴진다. 밭고랑 고랑 사잇길의 흙이 물기에 젖어 폭신하다.
　아침 운무가 들판에 솜사탕같이 부드럽게 흩어지더니 금세 날이 밝고 해가 동녘 하늘 어중간히 치솟아 금방이라도 이글거릴 것 같았다.
　이마엔 땀방울과 얼굴 전체로 흐르는 땀을 연신 훔치며 허리 한번 꼿

꽃이 펴보질 못했지만, 소일하는 재미가 더없이 즐거워 시간 가는 줄 몰랐다.

까치란 놈이 정원수 나뭇가지에 걸쳐 앉아 울어대더니 휙 하니 날아오르며 마당 위로 돌아서 앞쪽 야생화 잎사귀에 허연 똥을 싸지르고는 '깍깍 까르르'거리며 맴돌아 저 멀리 앞산 쪽으로 날아가 버렸다.

고개 들고 깊은 심호흡을 한번 길게 내쉬고는 그 자리에 살포시 앉았다. 들판 멀리 건넛마을 산기슭 밑의 목장에서 길게 황소 울음소리가 들려오는 고즈넉한 풍경에 잠시 몸과 마음을 내맡겼다.

'참 세월이란 것이 무상하구나. 인생 또한 그러하거늘…. 칠십이 바로 코 앞인 것이 그저 허망스럽기만 하구나.'

무상함 속으로 가만히 생각에 빠져들었다.

언제부터인지 모르게 자꾸만 그 사람이 생각났다. 이즈음 들어 자꾸 떠올려지는 사람, 문득문득 생각나는 영상, 꼭 한 번이라도 좋으니 꼭 보고 싶은 사람.

이십 년 전 청도역에서 헤어진 후 정신없이 살아왔다. 자식도 나름대로 훌륭하게 키웠고 시부모님도 며느리로서 충심을 다해 봉양해 드렸다. 남편에게도 열성으로 받들었다. 아픈 남편 병시중도 온 정성을 다해 애쓰며 부디 낫도록 빌고 빌었다.

지난 이십여 년을 황금 같은 나이로 인생의 후반기를 부끄럼 없이 보람차게 살아왔다고 자부하면서 앞 산등선 마루를 지그시 바라보았다.

심인택, 그래! 그 사람 정말 한번 꼭 보고 싶다.

지난밤 내내 꿈자리 설치더니만 오늘 무슨 좋은 소식이라도 전해지려나 까치도 와서 울고 재수 좋으라고 똥까지 싸지르고는 가지 않았는가.

'그래 언젠가는 한번 만날 날이 있겠지.'

다짐하듯 마음에 새기고 흙 묻은 손과 옷매무새를 털고 샘솟는 자존감으로 벌떡 일어나 푸른 하늘을 머리에 이고 솎아놓은 채마 바구니와 함께 나풀거리며 율동 있게 걸어나왔다.

온몸이 땀으로 범벅이 되어 입고 있던 옷들이 살갗에 착 달라붙어 불쾌했지만, 아침을 준비한 뒤 씻기로 하고 부엌으로 곧장 들어섰다.

밤새도록 둘이서 술을 엔간히도 마셨다. 술고래 친구지만 서로 어지간하다 즐겁고 기쁜 만남이 말술인들 사양하겠는가. 일찍 영헌이는 깨어 있었고 친구가 일어나길 기다렸다가 기지한테 전화를 돌렸다. 신호음이 한참을 울리는데 받지 않는다. 재차 걸어봐도 역시 마찬가지였다.

"아마도 집에 없나 보다 어디 여행을 갔거나, 아니면 친척 집에 갔거나 했나 보다" 하면서 나를 쳐다보았다. 속 타는 심정은 속으로 안타까웠지만 겉은 그저 웃었다. 낭패스러운 모습이 얼굴에 역력한지 영헌이가 위안의 말을 한다.

"암튼 집에 가보자. 차가 집 마당에 주차해 있으면 멀리 안 간 거고, 없으면 세월 좋은 사람이라 집에 없다" 하면서 일어섰다.

마음속으로 제발 집에 있어 주기를 바라며 겉으론 태연한 척하고 차를 급히 몰았다. 달리는 내내 있기를 바라면서….

"아침 먹고 갈까?"

식전이라 영헌이가 말했다.

"아니다, 별생각이 없네… 배고프나?"

밥보다 이성이 더 급하니 친구의 말뜻을 모른 척해 버리고 곧장 안내하는 대로 달렸다. 구귀 동네 밖 산기슭 옆의 아담한 전원주택 한 채가 조용히 눈앞에 들어왔다.

"집에 있다."

영헌이가 말했다. 차고에 예쁜 승용차 한 대가 반듯하게 주차되어 있었다.

"두 사람 만날 운인갑다."

영헌이가 농 반 축하 반 외쳤다. 마당이 넓고 컸는데 마당이라기보다 정원이라고 해야만 했다. 잔디가 깔끔하게 깔려서 눈과 마음을 시원하게 해주고 가장자리 한쪽 귀퉁이에 채마밭이 제법 널찍하게 자리 잡고 있었다. 사철나무와 탱자나무 울타리가 빙 둘러 담처럼 심겨 있고 작은 과일나무 몇 그루가 한쪽 편에 보초같이 서 있었다.

집 주변 도롯가에 임시 주차하고 영헌이가 먼저 들어갔다.

혼자 남아 여행에 젖은 옷을 깔끔히 갈아입고 잠시 지체하며 기다렸다. 사람의 왕래가 거의 없는 도롯가에 자리한 전원주택이 주변의 산세와 들판에 잘 어우러져 그림 같이 보기 좋았다. 잠깐의 시간을 보낸 후 약간의 긴장과 설렘으로 천천히 나지막한 철 대문을 열고 조용하게 들어섰다. 파릇한 잔디 정원을 옆으로 끼고 작은 돌자갈을 밟으며 현관 앞으로 걸어갔다.

손을 들고 노크를 하려다 이내 멈추고 살그머니 현관문을 소리 나지 않게 잡고 열었다.

'……!'

방문

땀에 젖은 옷도 갈아입지도 못한 채 아침 준비를 마련하고 부엌에서 나오는 순간 현관문이 열리면서 뜻하지 않은 영헌이가 불쑥 나타났다.

"기지야, 내다."

"엉? 영헌이가 우짠 일이고?"

뜬금없이 나타난 영헌이를 보고 웃었다.

"응… 기지, 니 중매하려 안 왔나…."

언뜻 작은 아들이 떠올랐다. 아직 배필을 정하지 못하고 혼자 지내는 작은아들이었다. 종내 인연이 닿는 곳이 없어 서울서 혼자 지내고 있으니 항상 마음 쓰여 왔던 것이다. 그저, 반가운 생각이 들어 "좋네, 처녀는 몇 살이고? 집안은 어딘데… 이쁘나? 잘사나?"

"거 참, 처녀가 아니고 기지 니를 만나볼라고 아침 일찍 안 왔나!" 하면서 영헌이가 웃었다.

"나를? 아이구야, 누군데 나를 보러 오노?"

웃음이 나왔다.

"응, 니 만나 보고 싶다카네… 보면 알끼다."

"뭔 말이고, 나 원… 참!"

"밖에 있다. 나가 봐라 후훗…."

"농담도 심하다, 싱겁기는…."

놀리는 말인가 보다 하고 지나쳤는데 자꾸만 나가 보라고 한다.

현관문 앞으로 가서 손을 들어 문을 열려는 순간, 문은 저절로 열리면서…

한 사람의 낯익은 모습의 남자가 함박 웃으며 당당히 서 있었다.

"아… 인택 씨, 심인택 씨!"

심인택이가 그 자리에 서 있는 것이 아닌가! 그 얼마나 보고 싶어했던 사람인가!

평생 그리운 남자 그 사람이 지금 여기 내 앞에 서 있는 것이다. 지금 내가 꿈속에 있는 건 아닌지 아찔한 순간에 믿기지 않는 짧은 혼돈이 놀라움과 함께 흘렀고 동시에 부끄러움에 당황스러움이 온몸에 전율같이 느껴왔다.

씻지 못하고 흐트러진 모습을 보인 자신이 속상하고 애탔다.

"그동안 잘 지내고 있었습니까?"

"예…"

언제나 존댓말이다.

"아직도 예쁘네요. 곱습니다."

"많이 변했지요?"

"아닙니다. 처녀 적보다 훨 이쁘고 원숙미가 돋보이십니다."

"어쩜! 말솜씨는 여전하십니다."

호쾌하게 인사를 건네는 그를 반갑게 맞으며 거실로 안내했다. 그는 정말 청년처럼 활기차고 어느 곳 한 군데도 나이 든 모습이 느껴지지 않앉다. 세월의 무서움은 이 사람한테선 비껴갔나 보다.
 젊어지는 신비의 못 속에 들어갔다 나온 전설 같은 얘기가 바로 이 순간으로 믿을 수밖에 없는 너무나 옛 모습 그대로였다. 잠시 침묵의 시간이 공간을 채우고 별말 없이 서로의 눈길을 애써 피하며 머뭇거렸다.
 "아침 식사 아직 전이제?"
 어색스러움을 깨우는 듯 영헌이가 기지에게 물었다.
 "아, 괜찮다. 항상 조금 늦게 먹는다. 아직 시간도 출근하긴 이르다. 식사는 어떻게 했나?"
 영헌이에게 말했다.
 "뭐, 인택이가 밥 안 묵어도 괴안타케서 막 달려 안 왔나! 기지 니 바쁠낀데 우리는 집에 가서 먹을란다. 편하게 출근해라. 그리고 밀양 시내에서 점심을 같이 먹자…."
 일방적인 결정에 생각할 것도 없이 흔쾌히 활짝 웃으며 약속했다.
 "정오쯤 내가 연락할게…."
 인택 씨와 함께하고 싶었다.
 아침도 하는 둥 마는 둥 대충 챙기고 서둘러 출근했다. 밝은 아침 햇살이 오늘따라 눈부시게 찬란하며 온몸에 녹아드는 상큼한 기분으로 힘차게 달렸다.

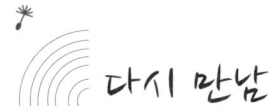

다시 만남

창녕으로 넘어가는 지방도로 고개 언덕마루에 간이 찻집 겸 주막집으로 드라이브 겸 조용하고 경치 좋은 곳으로 왔다. 점심 약속에 기지가 평소보다 좀 일찍 퇴근했기에 간단한 갈치조림으로 한술 뜨고 번잡한 시내보단 야외에서 차 한잔하기로 이곳으로 정하고 냅다 달려서 도착하여 원탁 식탁에 셋이 둘러앉았다.

마루턱 꼭대기라 이쪽저쪽 아랫마을이 한눈에 들어오고 굽이진 찻길이 여러 구비로 꼬여 있는 듯 펼쳐진 광경이 아름다운 곳이다. 막걸리와 빈대떡 그리고 국수도 말아 달라고 부탁하고 큰 나무 아래 그늘이 시원한 나무 그늘 밑 탁자에 땀을 식히며 기다렸다.

먼저 막걸리와 간단한 안주가 먼저 나와 우선 한 잔씩 가득 부어 건배를 외치며 쭈-욱 들이키며 더위의 갈증을 풀었다.

이렇게 오랜만에 셋이서 만남은 수십 년 만이다. 반가운 덕담에 웃음으로 서로 찬사도 하고 흘러버린 세월도 한탄(?)도 하며 소소한 자축연을 즐겼다.

"인택아, 태운이 연락하까?"

"오~ 그렇다. 정태운~ 내 친구 태운이…."

까마득하게 잊고 있었던 정다운 이름… 어린 시절 잠깐 동안이나마 함께 우정을 나누었던 친구이자 동창인 그 이름. 그와 함께했던 또 다른 추억이 내 마음에 찾아들었다.

"어서 해봐!" 재촉했다.

영헌이의 통화인즉 지금 부산으로 볼일이 있어 부부 동반 외출 중이라고 했다.

그것이 친구와의 만남은 오랫동안 이루어지지 못했다.

시간이 다소 흐르고 음식도 다 먹었다. 영헌이는 내일 친목 모임 관광을 간다고 했다. 준비물을 챙기는 일을 맡았다며 지금 가야겠다며 일어섰다. 자리에 같이 일어나서 영헌이 집까지 태워주고 기지와 함께 돌아섰다.

아무 말 없이 다시 산마루 찻집으로 돌아와 단둘이 마주 앉았다. 계곡 밑의 서늘한 기운이 나무숲을 끼고 치올라 늦더위에 지친 심신을 시원한 바람에 식히며 기지와 술잔을 마주했다.

무슨 말을 할까 하면서도 생각이 벙벙하여 고개를 돌리고 또 생각했지만 끝내 말없이 바라보며 조용히 시간만 흘러갔다.

할 말이 너무 많아, 하고 싶은 말들이 많았을 텐데 막상은 덤덤했고 어색스러움이 남아 있어 말없이 비껴가는 눈길로 바라보고 있었다.

이십 년 전의 작별이 안타까운 마음으로 철길 위에서 마주 보며 서로가 배웅하며 이별의 말 한마디도 못한 채 돌아선 그날 이후 다시 만나 보기를 염원하며 오늘이 있기를 얼마나 기다려 왔던가!

만감의 순간이 교차하는 숨소리를 죽이며 술잔만 오고 가고 바람 소리만이 두 사람의 사이를 이어주고 있었다.

지금까지 열심히 살아왔고 아직도 청춘인 줄 알고 살고 있는데 서로 마주 앉아 보니 지난 세월이 참으로 기가 막혔다. 우째 이리도 빨리 세월이 흐르고 칠십이라는 숫자 앞에 내동댕이쳐져 있는 자신들이 믿기지 않았다. 기지 역시 말 없는 시선에 어떤 생각을 하고 있어 조용히 그저 바라보고 있을까?

산골짝의 해는 빨리 저문다. 뜨겁던 햇살은 황혼을 뒤로 하고 짧은 꼬리를 서산머리 속으로 감추어 버렸고 골짜구니의 물소리는 점점 크게 울린다. 으스름의 저녁이 다가오고 있었다.

"이제 가입시더."

기지가 말문을 열며 일어섰다.

"그럽시다. 어두워지네요."

굽이진 재를 천천히 돌아 내려와서 그녀의 집으로 향했다. 바래다준다는 생각도 데려다 달라는 생각도 마음의 결정도 없이 차는 집 앞에 도착하여 곧장 앞마당에 주차하고 함께 들어갔다.

모든 행동이 계산하지 못한 돌발적인 무의식 속에 생긴 일이었다.

여인 혼자 기거한다는 생각도 미처 못하고 정해진 숙소인 양 들어선 자신에 깜짝 놀랐지만 이미 거실에 앉은 자세가 되어서야 깨달았다. 기지도 순간의 착각에 자신의 처지를 계산하지 못함은 매한가지였다.

속이야 어찌 됐든 차 한잔 준비한다고 기지는 부엌으로 갔고 꼿꼿한 자세를 풀지 못한 채 가만히 있었다. 커튼이 길게 늘어진 크고 긴 거실 창문에 어둠살이 짙은 먼 산이 눈에 들어왔다. 아담하고 소박하게 주변이 잘 정리되어 있고 얇은 탁자에 여름 자리 방석이 깔린 풍경이 정겹게 느껴졌다. 약초 향이 가득한 차를 소반에 받치고 앞에 앉았다.

"저녁은 안 먹을랍니다. 배가 부르네요."

"그럼 술상을 봐올까요? 술이나 한잔 더 하실랍니까?"

기실 그편이 나을 것 같고, 대화하기가 편할 것 같았다.

"그럽시다."

참으로 묘한 생각과 이상스러운 분위기가 만들어졌다. 여인 혼자 사는 외딴집에 아무 거리낌 없이 불쑥 들어와 앉아 술 한잔 나누는 저녁이 되었으니 비록 의식 없이 한 행동이지만 자신도 알 수 없는 이해하기 힘든 결과였다. 작금의 상황은 기지에게도 그러했을 것이다.

너무나 오랜 세월 속에 만남과 헤어짐이 두 사람에게는 끈질긴 운명의 인연이었기에 섣불리 돌아설 수 없는 알 수 없는 끈 같은 것이 서로를 끌어당겼던 것이었다. 조촐한 술상이 앉은뱅이 탁자 위에 안주와 함께 가지런히 배열되어 놓이고 예쁜 글라스를 마주하여 앉아 술을 서로 따르고 건배를 했다.

"건강하게 잘 지냈지요? 또 만났습니다."

잔 부딪치는 소리에 웃음 지으며 말했다.

"예, 청도역에서 헤어진 후 이십 년이 되네요. 인택 씨는 여전해 보입니다."

"기지 씨도 마찬가지입니다. 아직 이렇듯 고우십니다."

존칭과 존댓말로 반가움을 감추고 서로의 언행이 반듯하게 하며 흐트러짐이 없는 대화를 술잔과 함께 길게 이어갔다.

바쁘게 살아온 5, 60대, 그야말로 정신없이 지나온 얘기들을 듣고 들으며 웃고 공감하는 일상의 삶에 술도 따르며 또 마셨다. 밤은 깊어가는데 준비된 술도 다 마셨다. 아쉬운 밤이 긴 여운으로 남겨져 밤이라도 새고 싶은 심사였다. 이심전심이런가.

담금주를 가져와서 새롭게 시작했다.

깊은 밤 술기운은 서서히 취해갔다. 기지도 술은 간혹 마시는 멋있는 여자였다.

취기가 오르면 얘기도 잘하고 잘 웃는 재미있고 아름다운 여인이다.

자그마하게 앙증스러움이 보이는 꼭 철없는 소녀 같은 모습이 보인다. 또한 속내를 잘 감추지 않고 즐겁게 자신을 즐길 줄 아는 현실적인 사람이다.

가깝듯 먼 듯 두견새 울음이 들려왔다. 주변의 감나무밭인가? 뒷산 솔나무 가지 위엔가? 두견새 소리 처음이다.

고고한 시골의 밤공기 속에 울려서 퍼지는 두견새 소리 그 노랫소리 참 청아하다. 이 밤에 듣기엔 애잔스러움이 느껴진다. 마치 잃어버린 세월, 잊힌 추억이 안타까워서 슬퍼하는지….

"두견새가 웁니다."

신기한 듯 미소 지으며 말했다.

"네, 밤이 되면 뒷산에 와서 웁니다."

"가까운 곳에서 우는 것 같은데 소리가 슬프게 들립니다."

밤이 깊었다고 하며 기지가 일어섰다. 약간 비틀거림이 보였으나 이내 반듯하게 걸어 안방 옆 작은 방으로 들어갔다 나왔다.

"잠자리는 봐 놓았어요. 이 방에서 편히 주무세요"라며 손짓으로 가리켜 주었다.

"폐를 끼쳐 드리게 되었습니다."

감사하다고 답례하고 잠시 소파에 걸터앉아 피곤함에 허리를 한번 길게 펴고 하품과 어우러져 소파에 비스듬히 기대었다. 많이 마시고 몹시 취했고 기지도 많이 취해 있었다.

깜박 잠이 들었나? 감겼던 눈을 뜨고 흐린 눈빛으로 보이는 기지의 휘청거리는 형태가 눈앞에 어른거렸다.

화장실을 다녀온 기지가 작은 방으로 들어가 누워버린다. 아마도 안방으로 착각했나 보다.

"어쩐다? 이 일을!"

취중에 멍하니 아무런 생각이 나지 않았다 이대로 여기서 지내기는 몹시 불편하고 심신이 힘들 것 같다.

안방이 비어 있지만, 그렇다고 그건 아니었다. 한참을 망설이다.

'암튼 깨워나 보자' 생각하고 작은방으로 들어갔다.

어둠 속에 희미하게 보이는 기지는 반듯하게 누워 숫제 깊은 잠에 빠져 있었다. 미동도 없는 모습을 보면서 조용히 흔들어 깨웠다. 꼼짝도 하지 않는다. 난감한 심정을 뒤로 하고 재차 깨우기를 계속했다. 숨소리만 크게 들리며 꿈의 세계로 빠져 있었다.

낭패스러움에 주저앉아 있었다. 힘도 빠지고 취중에 지쳐서 한쪽 귀퉁이에 스르륵 쓰러져 자버렸다.

가물가물 만취 속에 두견새 울음소리는 밤 깊이 울고 솜사탕이 녹아내리듯 육신은 꿈결 같은 미몽의 세계로 찾아가고 있었다. 아득히 사그라지는 추억의 심해 속으로 깊이깊이 빠져들어 갔다.

나비의 꿈 1

푸른 하늘…. 널따란 들판에 초목이 싱그럽다.
나비가 나풀나풀 춤을 춘다. 화려한 야생화 군락의 꽃동산에서….
아름다운 꽃봉오리에 숨었다가 날았다. 이 꽃 저 꽃 꽃잎에 앉아 수줍은 날갯짓으로 인사를 하고 향기로운 하얀 분가루를 묻혀주며 님 찾아 꽃동산에 유희하며 푸른 하늘 아래서 날아다닌다. 꽃들의 전설처럼 사랑의 전설을 찾으러 아름다운 동산에 나비가 되어 나풀나풀 꽃 속에 기웃거리며 날아다닌다. 하얀 나비는 기지가 되어 날았다.

"오… 기지 씨, 여긴 행복의 동산! 사랑이 머무는 꽃동산이에요."
"맞아요! 나만의 동산, 외로운 동산, 아름다운 꽃들! 푸른 하늘! 예쁜 새들의 노래! 자연의 놀이터예요."
"이젠, 맘껏 날아요."
"그럼 뭐해! 나 혼자인걸!"
"꽃동산에… 꽃밭에 숨었잖아…"
"아니야, 찾아오질 않았잖아."
"이젠, 숨지 마요. 외로운 동산에."

"안 숨어! 숨지 않을 거야. 이젠 나래를 활짝 펼쳐 날 거예요."
"사랑이 꽃피는 꽃동산에서?"
"응, 행복이 가득한 나비가 될 거야."
"좋다! 좋아! ㅎㅎ"
"우리 저 산까지 함께 날아가요."

푸른 숲이 울창한 녹음 짙은 계곡에 흐르는 물소리 울림이 정겹다.

부는 솔바람에 피어오르는 싱그러운 풀 냄새가 산기슭 따라 퍼져 있는 산천으로 나비춤을 추며 날아다녔다.

한 쌍의 나비가 되어 팔랑팔랑 행복하게 날아다녔다. 풀숲에 숨바꼭질 하고 꽃잎에도 나란히 앉았다, 달아났다.

태양이 작열하는 한낮의 그늘진 풀숲에서 향기 품은 분가루에 취한 사랑의 유희가 격렬한 떨림으로 바람에 실어 날려주는 황홀한 춤사위였다.

"아… 향기로워요, 황홀해!"
"날갯짓이 예뻐. 아름다운 춤이야."
"가슴이 터질 것 같아요."
"날 수가 없어…."
"손잡아봐요. 꼭, 잡아… 함께 나는 거야 꽃동산 꽃밭 속으로…."

나비는 훨훨 날았다. 번져오는 날갯짓의 분가루에 황홀한 세계를 함께 나누어가며 행복에 취해 꽃들이 살랑이는 꽃잎 속으로 살그머니 숨어 들어갔다. 날갯짓을 포개어서 사랑이 숨 쉬는 무릉도원으로….

하얀 분가루를 비비며 날려주었다. 추억의 꿈을 꾼다, 나비는….

과거 속으로 아름다운 봄 꿈을 꾼다.

소개

    선풍기 소리가 방 안의 더위를 말하듯 최고위로 올려놓고 러닝셔츠 바람에 읽던 책을 덮으며 동헌이가 말했다.
  "인택아, 처녀 한 사람 소개해 주까?"
  "ㅎㅎ… 웬 처녀?!"
  느닷없는 말에 대답 없이 눈만 껌뻑이고 있으니 재차 말한다.
  "고향 처녀다. 우리 일가다."
  "내가 소개한다기보다 우리 동네 처녀가 니를 소개하고 싶다고 연락이 왔다."
  '이건 또 뭔 소리며 그쪽 동네 처녀가 우째 나를 안단 말인가?'
  "아무튼 좋다. 총각이 처녀 싫다고 하는 거 봤나? ㅎㅎ"
  "그럼 승낙했제?"
  한창나이의 동갑내기 친구라 호탕하고 쾌활하게 승낙하고 방 안 더위를 피해 밖으로 나왔다. 동헌이와는 하숙집 룸메이트다. 몇 해 전에 만나 하숙집 옮길 때마다 함께하였다. 동갑이지만 한 학년 아래다. 밀양이 고향인데 그곳엔 조부모님과 홀로 되신 어머니가 농사일하며 동헌이를 공부시키며 살고 계시는 것이다. 이곳 하숙집 주인아주머니와 같은 고향인 것이다.

　친구도 하숙을 이곳으로 옮겼고 함께 따라왔다. 작년 추석 무렵 하숙생 모두 밀양으로 여행을 갔었다. 그때 동헌이 부모님들을 뵙고 하룻밤 지내고 왔었다.

　동헌이 아버지는 육이오사변 때 군에서 돌아가셨고 동헌이 하나만 남겨져 집안의 귀한 자손이 된 것이다. 그런 손자의 친구가 왔으니 각별히 반겨 주시며 좋아하셨다. 밀양군 무안면 소재지에서 십여 리 들어가면 내진이라는 동네가 있는데 이씨 성의 집성촌이다.

　동네가 뒷산을 끼고 아래턱 좌우로 길게 배열되어 집들이 모여 있고 좀 떨어진 차도를 앞에 두고 작은 저수지 못이 가뭄을 대비해 조성되어 있었다.

　친구의 집은 차도 길 건너편 농지 가운데 서너 집 모여 작은 부락을 이루고 있었다. 60년대의 초가지붕의 전원주택 단지인 셈이다.

　일명 정내라고 부르는 곳이다. 겨울 방학을 맞이하고 다시 동헌이와 고향 집으로 놀러 갔다. 여전히 반갑게 맞이해 주시는 친구의 조부모님, 어머님 그리고 아래채 빈방에 굵은 장작불을 넣고 군불을 때 주시던 할아버지의 모습이 자상함이 면면히 보였다.

　동네 처녀들이 놀러 왔다. 누군지는 모르지만 동헌이와 어울려 놀다 갔다. 시골 벌판의 겨울 날씨는 몹시 차고 춥다. 긴 밤에 친구와 참새잡이를 했다. 참새란 놈이 추운 겨울잠을 지내려고 초가집 처마 끝 볏짚 속에 옹크리고 모여서 밤을 새우는 것이다.

　전등 플래시를 켜서 이 구석 저 구석 비추면 참새들이 눈이 부셔 날아가지 못하고 고스란히 잡히는 것이다. 사다리를 받치고 올라가서 내가 플래시를 비추고 친구가 잡았다. 난 어째 참새란 놈이 조그마한 주둥이로 쪼을 것 같아 겁이 났다.

몇 집 돌아다녀서 어느 정도 잡고서 숯불구이했는데 맛이 닭 다리 맛처럼 담백하고 고소했다. 너무 작아서 먹는 건지 어떤지…

사실 입맛만 다시는 꼴이었지만 재미있었다.

"아이구야, 불쌍한 것들."

다소 미안한 맘에 한마디 했더니 "마, 싱겁기는" 하면서 숯검정이 온통 얼굴과 손에 새까맣게 묻어 까마귀 모습과 흡사한 얼굴로 친구가 씩 웃었다. 그 이후에도 졸업을 앞두고 몇 번 놀러 갔다. 아마 그때 잠시 잠깐 와서 함께 어울려 놀던 이웃집 처녀가 있었고 나보다 한 살 위였던 같다. 정순이라고 한 것 같다.

그 아가씨가 소개한다고 친구가 말했다.

"편지 한 장 써도고 전해 주께"

"알았다."

전화도 귀한 육십 년대 초반이라 통신 수단으로는 서신만이 있을 뿐이었다. 연애편지 대필해준 경험을 살려 일필휘지 간단하게 써서 친구에게 주었다.

며칠 뒤 나는 졸업과 동시에 서울로 떠났다. 소개 건은 기약 없이 묻혔고 기다림 또한 부지불식간에 잊혀 버렸다.

십 대의 청춘은 부산에 흘려보내고 청운의 꿈을 서울에서 무한도전하리라 굳은 결의을 다짐하며 서울행 열차에 힘차게 올랐다.

청송집 1

 음력으로 정월이 시작되는 시기라 산골짝 골바람은 회오리바람처럼 휘감아 돌면서 골 개천을 따라 구르듯이 불며 내리꽂힌다. 내 고향 청송은 태백산맥을 끼고 있는 산간벽지다. 산천은 맑고 깨끗하며 이름 그대로 소나무가 많은 산세가 험준하고 농지가 협소한 척박한 땅으로 알려져 있다.
 들이 넓지 못하니 논농사보다 밭농사가 많다. 야산 구릉지가 없으니 (험준한 산세에 그나마도 그리 많지 않은) 주로 고추와 담배 작물이 좀 알려져 있다. 대구와 안동을 기점으로 중간쯤 위치해 있는데 교통도 몹시 불편하여 외지 나들이는 거의 없다. 지금은 청정지역이라고 하지만 그 당시에는 아무런 발전을 기대할 수 없고 개발 또한 숫제 바랄 것이 없는 지역이다. 순박한 인심과 이웃 간의 정으로 오가며 세상사를 서로 다독이며 궂은 맘 없이 살고 있는 착실한 사람들이다.
 고향으로 내려왔다. 입시 실패에 상처를 받았지만, 나의 노력 부족임을 스스로 반성하며 아픈 마음을 잊고자 잠시 쉼터를 찾아온 것이다. 1년에 두 번 방학 때만 고향에 와서 지내다가 개학일에 맞춰 부산으로 가곤

했기에 고향이지만 가까이했던 친구들은 없었다.

거진 집안에만 틀어박혀 지냈고 여름철에만 바깥으로 나갔다. 더위를 피할 요량으로 사촌 동생들을 데리고 앞산 밑에 크게 흐르는 시냇물에 멱 감으러 가는 것이 고작이었다. 큰비가 오고 나면 냇물이 어마어마하게 많이 흘러 사람들이 오가기가 어려웠다. 군데군데 크고 작은 웅덩이가 파이고 1년 내내 물이 차서 고여서 천천히 흐르는 소가 형성되어 있어 아이들의 여름 한 철 놀이터가 최적인 것이다.

겨울엔 판자 나무에 철삿줄 밑창을 박아 긴 나무막대에 못을 박은 꼬챙이로 밀고 나가는 앉은 자세의 썰매를 타거나, 얼음판 팽이치기를 하며 즐기는 그런 큰 '거랑'('내'의 경상·충청 방언; 시내보다는 크고 강보다는 조금 작은 물줄기.)인 것이다. 여름 방학 때도 출입이 멱감기로 제한적인데 하물며 추운 겨울엔 집안에서 지냈고 넓은 마당에만 서성거리며 보냈다.

청송군 부남면 소재지에 조부모님과 작은 집 식구들이 약간의 농사를 지으며 사시는 것이다. 일명 면 소재지라 하지만 마을 형성이 아주 조그마하고 간소하며 파출소와 우체국이 지근거리에 나란히 배열되어 있으며 야트막한 구릉지 아래에 면사무소가 자리 잡고 있었다.

고향 집은 그 면사무소 앞마당을 길게 가로막고 넓게 터를 잡고 있었다. 하여 면사무소를 찾아가려면 고향 집 옆으로 긴 담을 끼고 들어가야만 했다. 면사무소가 자리 잡기 전에 고향 집이 먼저 터를 잡고 집을 지었기 때문이다. 내가 아주 어렸을 적에 그 당시에 있던 시골집 네댓 집을 매입해서 다 헐고 다시 큰 집으로 지었다.

아버지 사업이 한창 번창할 때 작은 아버지께서 자금을 받아와서 이곳에 할아버지를 모셨다. 대지가 약 5백 평 정도쯤 되는데 넓은 터를 돌담으로 빙 둘러 담을 쌓았다. 맨 아랫돌은 장정 서너 명이 어깨걸이 끈으로 옮겨야 할 정도의 큰 돌을 바닥에 깔고 차츰차츰 큰 돌부터 진흙을 이겨 붙이며 쌓고 맨 위엔 작은 돌로 나란히 짚을 썰어 진흙과 섞어서 쌓았다.

 빗물받이로, 양옆으로 암 기왓장과 위 뚜껑은 숫 기왓장으로 맵시 있게 쭉 이어 뚜껑을 씌었다. 많은 시간과 인력이 필요한 집 담이었다. 아마도 당시엔 인건비가 저렴했기에 가능한 일이지 않았나 싶다.

 해방된 지 1, 2년 농촌경제가 무척 어려운 시기였을 거다. 높이가 3미터 정도였으니 꽤나 높은 담이었다. 형무소라는 별칭이 생긴 걸 보니 웃음도 나왔다.

 넓은 대지를 세로로 쭉 나뉘어, 또 담을 똑같은 방식으로 쌓고 양쪽으로 분리하고 중간에 통로를 만들어 식구들이 왕래하게 했다. 높은 솟을대문을 열고 들어서면 툭 트인 마당 건너 기와집이 반듯하게 자리 잡고 있었다.

 양옆으로 사랑방과 안방이 대청을 중간에 끼고 있으며 대청마루 안쪽엔 작은 마루방이 있어 뒷마루 문을 열면 여름 한낮의 시원한 맞바람이 불어 오수를 즐기기에는 더없이 좋은 곳이었다. 가로로 긴, 기역자 집이었는데 꺾어진 곳에 부엌과 부엌방이 나란히 있었다. 부엌방 쪽으로 옆마당에 펌프식 수돗가가 있고, 이어서 초당이라고 부르는 작은 초가집이 자리 잡고 있었다.

 쇠죽을 끓이는 큰 여물 솥이 걸쳐 있는 부엌과 방 그리고 곳간으로 사용하는 마루방과 화장실이 있었다. 화장실은 부녀자와 아이들만 사용하는 뒷간인 것이다. 솟을대문 오른편으로 바깥채 한 채가 대문을 기점으로 오른쪽 끝까지 지어져 있었는데 나중에 담을 헐고 상가로 세를 주었다. 도로변이라 사람과 차량의 왕래가 있는 신작로 길이기 때문에 영업 장소로는 적격이었다.

　모두 네 칸으로 구분되었는데 나중에 둘로 합쳐져 한 군데는 양복점이 들어왔고 또 한 곳엔 찻집이 되었다.

　바깥채와 마당을 구분하려고 역시 기와 담을 만들어 마당을 분리하고 작은 문을 세워 간편히 왕래하게 만들었다. 왼쪽으로는 역시 대문을 기점으로 중간 분리 담벼락까지 솔갑(솔깡; 관솔의 방언)을 쌓아놓고 연료로 사용하였는데 그 높이가 가히 7~8미터는 족히 되었다. 잔솔가지를 차곡차곡 재어 강한 햇볕에 바짝 말려져 있어 밥도 짓고 겨울엔 군불도 때는데 그 화력이 가랑잎에 불붙는 것보다 더 셌다.

　소나무 가지라 송진이 말라붙어 있었기 때문일 것이다. 또 굵직굵직한 통나무들이 높이 쌓여 있는데 톱으로 썰고 도끼로 패서 역시 연료 감으로 준비되어 있었다.

　톱질과 도끼질은 할아버지의 소일 겸 운동이었다.

　찬바람이 불기 시작하면 아침 일찍 기침하시고는 넓은 마당을 깨끗이 비질을 하시고 톱질과 도끼질로 장작을 만들어 그 역시 옆자리에 가지런히 재어놓으셨다. 조금 떨어져 거름더미가 있었는데 온갖 잡쓰레기와 마당을 쓴 찌꺼기, 타고 남은 재와 숯덩이, 음식물 찌꺼기, 개똥과 닭똥들 심지어 어린 동생들의 똥오줌 처리 장소로도 사용되는 곳이었다.

　한여름엔 일꾼을 시켜 산에 우달구지를 끌고 가서 칡넝쿨이랑 기타 여러 잡풀을 한 마차 가득 실어와 희미한 '호야 불' 밝히고 크나큰 작두로 썸뚱썸뚱 썰어서 모아둔 거름더미에 쇠스랑 갈퀴로 푹푹 찍어 섞어놓으면 훌륭한 자연 비료가 되는 것이었다. 적당한 시기에 그동안 착실히 모아두었던 화장실 똥물을 똥장군 통에 담아와서 가운데 꼭지부터 홈을 파고 부어놓고 기다리면 서서히 발효되어 냄새가 코를 찌푸리게 하지만 넓은 마당 한쪽 구석이라 그다지 심하게 느껴지진 않았다.

　시간이 가면 그 냄새도 엷어져 아무도 싫어하지 않았다. 내년의 풍년을 기대하며….

　거름더미를 뒤에 두고 몇 발자국 걸어서 반으로 나뉜 담장 옆으로 트인 사잇문(샛문)의 담으로 들어가면 후원 같은 똑같은 넓이의 장소가 눈앞에 나타난다. 채전밭(채소밭)이라고 하기엔 너무 넓었다.

　오른쪽 담벼락을 끼고 길게 돼지우리가 지어져, 몇 마리가 꿀꿀거리는 소리가 사람 왔음을 아는지 부산하다. 또 앙고라 토끼도 누가 던져줬는지 배춧잎이랑 토끼풀을 아주 야무지게 주둥이를 쌜룩쌜룩거리며 흰 앞니를 드러내며 먹고 있는 토끼장이 있고 커다란 감나무 한 그루가 군데군데 가지가 꺾여 세월의 무상함을 알리듯 서 있었다.

　왼쪽으로 조금 걸으면 7~8평 넓이의 작은 기와집이 있는데 사람이 거처하지는 않고 둘로 나뉘어 한쪽 방에 커다란 쇠항아리가 방 가운데 안치되어 밖에서 아궁이에 불을 때고 물을 끓이면 쇠항아리 속의 물이 서서히 뜨거워져 한 사람 족히 들어가 푹 담겨 땀을 빼고 목욕을 할 수 있는 목간 방이었다. 쇠항아리 크기가 중키만큼 높았고, 둘레도 양팔 넓이 쯤 넉넉했다. 당시의 형편상 이런 문화시설을 갖추고 시골생활을 할 수 있다는 건 행복이며 자부심이었다.

　나머지 한 칸은 화장실이었는데 남자들만 출입하는 사랑 변소인 것이다. 아마도 옛풍속을 따라 남녀유별로 사랑 변소를 이곳에 멀찌감치 마련했나 보다. 남정네라고는 할아버지와 간혹 외지 출타했다 들르시는 작은 아버지 그리고 삼촌이고 이웃 친척 어르신들이 방문하시면 사용되는 것뿐이다. 나도 이곳을 이용하였는데 외진 곳에 화장실이 있으니 한낮인데도 약간 무서움이 언제나 있었다.

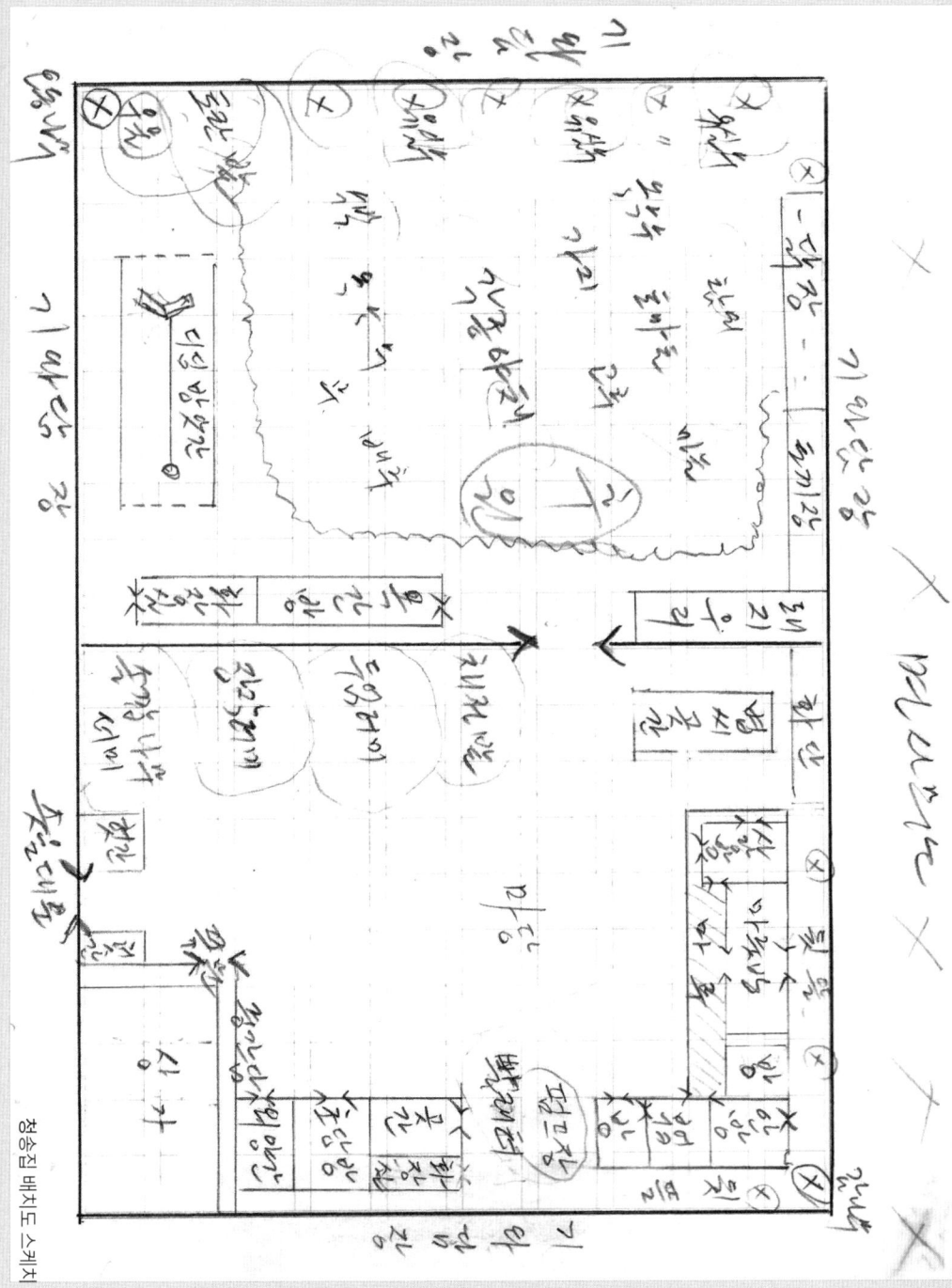

청솔집 배치도 스케치

'빨간 손 줄까, 파란 손 줄까.'

밑에서 스윽 내 항문을 쓰다듬는 털손이 상상이 되어 간이 조마조마해지던 경험이 있는 곳이었다.

목간(목욕) 방을 지나 옆으로 나아가면 초가로 지은 헛간이 있었다. 이곳에 디딜방아를 설치하여 집안의 경사나 큰일이 있을 때 곡식을 빻고 채로 걸러서 음식 재료를 만드는 디딜방앗간이었다. 방학 때 맏손자가 고향에 왔다고 할머니와 작은 어머니 그리고 시집 안 간 고모랑 떡쌀을 찧어 가루를 만드시는 모습이 선하다.

천장을 가로질러 걸쳐 있는 기둥에 손잡이를 잡고 한쪽 발로 양쪽 발디딤을 밟았다 놓고를 연속하면 크나큰 머리 기둥에 박힌 코를 꾸벅꾸벅 절하듯 연신 내리박았다.

흥이 나면 디딤발을 리드미컬하게 번갈아 교대하며 밟고 할머니 손놀림도 보조를 맞췄다. 중고등학교 다닐 때까지 이어졌는데 그 이후로는 볼 수가 없는 아련한 추억 속으로 묻혔다.

디딜방아 헛간을 지나 쭉 걸어가면 담벼락 한편에 큰 우물이 있었다.

오동나무가 하늘 높은 줄 모르게 길게 뻗쳐 있고 무성한 잎이 우물 위에서 바람결에 흔들리고… 우물 옆 음습한 곳엔 토란이 작은 군락이 되어 자라고 있었다.

앞마당 부엌 옆에 펌프 우물이 있기 전엔 모든 물 공급은 이곳 우물에서 해결했다.

나무 물지게를 지고 영동이를 양옆에 걸어 물을 가득 채운 후 안방 부엌으로 져서 날랐다. 집안 마당이 꽤나 넓어서 부엌까진 힘들고 멀었다.

한번은 재미 삼아 져보았는데 두 발짝도 못 움직이고 주저앉았다. 양쪽 양동이 물이 제멋대로 출렁거려 도시 중심이 잡히지 않아 술 취한 취객보다 더 흔들거리다 포기해 버렸다.

그 꼴을 보던 검둥이 개도 왈왈거리며 짖어대고 꼬리까지 흔들며 놀려대는 것 같았다.

이것을 작은 어머니에게는 거의 매일 겪는 가정생활이었다.

몇 해 전 미수의 나이로 세상을 뜨신 작은어머님이 그립고 보고 싶어진다. 우물 깊이는 정말 깊었는데 두레박이 한참 내려가서 물을 퍼 올려 양동이에 쏴악 하고 쏟아붓고 한 모금 마시면 냉한 기운이 머리가 어질할 정도였다. 한여름에 여기서 등목하고 머리를 감으면 저녁나절까지 더운 줄 몰랐다.

오동나무 그늘과 토란잎의 군락이 우물가 주변에 잘 조성되어 디딜방아 헛간과 함께 조용한 농가의 풍경이 지금도 내 가슴에 남아 있다. 아주 어린 시절 아마도 열 살 안팎의 나이였을 것 같은 때에 이곳 토란잎을 아주 작살을 냈던 기억이 난다.

그때 우리 집엔 쇠로 만든 긴 자가 있었다. 지금의 문방구에 가면 30센티 철로 된 자가 있는데, 이 자는 아마 길이가 1.5미터는 족히 되었고 넓이도 10cm 정도는 되었다. 어떤 경로로 이 자가 집에 있었는지는 모른다. 아주 납작하고 길어서 꼭 긴 칼처럼 생겼는데 재질이 스테인리스라 잘 닦아놓으니 반짝반짝 빛이 났다.

한번 엇비슷하게 들어 꼬나보고는 토란밭으로 갔다.

우물 뒤편에 제법 번성하게 자라고 있는 토란밭으로 들어서니 토란 잎사귀가 여름 삼복 땡볕 아래 무성하게 키 높게 자라 바람결에 머리를 맞대고 흔들거리는 모양이 천군만마가 울부짖는 적병처럼 보여 '좋아, 이놈들아, 덤벼라. 모조리 모가지를 잘라주마.'

중얼거리고 조자룡 헌 창 쓰듯 이리 치고 저리 휘두르면서 미친 듯이 칼춤을 추며 토란 잎사귀를 댕강댕강 싸그리 다 잘라놓았다.

땀을 씻고 긴 칼 어깨에 걸치고 신나는 기분으로 앉아 있는데 마침 작은 어머님이 물을 길으러 양동이 지게를 지고 나타나셨다. 작금의 형세를 보시고는 망연자실하시며 어쩔 줄 몰라 하셨다. 할머니도 와 보시고는 낭패스러운 표정에 그만 주저앉으셨다.

"아이고 이 일을 우짜노, 할아버지 보시면 저 녀석 그냥 두지는 않으실 텐데…."

애지중지 업어 키우시던 큰 손자 경칠 일이 더 큰 걱정이 되셨나 보다. 엄청난 일을 저질러진 걸 그제야 깨달음과 동시에 슬슬 겁이 나기 시작했다. 도리 없이 할머니 치마꼬리만 잡고 그림자처럼 마냥 따라다녔고 그날 밤엔 안방에서 할머니와 함께 잤다.

며칠 동안 할아버지와 마주치지 않았고 조용히 지냈다. 낮엔 할아버지 출타하고 안 계실 때 마당에 나가 놀고 저녁에 돌아오실 때쯤 얼른 안방과 마루방에, 눈에 띄지 않게 하며 방학 숙제도 하고 동생들과 야참도 먹고 지냈다. 그러나 피한다고 될 일이냐.

어느 날 할아버지와 저녁 겸상을 받쳐 들고 사랑방으로 가서 할아버지와 마주 앉았다. 고개 숙이고 밥만 자꾸 퍼먹는 손자에게 할아버지는 계란찜 한 스푼 가득 떠서 내 밥그릇에 얹어주시며 많이 먹으라 하셨다. 그러고는 아무 말씀도 안 하셨다.

내 유년기에 잊을 수 없는 추억이었다. 그때 할아버지의 무언이 이렇게 나이 들어서 참사랑이 느껴져 할아버지가 그리워진다. 우물과 토란밭을 마지막으로 옆 담을 길게 한 바퀴 돌며 돼지우리까지 중앙으로 집 안의 먹거리 작물 밭이었다.

토마토, 오이, 가지, 호박넝쿨, 고추랑 야채도 심겨 있고 강냉이도 먹을 만큼 넉넉히 자라고 있었다.

  암탉 장닭 그리고 병아리들이 숨바꼭질하듯 이 구석 저 구석 땅을 헤집고 다니며 모이 줍게 하는 자연 방사 양계장 노릇도 하는 집안의 밭이었다.

  가끔 솔개가 나타나 긴장하는 분위기가 연출되기도 하지만 채 가는 일은 없었다. 작물들 잎이 빼곡하게 무성해서 그 녀석의 시야엔 보이지 않았나 보다.

  디딜방앗간 헛간 천장에 길게 횟대가 여러 개 걸려 있어 밤에 닭들이 그곳에 올라 잠을 잤다. 구석엔 알집도 여러 개 있어 가끔 찾아가 보면 노르스름한 알이 얌전히 제자리 잡고 있어 하나 꺼내어 송곳니에 톡하고 깨고 쪽 빨아먹으면 고소한 맛이 참기름 같았다.

  이렇게 넓은 집안을 돌며 지내다 보니 바깥으로 나가는 일은 거의 없었다. 정이월을 그렇게 고향 집에 머물며 심신을 달래며 보냈다. 삼월이라…. 봄은 또 농부의 손길을 기다리며 산골엔 진달래 꽃망울을 터트리고 있었다. 곧 개나리, 벚꽃도 만개하려니…

  봄은 만물의 새출발을 잉태하며 열리듯이 내 앞길도 다시 출발해 보리라.

  잔설처럼 남아 있는 실패의 앙금이 봄꽃처럼 화려하게 다시 피어날 것이야….

모심기가 끝난 논물에 개구리 소리가 밤공기 속에 적막을 깨운다.

우마차 한 대는 넉넉히 다닐 수 있는 작은 마을 길이 양옆으로 논밭을 가로지르며 곧게 뻗쳐 있는 농로 길을 밤 풀벌레 소리 들으며 천천히 앞마을 쪽으로 걸어갔다.

동헌이와 저녁을 먹고 나 혼자 그녀를 만나러 약속된 장소로 찾아가고 있었다. 며칠 전 부산으로 다시 내려와 재수를 준비해 입시학원에 등록을 마치고 친구 집에 함께 놀러 왔던 것이다.

그 사이 친구 할아버지께서는 타계하시고 할머니와 어머님이 반갑게 맞이하여 주셨다. 봄 파종과 모심기가 끝난 철이라 다소 한가한 농가의 분위기다.

잊지 않고 다시 만난 마을 처녀 '정순'으로부터 오늘 저녁에 만남을 주선해 주었다.

구름 한 점 없는 밤하늘에 별빛이 영롱하고 보름 앞둔 달빛마저 서슬 퍼렇게 푸른빛을 온 들판에 고요히 내리비춰 앞길에 멀리 보이는 소나무 한 그루만 얕은 동산에 홀로 서 있는 약속 장소까지 즐거운 미소를 얼굴에 엷게 지으며 서벅서벅 걸어갔다.

　가까워질 무렵 어둠 속에 조금씩 다가오는 희미한 인기척, 밝은 달빛 아래 드러나는 서로의 윤곽을 알아보고 말 없는 인사를 나누었다.

　쑥스러움과 부끄러움이 없지 않았지만 차분하고 평온한 마음으로 수인사하고 소나무 옆 작은 바윗돌에 나란히 앉았다. 휘영청 밝은 달빛. 검은 창공에 흩뿌려진 은하수와 잔별들.

　전설처럼 사라져가는 다수의 반딧불이 풀숲에 날고 예서제서 온통 울어 젖히는 개구리 소리가 천지에 난리였다.

　'아, 전정한 시골의 정서가 이런 것이구나.'

　도시에서만 살다 온 나에겐 경이롭고 새삼스러웠다. 어렴풋이 느끼는 감정만 서로가 느끼며 굳이 통성명이 필요치 않았다. 소나무 그늘에 가려진 그녀를 보았지만, 보일 듯 말 듯 희미한 윤곽만 어렴풋이 나타났다.

　조그마한 키, 동그마니 한 몸매, 도시적인 얼굴형이었다. 말수는 아주 적고 조용하며 허스키한 목소리에 단아했고 시골 처녀의 조신함이 배어 나왔다.

　"좀 걸으시렵니까?"

　말문을 오랜만에 먼저 떼고 자리를 털며 일어났다. 좁은 논둑 길을 나란히 조심스레 걸어서 나오며 몇 번이나 기우뚱거려 아슬아슬하며 조마조마했다.

　양팔로 흔들며 중심 잡고 살금살금 걸었지만, 논 옆으로 흐르는 작은 고랑물에 그녀가 빠져버렸다. 졸졸거리는 소리가 제법 크게 들리는 논고랑물 치고는 물살이 있어 정강이를 치며 흐르는 것이다.

　미끄러져 빠졌으니 다치지나 않았나 걱정되었다.

　"괜찮습니까? 다친 곳은 없고요?"

"예, 한번 들어와 보세요. 시원해서 좋네요…."

나올 적에 운동화를 단단히 졸라매고 왔지만 그대로 첨벙 소리 내며 고랑 물속으로 뛰어들었다. 초여름 밤의 후덥지근함과 모기의 뜯김에 해방되니 시원하고 상쾌했다.

신고 있던 운동화가 거추장스러워 아예 벗어들고 앞으로 나아갔다.

발가락 사이로 잔모래가 물살에 묻혔다. 빠져나가는 간지러움과 물길을 헤집고 치올리는 정강이의 시원한 느낌은 바닷가 땡볕 아래 벌거숭이 피서보다 훨씬 기분이 좋았다.

"신발을 벗고 걸어보세요."

기분이 더 좋다는 말을 더하며 그녀에게 권했다. 치맛자락을 모아쥐고 조심스레 걷던 그녀가 달빛에 빙긋이 웃으며 뒤돌아 잠시 바라보고 이내 물속에서 신발을 벗어 들었다.

물소리, 풀벌레 소리, 개구리들의 떼창(?) 소리를 들으며 좁은 논고랑 물을 첨벙첨벙 소리 내 들으면서 천천히 거슬러 치올라 갔다.

저 멀리 어둠에 묻혀있는 동네엔 동네 개들이 간혹 짖어대고 어느 집에선가 실낱 같은 작은 불빛이 새어 나오고 있었다.

산천과 들녘이 자연 속에 깊이 잠든 밤, 청춘의 두 남녀가 깊어지는 밤하늘 아래 물소리 정겹게 들으며 걷고 있었다.

모습은 고사하고라도 대화조차 몇 마디 나누지 못했지만 느낌만으로도 좋은 인연이 될 것 같은 예감이 내 마음을 즐겁게 했다. 큰 길이 나올 때까지 논고랑 물을 장난치며 걸어 나와 헤어졌다.

첫 데이트는 이렇게 끝마쳤다.

그녀의 이름이 '기지'다. '이기지'.

집성촌 마을의 부농 가정의 딸 부잣집 둘째 딸이었다.

외지에 고등학교까지 보냈으니, 부모님의 사랑이 각별했나 보다. 시골 살림에 딸로서 크게 가르쳤으니 이젠 조신한 신부 수업을 하라고 집안으로 불러들인 것이다. 허긴 어둠 속에 전달되는 미세한 느낌이지만 행동이 지성스럽고 여성의 조신함이 몸에 밴 듯했다.

달빛을 머리에 이고 어두움의 저편으로 사라져 가는 그녀의 모습을 조용히 지켜보다 돌아섰다. 나의 첫 데이트를 떠올리면 꼭 꿈속에 있는 것처럼 희미한 그림자같이 아련하다.

깊은 밤 데이트 1

부산서 밀양역까지 완행열차는 약 2시간 정도 걸린다.

시골 도시의 기차역은 거의 도시 밖 한적한 곳에 역사가 있다. 옛날 양반들의 입김이 세어서 그렇다고 웃어른들의 이야기를 듣고 자랐는데 막상 접해 보니 위치가 거의 그렇다. 밀양도 엄청 양반 도시 아닌가!

낙동강 지류인 남천강에서 뚝 떨어진 곳에 역사를 세웠으니 알만 하지 않는가!

역에서 시외버스 타는 곳까지 다시 시내버스를 타고 이동해야 하니 자손들이 괜한 고생이다 싶었다.

추수를 고비로 조석으로 선선한 바람이 차게 느껴지는 시월 말, 두어 달 만에 다시 그녀를 만나려 나섰다.

하루에 두 번씩만 운행하는 구귀행 시외버스를 늦은 오후에 올라탔다.

60년대의 시외버스는 통상 엔진이 앞으로 툭하니 튀어나온 털털이 차였다.

운행 중 고장도 다반사이지만 속력도 가히 빨리 달리는 자전거나 진배없어 보였다. 허기사, 도로가 모조리 비포장이고 빗물에 패여 울퉁불퉁 요철 또한 심해서 달린다는 건 어불성설이었다.

  가뭄으로 신작로 길도 메말라 뽀얀 흙먼지를 온통 뒤집어쓰고 굼벵이 기어가듯 느릿느릿 목적지를 향해 몇 사람 안 된 승객을 싣고 버스는 달렸다. 밀양읍(당시엔 읍 소재지였다)을 벗어나 산길로 들어선 버스는 굽이진 재를 넘어 힘겹게 넘는 듯 엔진 소리 요란했다.

  낡아빠진 차체는 바퀴에 부딪혀 튕기는 돌자갈에 이리 흔들 저리 비틀거리며 잘도 재를 넘고 있었다. 고향 집에 찾아갈 때도 형편이 이러했고 간혹 고장이 나서 중간에 운행이 중단되어 장시간 길바닥에 나와 고칠 때까지 기다린 경험이 여러 번 있었다. 여기의 산세는 나의 고향 산세에 비하면 많이 낮은 편이지만 그래도 혹시나 하고 마음속으로 걱정을 안고 잘 달려 주기를 바랐다.

  고갯마루에 겨우 올라선 버스가 갑자기 피득피득 엔진 소리 불협화음을 내더니 기어코 멈추어 버렸다. 기우가 현실로 나타난 것이다.

  이거 낭패다 싶은 마음에 차에 내려 먼 산을 바라보니 아직 해는 서산마루를 넘기엔 시간이 많은 듯했지만, 얼마만큼 걸릴지 모를 일이다. 함께 탄 여러 승객 중 몇몇은 걸어서 내려갔다. 가깝게 있는 사람들이야 그러하겠지만, 갈 길 먼 사람은 기다릴 수밖에 도리 없었.

  아직 무안면도 한참 거리인데 내진까진 벅찬 거리다. 마을 앞 저수지 옆 크나큰 느티나무 아래에 해진 저녁 무렵에 만나기로 한 약속이 지켜질 수 없는 상황이 눈앞에 전개되어 낭패한 심사로 노심초사 입술이 말라왔다.

  제시간에 약속이 지켜지지 않으면 달리 만날 도리가 없는 것이다. 한시라도 빨리 고쳐서 운행해 주길 빌 수밖에 없었다. 옛날 시골 버스 운전기사는 거의 완벽한 정비사라고 해도 과언이 아니었다. 오랜 고생 끝에

'부르릉' 소리가 기분 좋게 들려옴과 동시에 탑승하라는 목소리가 들렸다. 해는 이미 넘어간 지 오래고 주변은 칠흑 같은 어둠이 풀벌레 소리를 크게 들려주는 가을밤임을 알려주고 있었다.

중간중간 함께 탄 승객들이 하나둘 내리고 기사님과 단둘이 어둠을 헤치고 속력을 내어 달려 나갔다.

'너무 늦었어.'

만날 수 없는 시간이었다. 덜컹거리는 차 속에서 아무 생각도 어떤 방도도 취할 수 없었다. 단지 목적지까지 가서 생각해 볼 수밖에 없었다.

이 버스에서 내리면 갈 곳도 쉴 곳도 없는 처지이고 되돌아 나올 수 있는 차편도 없는 것이다. '될 대로 되라지, 어찌 할 수 없잖은가?'

한창나이에 만용은 호랑이도 무섭지 않다.

'좋아! 그래, 도착해서 생각해 보자….'

이런 생각을 팽개치듯 버려놓고 버스는 휑- 하니 저 갈 길로 사정없이 가버렸다. 달은 중천에 높이 떠서 구름 사이로 유희하며 빠르게 흘러가고 마을 개 짖는 소리가 동네 앞 웅덩이에 낮게 깔려 퍼진다.

달빛 아래 미동도 없이 서 있는 느티나무를 바라보며 천천히 발길을 옮겼다. 일찍 도착하지 못한 탓을 오늘의 운수라 치부하고 연락 못 하는 아쉬움을 달래가며 자신의 마음을 가다듬었다.

고요한 정적 속에 정겹게 짖어대는 개들의 울음소리가 마을에 메아리되어 퍼지는 즈음 멀리서 작은 그림자 하나 조금씩 조금씩 커져 오며 눈앞에 나타나고 있었다.

본 듯한 걸음새. 어렴풋한 느낌의 몸가짐의 한 여인이 마주 오고 있었다.

'오~! 기지 씨'

그녀가 나타나고 있었다. 뜻밖의 출현에 너무나 놀랍고 반가움에 혼자 몰래 소리쳐 그녀의 이름을 불렀다.

"아니! 어떻게…."

말문을 이어가지 못하고 놀라움에 반기며 미소를 지었다. 앞길 차도에 지나가는 버스의 불빛에 잠시 멈추고 출발하는 느낌이 분명 늦게 도착하나 보다 하고 다시 뛰쳐나온 것이라고 했다.

"미안해요, 기다리게 해서… 차가 오던 중에 중간에 고장이 났어요."

변명 아닌 사실을 전하며 우선 양해를 바라며 인사를 했다.

"못 오시나 했어요. 간혹 버스가 결행할 때도 있어요."

차 시간도 일정하지 못하고 결행도 빈번한지라 오랜 시간 기다리다 조금 전에 돌아섰다고 말했다. 두어 달 전 처음 데이트할 때도 어둠이 짙은 달밤이었는데 오늘도 희읍스름한 보름달의 늦은 밤의 데이트가 되었다. 동네 어귀 저수지를 끼고 나란히 걸었다. 그다지 크지 않은 조그마한 물 가둠 장소라 얼마 걸리지 않았고 아무리 어두운 밤이라 해도 동네 사람들의 시선도 두려웠다.

더군다나 이곳은 모두 친척 되는 일가일 텐데…. 자못 조심스럽게 마을 끝으로 나와 한적한 신작로 길을 아무런 말도 없이 타박타박 둘이서 걸어갔다.

하늘 높은 줄 모르고 뻗쳐 있는 포플러 가로수길이 길게 나란히 쭉 서 있는 비포장 자갈길을 제 발소리를 들으며 약간의 거리를 두면서 그저 걸어만 갔다.

밤 깊은 산골짝에 밤 부엉새 울음소리 귓바퀴에 머물고 졸졸거리는 고랑 물소리도 크게 울리고 있었다. 가끔 스치는 바람소리에 나뭇가지 흔들리고 무성한 잎새들의 부비는 마찰음이 반기는 속삭임으로 들려왔다.

아직 사랑이라 이르기는 이른 것이지만 이렇듯 좋은 사람과 함께하며 걷는다는 것은 가슴 설레게 하고 만물이 모두 축복해 주는 응원가를 불러주는 것 같았다. 산천과 초목이 지금은 두 사람을 위해 존재하는 것이다.

발부리에 채는 작은 돌들이 고요한 밤길의 적막을 가끔 깨우쳐 주고만 있었다.

"기지 씨, 생일은 언젭니까?"

나이가 동갑인 줄은 알았지만 누가 먼저인지 궁금해 어둠 속에 물었다. 동갑내기 친구들은 거의 나보다 늦었다. 내 생일은 2월이기 때문에 내가 빠를 것 같았다.

"이월 초삼일입니다."

선선히 대답하며 어둠에 가려진 웃음 띤 얼굴로 쳐다보고 있었다.

"그렇군요, 나보다 딱 20일 빠릅니다. 난 이월 이십삼일입니다. 동생인 줄 알았는데 누나입니다."

농을 건넸더니 "오빠인 줄 알았는데 동생이네요"라고 되받는다.

'우린 그래도 윤달에 태어나지 않아서 생일은 매년 찾을 수 있어 다행'이라며 태어난 해에 윤달이라 아슬아슬했다면서 농담하며 즐겁게 걸어갔다.

"마, 우쨌건 같은 달에 생일이 걸렸으니 비겼습니다" 하고 우겼더니, "그래요! 비겼네요." 동의하며 합의하고 나란히 어둠을 감싸안고 걷고 걸었다. 오랜 침묵과 함께 말 없는 데이트는 길게 이어지고 밤은 더욱더 깊어 갔다.

약간의 두려움이 왔지만, 청춘의 낭만이 두 사람을 충분히 극복할 수 있는 용기와 호기심이 더 컸기에 무서움도 애써 떨쳐버리고 나란히 걸어갔다.

하늘이 높게 펼쳐져 있고 창백하다.

구름 한 점 없는 청명한 하늘이 가을밤 차가움을 더욱더 시리게 파고든다.

달은 고요히 창공에 흐르며 어두운 적막강산에 외로움을 삼키며 홀로 떠 있다. 하얗게 빛나는 둥근 달빛이 거울같이 맑게 두 사람의 머리 위에 쏟아지면서 차가운 몸뚱이를 싸고 감긴다.

"달빛이 정말! 밝아요."

기지가 하늘을 쳐다보며 말했다.

"구름은 놀러 가고, 달님만 떴습니다."

함께 올려다보며 말했다.

"별들도 안 보여요…"

"걔네는 부끄럼을 타요."

"부끄럼을?"

"달빛에 눈 부셔 수줍어서 숨지요."

"아유… 정말! 시인 같습니다."

표현력이 재미있다면서 웃음 지으며 쳐다본다. 유쾌해진 기분은 추위도 잠시 잊고서 길게 뻗친 신작로 길을 말없이 걸어갔다. 달빛 어린 얼굴로 쳐다보며 "별이… 어디 숨는데요?"

짓궂게 물으면서 쳐다보고 웃었다.

"한번 찾아보세요, 기지 씨."

"넓고 달 밝은 밤하늘인데… 난 몰라요."

"그럼, 별들에 물어봐요…."

"별들이 모두 숨었잖아요."

"그러니깐! 찾아보세요."

"인택 씨가 말해요, 거짓말!"

"…… ^^ ……."

달빛이 머릿결을 타고 흐른다.

"기지 씨 가슴에 별 보석이 수줍게 반짝이고 있네요."

"아이, 참….".

장난스럽게 손짓하고는 훌쩍 앞으로 뛰어나갔다. 조금 앞에서 돌아보고 "별은 그리움이래요." 말하고 옆에 서서 나란히 걸어갔다. 밝은 달빛이 머리 위에서 함께 따라온다.

이런 밤길을 또 걸었던 기억이 떠올랐다. 작년 겨울 초입, 늦가을에 친구 셋이서 무전여행한다고 아무런 준비도 없이 무작정 떠났는데 완행열차를 훔쳐 타고 내린 곳이 밀양 역이었다. 60년대 초 간이역은 고사하고 밀양역 또한 출입과 개찰이 허술해서 맘먹기 따라 얼마든지 공짜 승하차가 식은 죽 먹기였다.

정해진 목적지는 아니었지만 해가 빠진 스산한 가을 저녁이라 느낌대로 내린 것이다. 역사가 멀리 떨어진 기차 맨 뒤 칸 꽁무니에서 내려 반대편 허술한 유휴지 쪽으로 슬그머니 나왔다. 먼 곳에 역무원의 호각 소리 뒤로 한 채….

돈 없이 떠났으니 도망가는 것이 당연했으리. 무전여행 첫 신고식은 제대로 한 셈이 되었다. 이제부턴 먹고 자고 움직이는 것 모두가 돈 없이 해결해야 했다.

늦가을이라 했지만 겨울 초입이다. 시골의 밤 기온은 차디차다. 더군다나 교복 하나만 덜렁 입고 아무런 대책 없이 나섰으니 젊음의 용기 한 번 가상했다.

이 밤에 어딜 가야 하나 막막했지만 우선 어디론가 무작정 걸었다. 춥기도 해서 걸어야만 할 것 같았다. 언뜻 표충사 얘기가 나와서 표충사 절로 가기로 했다.

암튼 절에 가면 먹고 자는 것은 해결될 것 같아 의견일치하고 청량한 달밤에 콧노래 부르면서 장난치고 키들거리며 신나게 걸어갔다.

귀신도 무섭지 않을 한창의 나이에 셋이서 뭉쳤으니 그깟 거 삼사십 리 산골짝 길쯤은 우습게 생각하고 호기롭게 기세를 뽐내며 앞서거니 뒤서거니 하면서 걸었다.

한참을 걸어가도 검은 산골짝과 깊은 나무 숲길만 끝없이 이어지고 주변엔 인기척 하나 없는 적막강산이었다.

슬슬 한기가 느껴지고 배는 고프고 이거 큰일이구나 하는 생각에 서로들 걱정되는 눈치를 주고받으며 달빛을 바라보고 걸었다.

춥고 배고프니 이젠 무서움도 같이 왔다. 밤은 야심한데 주변에는 눈을 씻고 찾아봐도 동네 그림자 하나 안 보이니 낭패가 이만저만이 아니었다.

허나 어쩌랴. 이미 엎어진 물인데 끝까지 간다. 오기를 부리고 걷던 중 휘황한 달빛 아래 가물가물 작은 촌락이 보이는 것 같았다.

셋이서 "와" 하는 탄성 소리 지르며 논과 밭을 가로든 세로든 닥치는 대로 허우적거리며 달렸다. 멀리서 누가 이 모습을 봤으면 미친개 달밤에 날뛰는 꼬라지가 몽둥이 타작감이 딱 알맞은 꼴이었다.

언덕배기에 뒹굴고 개골창에 자빠지고 밭고랑에 빠지며 제정신 잃고 뛰어 가다가 셋은 추수 끝난 논 가운데 우뚝 서버렸다. 어둠 짙은 밤하늘 아래 희미한 몇 채의 농가 그림자, 낮게 깔려 드는 음습한 주변 분위기가 선뜻 앞으로 나가기가 쉽지도 않았지만, 막상 이렇게 야심한 밤에 뉘 집에 가서 문을 두드린단 말이냐!

두드린들 상대방이 좋은 생각으로 쉽게 받아 줄 것인가!

곰곰이 생각하다 셋은 포기하고 주변을 찬찬히 둘러보았다. 허허벌판에 덩그러니 세 사람만 잠시 말문을 닫은 채 서 있었다. 무서움도 자꾸만 엄습해 오고 추웠다. 셋은 서로 딱 붙어서 아무튼 어딘가로 걸어갔다.

멀지 않은 곳에 뭔가 눈에 확 띄웠다. 자세히 바라보니 추수 끝내고 모아둔 나락 벼 낱가락을 수북이 쌓아 올린 볏짚단들이었다.

꼭 인디언들의 원뿔형 집처럼 둥글게 해서 높다랗게 쌓아놓은 것이었다.

'옳거니, 저 속에 들어가면 추위는 면할 수 있을 거야.'

앞뒤 생각할 겨를 없이 허둥지둥 냅다 셋이서 뛰어갔다.

"……!"

깊은 밤 데이트 2

어딘가에 밤 부엉이, 우-웅 우-웅 하고 울어댄다. 타박타박 말없이 옆에 붙어 밤길 걷고 있는 그녀를 하늘 높이 솟아있는 가로수 나무 밑 옆에 돌출된 작은 돌무더기에 앉기를 권했다.
"많이 걸어 왔나 봅니다."
잠시 쉬자고 하며 "힘들지 않습니까?" 하고 표정을 살피니 "아니에요, 이야기가 참 재미있어요. 말씀도 잘하시고요."
무슨 소설 같은 이야기를 듣는 것 같다며 더 듣기를 기다리는 듯했다.
양팔을 머리 위로 쭉 뻗쳐 올리고 길게 심호흡하고는 길가에 깔린 잔돌 한 개를 집어서 팔을 몇 번 휘젓고 휑-하니 멀리 던졌다. 깎아내려 가파른 언덕배기 맞은편에 맞은 돌이 또르르 굴러내려 왔다.
조용히 손을 내밀고 같이 잡기를 기다렸다가 맞잡으며 그녀를 일으켜 세우고 또 천천히 걷기 시작했다. 처음 잡아본 손이었다. 잠깐의 감촉이 무한한 인연이 될 것 같은 느낌이 순간적으로 마음에 새겨졌다.
'털끝만큼 스쳐도 인연이라고 부처님께서 말씀하셨잖은가! 하물며 야심한 자연 속에 단둘이 딱 맞잡았으니 보통 인연이 아닌가 보다.'

속으로 큰 미소를 빙긋이 지었다. 몇 발짝 걸으며 묻는다.

"그리고 어떻게 됐어요?"

"그럼, 계속 들려드리겠습니다."

재미있어하는 표정이다. 하여 하던 얘기를 이었다.

논바닥 여기저기 원통 짚단들이 높게 쌓여 여러 곳에 서 있는데 그중 가장 크고 넓은 덩어리를 정하고 셋이 나란히 마주 섰다. 들어갈 구멍을 물색하던 중 사람 하나 기어들어 갈 만한 틈새를 발견했다. 좀 좁긴 하지만 셋이서 의견일치하고는 둘이서 옆으로 볏짚을 크게 벌리고 나는 기어들어 갈 채비를 하였다.

금세 세 놈이 대가리를 쑤욱 밀고 들어가려는 찰나, 갑자기 귀신 소리를 들었다. 분명 안에서 가냘픈 여자의 떨림 같은 목소리가 세 놈의 귓구멍 속으로 가는 철삿줄로 쑤시는 소리였다.

확- 무서움이 등줄기를 타고 내리는데, 세 놈은 그야말로 기겁하고 얼싸안고 나자빠졌다. 혼이 빠진다더니 이를 두고 하는 말인가 보다. 오금이 저려 도망도 못 가고 허옇게 질려 있다가 정신을 가다듬고 엉금엉금 기어서 다시 가 보았다.

그래도 한창 팔팔한 이팔청춘인데 까짓거 죽지 않으면 까무러치기겠지 하고 셋이서 용기를 내어 짚단을 뜯어내고 입구를 넓게 만들기 시작하고 또 엉금엉금 기어들어 가기 시작했다. 헌데, 어두컴컴한 한쪽 귀퉁이에 허연 덩어리 같은 물체가 붕- 하니 떠 있으면서 '응~ 으~ 음~' 하는 괴상한 소리를 내며 미세하게 움직이고 있었다.

말도 못 하고 바라보고 있었는데 급기야 모골이 송연해지더니 등줄기가 서늘하며 전신에, 전율이 내리뻗쳐 얼어버렸다.

세 놈이 쭈그리고 엎드려 꼼짝하지 않고 앞만 주시하고 있는데 또다시

소리가 들려왔다.

가냘프게 떨리는 여자의 목소리 같았다. 정신을 가다듬고 숨소리도 죽인 채 허옇게 떠 있는 물체를 응시하며 기다리고 있으니, 모기만 한 소리로 "누~구~세~요오~."

잔뜩 겁에 질린 여자의 목소리가 아닌가!

'엥?'

바짝 마른 입술 속에 나직이 셋이서 합창하듯이 입을 뗐다.

"사~람, 인~데요오…."

아무런 대답이 없다.

"……?"

약간 진정하고 난 후 재차 "사람입니까?" 되물었다.

"예…."

겁먹은 모깃소리다.

'아항, 귀신은 아닌가 보다.'

약간 안심하고 입구를 헤집고 용기 내 들어가 보니, 웬걸 짚단 속 한쪽 구석에 희미한 물체가 꼭 끌어안고 잔뜩 웅크린 채 처박혀 있는 형상이 눈에 띄었다.

몸체를 보아 어른은 아닌 것 같고 또 남자 아닌 여인 같았다. 비상용 성냥을 찾아 어둠 속을 비추며 살피니까 위는 희고 아래는 검었다.

웅크리고 있으니, 뭔지 알 수가 없어 누구냐고 물으니 동네 처녀란다.

'아니? 이 넓은 들판 한 가운데 추운 겨울밤에 처녀? 그것도 짚단 속에…'

이거 참말로 여우가 갑자기 둔갑해서 우릴 홀리려고 시방 요술을 부리고 있는 것이 맞다. 아니면 능구렁이가 추위를 피해 이곳에 왔다가 인기척에 둔감했거나….

세 놈이 똑같은 느낌(?)을 언뜻 하고는 엉덩짝을 뒤로 흔들며 튀어나오려고 하는데 "우리들 사람 맞아요"라는 조금 안정된 목소리가 들려왔다.

"헉-"

맥이 풀려서 그대로 주저앉아 구석진 곳을 응시했다. 너무 어두워 잘 보이지 않지만, 검은 물체가 한쪽에 있고 사람의 느낌이 전해져 왔다.

일단 안심하며 놀란 가슴을 진정하고는 피차 말없이 조용히 있었다.

잠시 후 한 처녀가 성냥을 그어 호롱불에 불을 붙였다. 호롱불은 작은 유리상자 속에 있어 불이 날 일은 없는 듯했다.

어두움이 서서히 밖으로 밀려 나가고 실내가 차츰 밝아지기 시작했다. 머리를 들고 돌아보니 짚단 속은 텅 비어 있고 꽤 넓었다. 불빛 아래 나타난 처녀들은 흰 저고리, 검정 통치마를 입고 길게 땋은 머리에 붉은 댕기가 곱게 접혀 있었다. 동그마한 통통한 얼굴과 갸름하며 이마 반듯한 두 처녀의 모습이었다.

이종 자매 간이라고 했으며 어른들과 함께 있다가 집으로 가고 둘이 남아 호기심과 재미 삼아 짚단 속 야영을 하고 있었다. 호기심은 우리 나이엔 똑같이 있나 보다.

놀란 가슴을 진정하고는 엉거주춤 엉성하게 마주 앉았다. 속이 그런대로 조금 높고 넓어서 다섯 명이 둘러앉기는 제법 편했다.

바닥에 짚단으로 자리를 만들어서 폭신하고 온기가 전해져 왔다.

아직도 한쪽으로 몰려 검은 바탕에 붉은 깃단으로 홑청을 씌운 이불을 감싸안고 몸을 숨기는 모습이 많이 놀라고 또한 경계의 눈빛마저 풀지 못하고 있었다.

"저어- 우리 나쁜 사람 아니에요. 학생이에요." 하며 우선 안심시키고 무전여행 중이며 표충사로 가려고 이 밤에 무작정 떠났는데 춥고 배도 고프고 해서 찬 공기 피하려 이곳에 찾아들게 되었다고 조곤조곤 이야기를 들려주었다.

"엄청 무서워서 죽는 줄 알았어요."

고개 숙여 웅크리고 있던 몸을 풀며 조용히 말한다.

"미안해요, 우리도 무지하게 놀랐습니다."

귀신인 줄 알고 놀랐다고 하니 되레 사람이라 놀랐단다.

'하기사, 야밤 들판 한가운데 처녀들에겐 사람이 귀신보다 더 무서울 수가 있겠구나'.

충분히 이해하고 원인 제공은 우리들이니 용서를 구했다. 차츰 부드러워진 분위기에 편하게 빙 둘러앉았다. 집은 건너편 산기슭에 있고 몇 가구 안 되는 조그마한 촌락이라고 했다.

"무섭지 않나 봐요."

"맨날 일하고 놀던 곳이라 아무렇지 않았는데 밖에 남자들의 목소리가 들려 혼났어요" 하면서 살포시 웃었다.

"우린 안 무서워요?" 물었다.

"이젠 안 무서워요…" 하고는 호야불을 찾아 다시 크게 밝혔다. 희미한 등잔불보다 환하게 실내의 어두움이 완전하게 물러갔다. 황금빛 불빛 아래의 두 처녀의 모습은 참 이뻤다.

도시의 여학생만 보다가 흰 저고리의 얼굴이 백설같이 깔끔하고 고운 모습을 검정치마가 받쳐주니 고전적인 인형을 보는 듯했다. 세 놈이 처음 접하는 아름다움에 잠시 넋을 잃고 눈만 끔벅이고 있었다. 배고픔과 추위도 잊은 채….

달은 서편 하늘 가까이 기울고 있었다.

밤 부엉이 소리도 지쳤는지 이젠 들리지 않고 스산한 바람만 늦가을 정취를 느끼면서 어디까지 갈지 모를 곳을 향해 지난 얘기하며 걸었다. 작은 실개천이 도로를 둘로 갈라지는 지점에 멈추었다.

그녀는 건너갈 생각이 없는 듯 지체하더니 "이만 돌아가입시더" 하고는 돌아서며 말했다. 어둠 속에 그녀를 보고는 주변을 살펴보았다. 길은 건너편에도 쭉 이어지고 실개천 물소리가 밤공기에 또렷이 들리며 흐르고 있었다. 약간 후미진 산기슭 모퉁이에 조그마한 비각이 한 채 오롯이 서 있었다.

"무슨 비석입니까?"

"열녀 비각이라고 하던데 잘 모르겠어요."

옛날, 오래된 비각이라고 한다. 희끄름한 어둠 저편에 고요하며 쓸쓸하게 산천에 묻혀 잡풀과 함께 오랜 세월을 지켜왔음이 역력했다.

약간의 두려움과 무서움이 엄습해 왔다.

"돌아가입시다."

선선히 대답하고 돌아섰다.

훗날, 그곳이 좀 무서운 곳이라고 그녀가 내게 말해 주었다.

큰물이 내려갈 때 사람도 빠져 죽고 귀신 같은 형체도 보고 놀란 사람도 많았다고 했다.

어떤 무서움이 느껴져서 그녀가 돌아가자고 했지만, 그 당시엔 나는 모르고 있었으니 다행이었고 그녀는 속으로 다소 두려웠을 것이다. 뭔가 쫓기듯 발걸음도 빠르게 한참 되돌아 걸어왔다. 가라앉은 분위기를 깨우치듯….

"얘기, 계속해 주세요."

깊은 밤 데이트 3

열일곱, 열여덟의 이종 자매 형제였다.

때묻지 않은 순수함이 자연과 함께 생활하며 곱게 자라온 처녀들이었다.

이성의 남녀는 금세 친구가 되었다. 그야말로 이팔청춘의 남녀들이지 아니한가!

조명에 채색된 붉은 얼굴들이 괜히 참지 못한 미소가 자꾸자꾸 만면에 자르르 흐르고 서로의 눈웃음이 비끼듯이 스쳐 가며 무슨 말이고 간에 앞뒤 없는 대화로 주고받고 즐거운 시간이 되었다.

검정 교복에 하얀 뿔 카라를 받쳐 입은 까까머리 총각들과 검정 통치마와 흰 저고리를 곱게 받쳐 입고, 가르마 반듯하게 빗어내려 땋은 머리 끝에 붉은 댕기가 나비처럼 예쁘게 앉아 있는 처녀들, 다섯 명은 실내의 후끈거리는 열기에 추운 줄 몰랐다.

남겨둔 고구마와 감자 몇 개가 그토록 맛있는 줄 난생처음 알았다.

그것은 산해진미보다 바꿀 수 없는 천상의 맛을 본 것이다.

'세월이 흘러서 먹어 보지만, 그때 그 맛은 영영 찾을 수가 없다. 지금

도 고구마 감자를 보면 아련한 맛을 기억해 본다.'

암튼 김치 국물마저 훌렁 둘러 마시고 고맙다고 감사를 전하고 셋이서 여행 얘기하고, 두 사람은 조용한 미소로 재미있게 호응하며 시간을 보냈다.

새벽이 밝아오는지 찬 기운이 짚단 속에 냉기를 더욱더 싸늘하게 전해졌다. 모두들 추위에 웅크리고 있었다. 말문도 얼어 조용한 가운데 갑자기 처녀들이 말했다.

"우리 집으로 가시렵니까?" 하며 자신들의 집으로 가길 권했다.

그 상황에 무슨 망설임이 있겠냐만 생각할 겨를도 없이 이구동성 셋이서 말했다.

"예, 정말 춥네요."

홑껍데기 학생 교복 한 벌만 입었으니 배기기가 힘들었다. 한기가 오기 시작하니 전신이 떨리고 몸이 얼어왔다. 밖은 아직 어두운데, 처녀들이 가자는 데로 따라갔다.

'한복은 별로 춥지 않고 따뜻한가 보다.'

처녀들은 잘도 가는데 우린 잔뜩 웅크리고 고개를 움츠려 눈만 빼꼼 내놓고 따라가면서 생각했다.

'솜 바지저고리… 역시 우리 한복이야….' 감탄하며 종종걸음을 치며 얼마쯤 가니 먼발치에 조그마한 촌락에 초가 몇 집이 보였다.

삽짝문(사립문)도 제대로 닫혀 있지 않는 마당을 건너 먼저 들어간 처녀들이 잠시 후 나와 들어오라고 손짓했다. 대청마루 안쪽의 안방으로 허겁지겁 파고들었더니 희미한 등잔불 아래 할머니 한 분이 조용히 앉아 계셨다.

"어서 오너라. 이리로 와서 앉아라." 하시면서 아랫목에 깔아놓은 이불을 걷고 친절하게 말씀하셨다.
 체면, 염치 불고하고 세 놈이 우르르 엎어지듯 엉덩짝을 아랫목에 갖다 붙였다.
 "아이고, 얼매나 춥고 고생했을까잉?"
 할머니가 인자하고 고운 얼굴로 사랑스러운 표정으로 두 손녀들을 데리고 옆 방으로 나가셨다.
 감사하다는 인사와 동시에 세 놈은 그대로 그 자리에 누웠다.
 "아~ 따뜻함이여!"
 스르륵 금세 잠이 쏟아졌다. 풀린 긴장 속에….

 "춥지 않으세요?"
 추운 얘기를 실감 나게 듣고 있던 그녀가 한길가로 나란히 걸으며 물었다.
 "괜찮은데요! 겨울철도 아닌데요 뭐…."
 늦가을이지만 시골 날씨라 밤공기는 다소 차가웠다.
 "얼마 전 이야기인 것 같네요?"
 "예, 바로 작년 연말쯤입니다. 졸업하기 전이니깐요."
 달도 기울어 서편에 겨우 걸려 있는 듯하고 먼 곳에 내진 동네가 가뭇가뭇하게 보이는 듯이 나타나기 시작했다.
 "참, 재미있어 어떻게 걸었는지 모르겠어요…."
 "재미있게 들어주어 감사합니다. 무섭지는 않았어요? 밤길에…"
 "쪼끔은요… 실개천 비각 근방에…."
 나도 그곳엔 뭔가 조금 무서웠다며, 느낌이 좀 으스스해서 돌아가자고 했다. 그런 것 같더라고 하고는 또 어떻게 되었냐고 그녀가 물어왔다.

길 가장자리 둔덕에 사이를 두고 나란히 앉아 이야기가 이어졌다.

온몸이 풀어져 따뜻한 아랫목에 세상없는 꿀잠을 푹 잤다.
동녘의 밝은 햇살이 문짝 창호지에 훤하게 비춰주고 문구멍 사이로 햇빛이 비집고 들어와 무겁게 가라앉은 눈꺼풀 위에 서치라이트가 되어 강하게 꽂혀 있어 단잠을 게으름 피울 수가 없었다. 포근함을 못내 아쉬워하며 비실비실 일어났다.
상쾌한 아침이다. 이제 막 새벽이 걷히고 동편 하늘에 붉은 해가 떠오르고 있었다. 문을 열고 나오니 할머니께서 부엌에서 조그마한 소쿠리에 옥수수와 감자를 가지고 마루 위에 오르고 있었다.
"이른 아침에 이것밖에 없구만…" 하시며 어서 먹으라고 권했다.
"감사합니다."
셋은 고마움에 연신 인사를 하며 따신 방에 참 잘 잤다고 학생답게 얌전하게 절을 했다.
한 소쿠리를 금세 다 비우고 떠날 채비를 할 즈음 사립문을 열고 두 처녀가 밝게 웃으며 들어섰다.
아침 산책을 했는지 찬 공기에 두 볼이 발갛게 얼어 있었다. 앵두 같은 양 볼의 싱싱함이 가슴에 그대로 박혀 두근거리더니 괜스레 바로 쳐다보지도 못하고 덩달아 부끄러워 세 사람은 우물쭈물 운동화 끈도 다시 매고 모자도 털고 딴청을 부리고 댓돌 밑 마당으로 내려섰다.
이팔청춘, 처녀와 총각들이 마주 섰으니 어찌 설렘이 없을 것인가! 마음속엔 무언가 끌림과 아쉬운 감정이 잠깐의 순간일망정 스며들 수 있을 것이다. 이름도 성도 서로들 모르는 짧은 시간의 만남이었는데 왜 이렇게 망설임이 가슴에 남겨진다는 말이냐. 알 수 없는 심사를 내색 없이 감추고 "할머니 사진 한 장 찍어 드릴게요."

달랑 카메라 하나만 메고 떠난 여행길에 오늘 그 첫 셔터를 누르는 계기가 되었다. 그 당시 사진기는 귀했고 고급 용품이었다 싶다고 사양하시는 할머니를 대청마루 끝에 곱게 앉히고는 사진을 찍었다.

"할머니, 사진 가지고 꼭 다시 올게요. 그때까지 건강하셔야 해요!"

주름지고 메마른 손을 양손으로 꼭 쥐고 다짐하며 약속했다. 또 마음엔 귀 볼이 발갛게 물든 흰꽃 같은 처녀들을 다시 볼 수 있는 계기와 핑계를 확실하게 만들게 되어 숙제를 다 푼 학생처럼 즐겁고 기뻤다.

남녀의 호감은 찰나처럼 번쩍인다고 했다. 이성의 느낌은 순간적으로 가슴에 꽂힌다. 첫눈에 반했다고 하지 않는가!

반하는 시간은 단 1초도 걸리지 않는다. 그것이 청춘이다. 아무리 첫 대면의 느낌이 높은 전압의 전류처럼 심장을 감전시킬 수 없다면 힘든 것이다.

다섯 명의 감정은 그때 백만 볼트의 전압이 흐르고 있었다.

살짝 문밖 동구길까지 따라 나온 처녀들과 이별했다. 그야말로 뜻밖의 첫 대면과 짧은 만남이었다. 돌아보고, 돌아보며, 가고, 따라오고, 따라오며, 고맙다고, 잘 가라고 하며 헤어졌다.

흰 저고리의 옷고름이 바람에 살랑살랑 휘날리는 모습을 눈에 담으면서….

차가운 바닥에 불편하게 걸터앉아 있으니 엉덩이 아래가 차갑고 아파 왔다. 일어서기를 권하고 가까워진 동네로 향해서 걸었다.

"이야기 끝난 거예요?"

한참 후 물었다.

"아닙니다. 하하…"

돌부리에 발길이 튕기어 펄쩍 뛰고는 "이제 기지 씨 얘기 좀 해주소."

처음으로 '기지'라는 이름을 불렀다.

시골 태생이지만 전혀 촌스러운 이름이 아니었다. 어떤 깊이와 지성이 배인 흡인력을 갖춘 매혹스러운 이름이 조신한 행실에 맞춤 같은 제격인 이름을 가졌다고 느껴졌다.

"아이… 저는 없어예…."

고개를 약간 옆으로 숙이고 입꼬리를 치키며 엷은 미소와 함께 한 차례 손사래를 쳤다.

"학창 시절 많은 연서를 받았겠습니다."

대답이 없다. 웃음 짓는 얼굴이 긍정인지 부정인지 알쏭달쏭하게 전해지며 궁금해졌지만, 여인의 비밀은 또 다른 매력의 한 요소일 터!

이런 수상스런 비밀을 남겨두고 동네 어귀 길목까지 걸으며 기다리고 있는 듯한 뒷이야기를 계속했다.

큰길가까지 나와 뒤돌아보니 멀리서 손 흔들고 있는 두 처녀가 아직도 서 있었다. 세 사람도 두 팔 높이 올려 힘차게 흔들고 답례했다. 늦가을이지만 겨울 초입이라 아직 아침 공기는 차갑다. 몸을 녹인 젊은 청춘이라 갈 길을 재촉했다.

표충사까지 얼마나 되는지는 모르지만, 목적지가 있으니 기분 좋게 걸어갔다. 각자 무슨 생각을 하는지 말도 없이 앞만 보고 걸어갔다.

나보다 한 살 어린 처녀의 눈빛이 자꾸만 머릿속에서 떠나지 않았다. 어떤 말, 하고 싶은 말이 있는 듯한 숨겨진 감정이 촉촉하게 눈웃음으로 살짝 전해져 왔다.

이성의 호감은 빛살보다 빠르다. 순간의 느낌이 아무리 따져도 전부일 수가 있다.

혼자만의 생각에 골똘하며 고갯길을 넘어갔다. 어쩌면 두 녀석들도 알게 모르게 숨겨논 사연이 있을 거야. 그러기에 저렇게 말도 없이 묵묵히 걷고 있지 않겠느냐. 그런 모습을 한번 쳐다보고 싱긋이 웃었다. 그러자 셋에서 함께 웃었다. 왜 웃는지는 각자의 몫이고….

'아 상쾌한 아침이여!'

신났다 모두….

"사진은 전해주었습니까?"

"아… 예… 그 약속은 그만 지켜지지 못했습니다."

"어쩌다가…"

실감 나게 들었나 보다. 못 전해 주었다는 말에 안타까움이 배어 있었다.

훗날 다시 찾아갔지만 도통 어디가 어딘지 분간이 안 되었다. 이름도 동네도 어디 근방인지 통 알 수가 없었다. 절로 가는 길옆의 작은 촌락이라 쉽게 찾을 수 있을 거로 생각했었다.

동네 모습은 눈에 박혀 있는데 그 모습이 비슷비슷해서 분별이 되지 않았다.

아무리 헤매어도 무작정 물어볼 건더기도 없으니 어쩔 줄 몰랐다.

주소조차 묻지 않았으니 누굴 탓하랴!

준비성 없는 젊음이 낙담만이 크게 가슴에 울림으로 전해 왔다. 드문드문 있는 시골 촌락이라 쉽게 찾을 수 있다고 너무나 생각 없이 간과했다. 하루 종일 눈 뜨고 헤매는 장님처럼 강산을 휘젓다가 돌아설 수밖에 없었다. 풋풋한 시골의 순박한 두 처녀도 다시는 만날 수가 없었다. 꼭 올 것이라고 믿었을 테고, 틀림없이 다시 온다고 무언의 눈빛으로 헤어졌다. 짧은 감정의 교류가 생각할수록 마음에 생생하게 남아 평생 잊지 못하는 학창 시절의 행복한 추억이 되었다.

간혹 '정말, 여우 홀렸나?'

우째, 그렇게도 못 찾고 분간이 안 되며 미궁 속에서 헤매는 얼간이가 되어 끝없는 미로를 찾아다니는가!

쓸쓸함과 안타까운 심정을 아프게 느끼며 돌아설 수밖에 없었다.

흰저고리 검정치마의 예쁘게 잘 웃던 흰 꽃 같은 17세 처녀가 언제나 생각난다. 또렷한 기억으로 생생하게….

깊은 밤 데이트 4

달빛을 머리에 얹고 삽짝(사립짝) 문 쪽으로 돌아가는 그녀를 사라질 때까지 배웅하다가 허공에 짖어대는 마을 개들의 소리를 뒤로 하고 천천히 돌아섰다.

조금만 걸어 내려가면 동창생이 살고 있는 동네가 있었다. 거기에서 얼었던 몸을 녹여야겠다고 생각하고 잰걸음으로 움츠렸던 어깨를 한번 뒤로 젖히고 찾아 나섰다. 동네 이름이 '양호'라고 했다. 몇 달 전 이 친구를 알게 되었고 하룻밤 함께 갔다.

학교생활 삼 년 내내 한 번도 마주쳐 보지 못한 동창이었지만, 단지 동창이란 끈으로 묶인 유대감 하나로 단번에 격의 없이 가까워졌었다.

아래채 작은 방에 있을 거라고 짐작하고 문고리를 잡고 열어젖히고, 어두컴컴한 방 안으로 들어가서 일단 아랫목부터 더듬어 살피니 친구는 곤하게 잠이 깊이 들어 세상 모르게 자고 있었다. 깨울 것도 없이 그대로 옆에 누워 이불 한쪽을 잡아끌고선 덮고, 언 몸을 녹이기 시작했다.

아직 새벽은 멀리 있고 날이 새려면 한참일진대 우선 한숨 잠을 청했다. '동네 개가 다 짖는데 친구 집에는 없나 보다' 실없이 피식 웃고 잠들어 버렸다.

"야, 인택아! 우짠 일이고?"

덜 떨어지는 눈꺼풀을 겨우 실눈으로 쳐다보고는 "응, 어젯밤에… 깨워도 모르고 자드라."

약간을 뺑을 치고 일어나 앉았다.

"니! 밤 데이트했제?"

활짝 웃고 놀리며 재미있어 했다.

정태운, 친구의 이름이다. 졸업 후 잠시 고향에 돌아와 홀어머니를 모시고 생활하고 있었다. 학교 땐 보지 못했지만, 두 번째 만남에 반갑게 맞아준다. 동창! 이름만 들먹여도 기분 좋게 즐거워진다. 단둘이 마주하니 우정이 돈독해진다.

날이 밝자 우선 친구 어머니에게 인사를 드리고 아침상을 감사히 받아 배불리 먹었다. 추수와 함께 가을걷이가 끝난 들판으로 친구와 산책을 나왔다. 바람이 차다. 초겨울의 들판은 벼 밑둥이가 싹뚝 밀어버린 짧은 머리카락처럼 맨바닥이다.

봉긋봉긋 짧게 잘린 벼 밑둥이가 바둑판 돌같이 사통오달 나열되어 굳어버린 논바닥에 펼쳐져 있었다.

새벽 찬바람에 얼은 하얀 서리가 벼 밑둥이에 솟아나서 차디찬 얼음꽃으로 잠시 뽐내다가 동편 하늘 엷은 아침 햇살에 투명한 눈물 방울을 흘리며 스르륵 제 몸을 삭이고 있었다.

얼음꽃이 사그라지는 벌판을 바라보며 새벽 산책길에 친구와 우정을 쌓는다.

귓불이 빨갛게… 청춘이다.

동창생

학원의 방학과 휴가철이라 더위를 피해 고향으로 돌아왔다. 그동안 여러 번 편지를 주고받고 하면서 밀양엔 가보지 못하고 시간만 흘러갔다.

밤 데이트만 고작 두 번 했지만, 많이 친숙해진 감성을 적어 서신으로 전하고 답신도 받고 지냈다. 들러서 고향으로 갈지 생각했지만, 삼복더위에 도시든 농촌이든 일신이 힘들기는 매일반이라 그래도 피붙이가 이물이 없고 편한 것이 사실이다.

큰 마루 뒤편 마루방에 양편 문짝 활짝 열고 큰대자로 누워 책 읽으며 이 여름을 보내는 것이 최상이다.

앞산 밑 큰 거랑(시내보다는 크고 강보다는 조금 작은 물줄기)으로 물살이 우렁차게 흘러 내려갔다. 요 며칠 비가 내렸다.

한창 벼 이삭이 여물어 갈 때인데 논밭이 물에 잠겼으니 걱정스러운 모습들이 역력했다. 이른 시일 내에 물이 빠져야 할 텐데 하늘에 맡길 수밖에 도리 없지 않은가!

고향 집 후원의 옆 마당도 물에 흠씬 젖어 채전밭도 흙탕물이 질펀했다.

돼지우리도 반쯤 물에 빠져 냄새와 함께 질편거렸다. 다행히 돼지는 없었다.

아무리 집안이 넓다 해도 우기에 갇혀 있자니 답답했다.

온통 물난리로 법석인데 그냥 빈둥거리기가 민망했다.

돌아가기로 작심하고 삼일 만에 청송을 떠나 밀양으로 왔다. 맑은 날씨에 태양이 작열하고 매미 소리가 시원스럽다.

궂은 날씨에 갇힌 것보다 맑게 빛나는 하늘 아래가 훨씬 좋았다. 친구가 외양간에서 암소 한 마리를 끌고 나왔다. 소꼴 먹이러 가자고 하며 밀짚모자를 찾아 쓰고 낫을 챙기고 워낭소리 울리며 코뚜레에 끌어 나온 암소를 몰기 시작했다.

벼 이삭이 여물어 가는 논둑을 지나 잡풀이 자라고 있는 언덕배기에 암소를 묶어 놓고 "인택아, 잠깐 소 보고 있거라" 하고는 어딘지 동네 쪽으로 걸어갔다.

바람 한 점 없이 뜨거운 볕인데 암소는 순한 눈망울을 꿈뻑이며 잘도 풀을 뜯는다.

높이 떠 있는 구름조각들, 군데군데 논매기 하는 농부들, 따가운 햇볕 아래 조는 듯이 보이는 가로수들, 뽀오얀 먼지를 꽁무니에 내뿜으며 달리는 시골 버스, 졸졸거리며 내려가는 논도랑 물소리, 딸랑대는 워낭에 장단 맞춰 풀 뜯는 암소의 콧김 소리, 그림 같은 농촌의 풍경이었다. 언덕배기 비슷하게 앉아 팔을 뒤로 짚고 멀리 보니 친구가 보였다. 손에 큰 병이 들려있었다.

"심심했제?"

"아이다, 뭐꼬?"

"술이다, 됫병이다. 깡소주…."

한잔하자며 내민다. 요즈음도 대형마트에 가면 담금주라고 35도짜리 막소주를 판다. 독하기 이를 데 없는데 그 당시 농촌엔 강소주라고, 됫병이라고 부르며 몇 가지 없는 종류의 물품과 함께 파는 가게가 있었다.

냉장고가 없던 시절이라 막걸리는 없고 소주가 전부다.

농주를 담그지 않는 이상 막걸리 맛은 결코 볼 수가 없었다.

면 소재지쯤이면 양조장이 있지만 이런 촌구석에는 어림없다. 땡볕 아래 두 사람은 주거니 받거니, 홀짝홀짝 마셨다. 더운 탓인지 독한 것 같지 않고 잘도 넘어간다. 그야말로 안주 한 점 없이 강소주답게 순 깡으로 반 이상 마셨다. 취기가 온몸 전체로 올라왔다. 몸에 열을 발산하니 더운 줄도 몰랐다.

친구는 당시 방송 드라마 '전설 따라 삼천리' 흉내를 잘 내었다.

구미호, 효자 열부전 등 내레이션 흉내를 그럴싸하게 목청을 내리깔고 읊조리면 흡사 라디오 방송 드라마를 듣는 듯해서 재밌었다.

특히 성우 구민 씨의 모창하는데 깜박 속을 수밖에 없는 재주꾼이었다. 여러모로 감성이 깊은 멋이 있는 친구였다.

재학시절엔 연이 닿지 않아 함께하지 못했지만, 졸업 후에라도 늦게 만나게 되어 많이 반갑고 기뻤다.

오늘도 하루를 서로 안주 없는 강소주를 나눠 마시며 노래하며 즐기는 우정을 만들었다.

"야! 태운아 '전설' 얘기 한 편해라."

"좋다, 한번 들어볼래?"

목청을 가다듬고 폼을 잡는다. 약간 취기가 올라온 기분으로 강소주 한 모금 입속에 부어 넣고는 잔뜩 찡그린 뒤….

***

'옛날, 아주 오래된 옛날. 강원도 따앙~ 첩첩산중 깊은 산골에 금실 좋은 한 부부가 살고~ 있었던 거~디었~다~.'

굵직하게 깔리는 음성이 구수하다.

…남편은 성실하고 착하며 비록 가난하게 살림을 꾸리고 있었지만, 아내를 사랑하며 열심히 농사를 지으며 근심 걱정 없이 행복하게 잘 살고 있었다. 낙엽 떨어지는 어느 가을날 지게를 걸머 매고 훌쩍 떠나면서 아내에게 말했다.
"여보, 내, 토끼 사냥해서 오리다."
"조심하세요, 서방님. 산짐승도 무서운데…."
삽짝 문밖까지 따라 나오는 아내에게 걱정 말고 문단속 잘하고 기다리고 있으라고 하면서 위로하고 산속으로 들어갔다. 울울창창한 나무들이 앞을 가로막고 수북하게 쌓인 낙엽을 헤치면서 이리저리 산토끼를 찾아다녔다.
'토실하게 살찐 놈 한 마리 잡아서 이쁜 아내에게 먹여야겠다.'
일구월심(日久月深)으로 사랑하는 아내에게 맛있는 고깃국을 먹여야겠다는 한마음으로 높은 산 깊은 골짝을 힘든 줄 모르고 다녔지만, 토끼는커녕 다람쥐 한 마리도 보질 못했다. 잠시 쉴 겸 쓰러진 고목나무에 걸터앉아 앞을 보니 돌무더기 쌓인 바위 밑에 조그마한 구멍이 눈에 보였다.
'옳거니! 토끼 구멍이다…'
순간 기쁨이 확 솟으며 살금살금 낙엽 덮인 구멍으로 향해서 찾아갔다.

입구를 막아서고 잔가지와 낙엽을 쓸어내고 구멍 속을 바라보니 난데없는 여우 새끼가 다섯 마리나 옹크리고 숨어 있었다. 어미는 어디 가고 새끼들만 눈도 못 뜬 채 고물거리고 있는 것이었다.

'이놈들은 여우 새끼잖아!'

일 년 내내 지은 농사를 파헤쳐 먹고 애써 키운 닭과 오리 새끼도 채 가버리며 속을 썩이는 몹쓸 놈의 산짐승 새끼들이 갑자기 눈에 보이자 미운 생각이 불현듯이 떠올랐다.

어미가 나타나기 전에 사정없이 구덩이를 묻어버렸다.

저놈들이 크면 또 낭패일 터인즉 피해를 미연에 방지했다는 안도감에 손을 털고 집으로 돌아왔다.'

해마다 속을 썩이던 농작물 피해도 없어지고 가축도 잘 크면서 생활은 윤택해지고 자식도 무럭무럭 잘 자랐다. 아들 삼 형제를 기르며 행복했다.

연년생으로 또 아들 둘을 낳았다.

아들만 다섯 명이 되니 농사일이 활기차고 집안에 힘이 넘쳤다. 딸이 없는 것이 매양 섭섭하고 서운했다.

"여보, 딸 하나만 더 놓읍시다."

부부는 이심전심으로 간절히 빌었다. 지성이면 감천이런가! 어느 날 그토록 바라던 예쁜 딸을 낳았다.

부모님의 사랑과 오빠들의 보살핌으로 막내딸은 집안의 귀염둥이로 애지중지하며 잘 자랐다. 불면 꺼질세라 잡으면 터질세라 부부는 끼고 살았다.

그러던 어느 날 큰아들이 시름시름 앓다가 명을 다하지 못하고 죽어버렸다. 슬픔도 잠시 흐른 뒤 둘째 아들도 병명도 알 수 없는 자리에 눕더니 일어나지 못하고 기어이 세상을 떠났다.

　화목했던 가정이 일순간에 온통 슬픔이 되어 가슴 아픈 세월이 흘러갔다.

　두 자식을 잃은 멍든 가슴이 차츰차츰 무디어 갈 즈음 밖에 나갔다가 돌아온 셋째 아들이 머리가 아프다고 품에 안기어 눕더니 미음조차 뜨지 못하고 '비틀비틀' 말라 가더니 끝내 일어나지 못한다. 부부는 지성으로 간병했다.

　"여보, 셋째가 또 왜 저래요?!"

　아내는 겁이 덜컥 났다.

　백방으로 알아봐도 별무소용 차도가 없이 병색은 깊어만 갔다.

　근심과 걱정에 속이 타들어만 갔다. 어찌해 볼 방도가 없는 낙담의 세월에 어느날 삽짝문 밖에서 목탁 소리가 들렸다.

　"똑똑똑… 나무아미타불… 똑똑똑…"

　"똑똑똑… 관세음보살… 똑똑똑…"

　탁발하며 다니는 시주승의 목탁 소리. 불심 깊은 부부는 어렵사리 살림에 한 줌의 곡식을 보시했다. 돌아서는 집 주인을 보고는 탁발승이 합장을 하면서 조용히 들릴 듯 말 듯 말한다.

　"횡액이 가득 끼었구나, 나무아미타불…"

　부부는 순간 돌아서서 시주승을 붙잡고 애원한다.

　"스님, 제발 가르침을 주세요."

　"원귀가 서리니 이를 어쩐담… 나무아미타불"

　"부처님께 빕니다. 살려주세요, 스님…"

　시주승은 두 눈을 지그시 감았다.

　"자식들을 살리려면 방도가 있긴 한데…"

"시키는 대로 하겠어요. 스님, 제발…"

"독한 맘을 가지지 못하시면 안 되는 일입니다. 하실 수 있을는지요…"

"무슨 짓인들 못하겠습니까…."

"그럼 잘 들으시고 꼭 그렇게 해야만 합니다. 우선 쇠도리깨를 준비하시고 커다란 멍석에 막내 딸을 둘둘 말아서 죽도록 도리깨질을 하십시오. 나무아미타불…"

"예? …… 뭐라고요?"

"나무아미타불… 똑똑똑…."

말을 마친 탁발승은 홀연히 사라져갔다. 믿을 수 없는 말에 귀를 의심하며 집주인은 할 말을 잃고 멍하니 서 있었다.

'내가 뭘 들었나? 대체 뭔 말인가?'

그러나 이유 없이 죽어간 자식들을 생각하니 이판사판 심정으로 작심했다.

"앗, 아버지. 왜 이러세요?"

방실방실 웃으며 애교 부리는 딸을 말없이 멍석에 둘둘 말아서 마당에 눕혔다.

"여보, 무슨 짓이에요?"

마누라가 깜짝 놀라며 뛰어나왔다.

"아부지… 아부지… 엉엉엉…."

"여보! 미쳤어요? 아니 어떻게!!"

쇠도리깨를 움켜쥐었다. 아내가 기겁을 하고 말리고 매달렸다. 두 아들도 아버지 앞을 가로막고 말렸다. 그러나 남자는 입을 굳게 다물고 입술을 깨물었다. 눈에 넣어도 아프지 않을 막내딸이다. 울부

짖는 막내딸의 모습을 보지 않으려고 두 눈을 질끈 감았다. 어차피 다 잃을 자식들이라면 모진 마음을 먹을 수밖에 없다 생각하고 쇠도리깨를 멍석을 향해 내리쳤다.

"아부지… 아파! 살려주세요…."

막내딸의 울부짖음이 살을 도려내는 칼날이 되어 가슴에 꽂힌다.

'퍽, 퍽, 퍽.'

매달리는 가족을 뿌리쳐가며 계속 쇠도리깨를 사정없이 내리쳤다.

피가 튀고 살점이 튄다.

살려달라고 울부짖던 울음이 점점 잦아지면서 고약한 신음소리로 변해갔다.

'퍽, 퍽, 퍽.'

뼈가 으스러지고 살점이 뭉개진 자리에 하얀 연기가 피어오르더니 한 마리의 여우가 나타나서 달아났다.

"원통하구나, 남은 두 녀석마저도 죽이지 못했구나, 지독한 놈."

전설 따라 삼천리, 오늘은 여우와 막내딸 편이었습니다. 다음은….

"방송국 쪽으로 나가봐라, 발탁될 것 같다."

"좀 더 연습해 보고 나서… 훗훗."

여우의 원한도 공감하지만, 혈육의 정에 빠져 막내딸의 본질을 파악하는 숨 가쁜 과정이 전설의 압권이었다.

강소주 한 병을 다 마시니 거나하게 취했다. 풀어놓은 소를 찾아서 집에 끌어다 외양간에 매어놓고 어슬렁거리며 동네를 벗어나 한길가로 슬슬 걸어 올라갔다. 그다지 늦지 않은 오후에 해가 아직 서산을 넘기엔 시간이 많이 남아있었다. 초등학생 1, 2학년쯤 되어 보이는 꼬마 아가씨들이 옹기종기 모여 걸어가고 있었다. 방과후에 집으로 돌아가는 꼬마 학생 한 명에게 대뜸 친구가 물었다. "꽁지야, 집에 언니 있제?" 하고는 저녁 무렵 느티나무 앞으로 나오라고 다짐을 준다. 기지 씨 동생이라고 내게 귀띔을 주고는 "아저씨 친구가 기다린다. 알았제?"

어린 학생은 예쁘게 웃고는 "응…" 하고는 제 갈 길을 가버렸다.

"야~ 이젠 됐다. 이따 만나라…" 하며 어깨를 툭 하며 쳤다.

"막내라면 언니들이 많을 텐데 누군지 우째 아느냐" 하며 걱정하니, "걱정 마라 내가 기지하고 친군줄 안다" 하며 왔던 길을 되돌아 내려갔다.

여기까지 오는 것이 시간 타임상 어린 동생을 만날 수 있겠다고 계산하고 왔던 것 같았다. 용케 만났으니 잘만 전해 주면 되는 것이었다.

저녁 먹은 후 어둠이 짙어지자 만날 준비를 하고 약속 장소로 갔다. 별들만 영롱한 그믐의 여름밤이었다.

피차 얼굴조차 식별하기 힘든 칠흑같이 어두운 밤이었다.

논 도랑물 흐르는 물가에 발을 담그고 찰방찰방거리며 놀다가 헤어졌다. 아침에 일어나니 친구 왈, 어젯밤에 자기를 부둥켜안고 끙끙거리며 자더란다.

"야, 뭐 재미있는 꿈 꿨나?" 그러면서 자꾸 놀려대었다.

낮 동안 할 일 없이 친구랑 빈둥거리며 시간을 보내다 밤엔 기지를 만나 놀고 뭐, 그렇게 삼 일을 소일하다가 부산으로 내려왔다.

학원 개강 일자도 임박해 있어 부족한 부분의 과목을 복습과 예습을 열심히 하였다.

대숲밭에 탈출

무작정 구귀행 시외버스를 탔다.

부산서 출발하여 밀양읍을 거치지 않고 구포와 수산을 경유하여 청도면 구귀까지 가는 버스였다.

12월 크리스마스의 날씨는 몹시도 추웠다.

히터가 없는 시골 시외버스는 가는 도중 사람을 아예 동태로 만들어 놓아 목적지에 도착할 땐 반쯤은 얼어 있었다. 손발은 얼어서 곱아지지 않았고 두터운 외투를 입고 있었지만, 보온이 안 되었다.

몸은 얼어도 마음은 뜨거운 열정으로 가득 차 훈기가 나는 듯했다.

막차는 언제나 늦은 밤에 도착한다. 무엇이 부끄럽고 또한 감추어야 했는지 항상 어둠 속에 묻혀서 만나야 하는가.

혼기 찬 처녀의 조심성과 자신의 동네에서 데이트가 극히 신경 쓰이는 것은 과언이 아닐 것이다. 더군다나 딸만 줄줄이 다섯이나 되는 딸부자 집이니 소문은 두려운 것이다.

환경에 구속받지 않는 당찬 기질이 있는 보기 드문 여성임을 여실히 증명해 준다.

꽃은 정해진 자연 속에 자리 잡고 짙은 향기를 주변에 물들이면 벌 나비 춤추며 날아와 앉을 뿐이다.

그녀가 여기 있고 내가 여기로 왔다. 천지강산이 온통 하얀 솜이불을 깔아 놓은 듯 온 천지가 눈으로 덮여 있었다.

별들마저 알알이 부서진 얼음 알갱이로 변해 차가운 기운이 가슴에 꽂혀 왔다. 기다림이 길었기에 반가운 맘도 보고 싶은 마음도 배가되어 겨울밤 들판을 파고드는 추위도 팽개치고 걸었다.

문화시설이라고는 전무했던 그 당시, 달리 즐길 방도가 없었다. 더군다나 시골 농촌마을 일진데….

언젠가 보았던 눈에 익은 길옆 작은 언덕 위 큰 소나무 아래 튀어 오른 바윗돌에 앉았다. 동짓달 눈 덮인 산야의 차가운 냉기가 두 청춘남녀를 그냥 두지 않았다. 추위는 버티고 있던 두 사람을 자석처럼 끌어당겼다. 잡았던 손을 풀고 서로의 어깨를 기대었다.

입었던 외투를 벗어 한 몸으로 덮고 웅크렸다. 바윗돌 위에 또 하나의 둥근 바윗돌이 생겨난 것이다. 바람마저 휙 하고 지나가니 소나무 위에 덮인 눈가루가 쏟아져서 두 바윗돌을 하얗게 옷을 입혀 아래위 둥근 흰 돌이 길옆에 오뚝하게 서 있는 모습이 되었다.

검은 숯덩이를 윗돌 머리에 갖다 붙이면 영락없는 눈사람이 되어 마을 지킴이 장승박이가 되는 꼬락서니가 될 법했다. 우찌(어찌) 됐든 간 잠시 눈 덮어쓴 외투 속에 두 사람이 파묻혀 냉기를 막아주니 추위는 약간 덜했다.

암팡지게 웅크리며 서로 껴안고 눈 뒤집어쓴 외투 속에서 따뜻한 체온을 조심스레 감지하며 좁은 공간에서 꼼짝하지 않은 채 미세한 숨소리만 귓속으로 파고들고 심장의 울림 또한 크게 소리 내어 들려왔다.

약간의 부끄러움과 쑥스러움은 점차 이성으로 느껴가며 열기는 서서히 끓어 올라 언 몸을 녹이더니 냉기마저 밖으로 밀쳐 내보내었다.

훈훈한 기운은 전신을 감돌고 가까이 맞댄 얼굴에 따뜻한 긴 숨소리를 설레듯 내쉬며 살그머니 입술을 포개었다. 입맞춤! 그것은 입맞춤이었다. 젖먹이 어린아이의 입술 같은 신비하게 보드라운 입술로 막 첫사랑을 깨우치는 환희의 종소리였다.

종이 울렸다. 새벽종이 눈안개 속에 첫사랑의 종이 울린 것이다. 춥지 않았다. 더웠다. 아니 답답한 것이었다. 탈피하는 병아리같이 눈 껍데기를 깨고 일어섰다.

허허벌판 산천은 눈바람이 불고 있었다. 은빛 세상을 바라보며 행복했다. 갈 곳이 없는 청춘이지만 마음은 천지가 내 세상이고 이 순간이 생의 전부였다.

눈에 묻힌 외투를 털고 다시 그대로 웅크리고 바윗돌에 앉았다.

얼마나 흘렀나. 먼 동리에서 개 짖는 소리가 들렸다.

다 털어낸 소나무 가지의 눈이 조금씩 바람에 날리어 머리를 덮었다. 눈송이가 드문드문 검은 머리에 장식처럼 내려앉았다. 그제야 비로소 나는 기지의 얼굴을 찬찬히 그리고 똑바로 바라보았다. 잘생긴 모습이었다.

자그마한 몸매에 풍겨나는 포근함과 여인의 안정된 자세가 배어 있었다. 예쁜 얼굴이었다. 속눈썹이 그토록 긴 여자는 본 적이 없다.

긴 싸리비를 붙인 것 같고 눈도 컸다. 껌뻑이는 눈웃음이 마치 오뉴월 한여름에 부채를 부치는 듯 바람이 이는 듯했다. 일상에 보던 한국적, 시골적인 여성이 아닌 이색적인 아름다움이 갖춰진 매력이 차분하게 깔린 여성이었다. 보이는 모습만으로도 즐거운데 내면으로 감추진 여인의 포근한 자태가 나를 기쁘게 했다.

우찌 이런 여성이 산간 벽촌 외진 산천에 고스란히 숨겨져 있단 말인가, 진흙 속의 보배라더니! 값비싼 광물의 원석을 캐어낸 탐험가가 소리쳐 외치는 희열이 공감되는 느낌이었다.

망망한 창공의 구름 속에 숨겨져 흘러가던 조각 달님도 한순간 윙크하며 비춰주며 어둠의 옷을 살짝 벗겨주었다.

춥지 않았다. 아마, 추위를 잊어버린 것인가 보다. 지금의 열기는 북극에 있다고 해도 두렵지 않을 것 같았다. 뜨거운 피가 분출하는 청춘이지 않은가! 초승달이 구름 속에 들어갔다 나왔다 자꾸만 윙크한다.

웃어주는 달님이 있어 행복했다. 되돌아가는 길이 가뿐했다. 가는 길이 멀었는데 오는 길은 금세다.

동구 밖까지 즐겁게 걸어왔다. 마음이 즐거우면 천 리 길도 앞마당이다. 이젠 두 손 꼭 쥐고 걸으니 오는 길이 너무 짧았다.

헤어지는 아쉬움에 언뜻 돌아서지 못하고 동구 밖 후미진 곳에 나란히 앉았다. 동지를 맞이한 겨울밤은 한없이 깊어가고, 추위는 새벽을 향해 살을 에는 냉기를 천지에 뒤집어씌우고 있었다.

시계도 귀했던 시절이라 몇 시인지 가늠할 수가 도통 없었다. 잠잘 곳도 정하지 않고 무작정 달려온 배짱 한번 대단하다 무모했던 용기가 가상했지만, 함께하는 그녀에겐 안쓰러움이 역력히 보였다. 태연한 척 허세를 부려 보지만 떨려오는 한기는 참기 어려웠고 숨길 수가 없었다.

첫닭 울음소리를 한번 길게 들었다. 새벽이 오고 있지만 한겨울밤 동이 트려면 긴 시간이다. 동트기 전 새벽이 가장 춥다고 했던가!

"우리 집에 가입시더…."

보다 못한 그녀가 집으로 가자고 권했다.

"우째! 괘안켓습니꺼?"

체면, 염치 다 팽개치고 따라나섰다. 꽁꽁 얼어붙은 저수지를 끼고 길게 걸어갔다. 돌담 사이 사잇길을 돌아들며 차가운 돌부리에 차이며 드디어 대문 앞에 섰다. 그녀의 집은 동네 위쪽 맨 뒤에 있었다. 뒷산 기슭 바로 아래에 위치해 있었고 뒤편 언덕엔 대숲이 꽉 우거져 있었다.

조심스레 대문을 연 그녀가 살그머니 먼저 들어가며 조금 기다리라고 했다. 마당을 가로질러 들어간 그녀가 먼발치에서 방문을 열어 놓고 오라고 손짓했다. 안방과 가로로 길게 연결된 방들이 있었는데 그중 한 곳으로 잽싸게 마당을 가로질러 뛰어 들어가 열어 놓은 방문 안쪽으로 엎어지듯 빨려 들어갔고, 순간 그녀는 신발을 집어서 방안에다 숨겼다.

시골 온돌방 아랫목은 따뜻했다. 이불도 깔려있어 폭신했고 한쪽 귀퉁이 쪽을 나눠 덮으며 얼었던 몸을 녹이고 마음도 녹였다. 방안이 훈훈한 공기로 채워져서 심신이 여유로웠다.

그녀의 분위기와 여인의 체취를 느꼈지만 어두움이 꽉 찬 방안에 보이지는 않았다. 말이 없다! 아늑한 공간에 함께 있는 것만으로도 포근한데 무슨 말이 필요하겠는가, 나란히 마주 보고 누워서 숨소리만 어두운 방안을 채우고 있었다.

짧은 순간이 지날 무렵 갑자기 방문이 덜컹거리는 소리가 들렸다. 누군가 방문 앞에 서서 문고리를 잡고 조용히 흔들고 있었다. 조심스러운 동작이다.

"따그락 딸~그락."

작은 소리지만 새벽공기 속에 울림은 신경을 자극시켰다. 약간의 침묵이 깔리고 나서 차분한 목소리로 말한다.

"기지야. 자나?…."

언니가 왔다고 그녀가 귀에 대고 가만히 속삭이었다.

"응… 잔다!"

그리고는 숨소리 죽이며 기다렸다. 긴장이 전신을 타고 흐르고 있었다. 가슴도 뛰었다. 들켰나보다 생각하고 눈만 껌뻑이는데 돌아서 가는 발소리가 들려왔다.

'왜 왔을까?' 그리고 '확인하지 않고 어째, 그냥 돌아갔을까?'

훗날 물어봤지만, 지금은 그럴 여유가 없었다. 위기의 순간이 지나고 나니 몸도 마음도 따뜻한 온돌방에 녹여져 피곤이 몰려왔다. 잠깐이라도 눈을 붙이라고 그녀가 말해 주었다. 날이 밝기 전에 깨워 줄 거라고 했다. 한겨울의 밤은 길다.

더구나 엊그제가 동짓날인데 아무리 늦게까지 만나 놀았다 해도 초저녁부터 데이트했으니 넓게 잡아 서너 시 정도일 텐데 날이 새려면 한참일 거로 생각하고 그녀의 '지킴이'를 부탁하고 잠을 청했다.

'이거, 중동댁 둘째 사위 한번 되어 볼까 하다가 다리 몽둥이 뿌러질 뻔 했잖아..!'

'부모님이 봤으면 큰 낭패였을 것인데…. 언니여서 천만다행이었다'라고 생각하며 몸은 깊은 곳으로 차츰차츰 가라앉고 있었다.

뒤집어쓴 소나무 밑의 외투 속, 펼쳐진 부챗살 같은 긴 속눈썹, 스치는 듯 느껴본 가벼운 입맞춤, 의미심장한 방문 앞에 문고리 소리, 하나씩 이어지는 사건들이 점차 오버랩되면서 하얀 얼음 동산을 손잡고 뛰어가고 있었다.

얼마나 잤을까? 잠시 쉬려고 든 잠이 깊이 들었나보다 놀란 마음에 깬 잠에 정신 차려 살피니 문살에 비친 창호지에 엷게 빛이 보였다.

깜짝 놀라 옆을 보니 그녀도 잠들어 있었다. 지킴이 약속은 그녀도 어려웠을 것이다. 새근새근 마주 보고 잠들어 있는 모습이 평온해 보였다. 살그머니 몸을 일으켜 방문 창호지에 뚫린 구멍에 눈을 대고 밖을 내다보니. 백설 같은 하얀 눈이 마당 깊이 쌓여 있었다.

그새 눈이 함박 내렸나보다 점차 새벽이 걷히는 어스름한 눈빛이 방문 창호지에 반사되어 은은하게 문살에 어리었나보다 눈은 바라보는 마음을 아름답게 이끄는 요정이 있어 문구멍으로 감상하는 풍경은 자연의 오묘함이 절로 감탄스러웠다.

자는 숨소리 고르게 들리는 그녀의 비밀스러운 공간에서 평온한 기쁨을 즐기며 이리저리 작은 문 구멍 속에 노닐다, 갑자기 강한 충격이 머리에 꽂혔다. 마당 한쪽 귀퉁이에 나타난 인기척! 커다란 대 빗자루로 눈을 쓸고 있는 사람! 새벽 일찍 내린 눈을 치우기 위해 마당을 쓸고 계시는 분, 기지 씨의 아버지가 틀림없었다.

가슴이 사정없이 뛰기 시작했다.

'아쿠, 이거 큰일 났구나. 다시 나갈 일이 보통 큰일이 아니구나.'

꼼짝없이 갇혀 버렸다. 당황 속에 소리죽여 그녀를 흔들어 깨웠다.

"기지 씨, 큰일 났어요. 마당에 아버님이 나와 계셔요."

떨림과 낭패스러운 목소리로 나직이 속삭였다.

놀래기는 그녀도 매일반이었다. 함께 문구멍으로 내다보고는 차분히 나를 진정시켰다. 잠시 침묵이 흐르고, 밖의 동정을 살피며 조용히 앉아 있었다.

노여움에 가득한 부모님과 기가 막혀 어이없어하는 동생들의 모습이 자꾸 상상이 되어 심장은 돌아가는 원동기의 발동기 소리처럼 쿵쿵거리며 자신의 귀에 들리는 것 같았다. 새벽은 이미 엷은 빛으로 집안 마당을 조금씩 밝게 퍼지며 주변을 들어내고 있었다.

'아뿔싸! 독 안에 든 쥐 꼴이 되었구나. 이 일을 우짜노?'

진퇴양난이 이를 두고 하는 말인가 보다 어쩔 도리가 없는 어려운 상황에 깊이 낙담하고 있는 차에 그녀가 방 윗목으로 기어가서 뒷문 고리를 소리 나지 않게 살짝이 벗겼다.

활짝 제쳐진 뒷문 밖에는 대숲이 빼곡하게 촘촘히 박혀 자라고 있었다. 한번 머리를 내밀고 밖을 살펴본 후 감춰둔 운동화 신발 끈을 단단히 바짝 조여 맨 후 뒷 문지방을 넘어서 두어 발짝 떨어진 대숲 언덕배기에 마주 섰다.

가파른 비탈에 대나무들이 눈 속에 깊이 박혀 자라고 있었다. 새벽 어스름 속에서 지켜보고 있는 그녀를 잠시 마주 보고는 심호흡을 깊이 쉬고는 대숲밭을 헤치고 올라가기 시작했다. 정강이까지 푹푹 빠지는 눈구덩이에 이리저리 정신없이 헤매며 대나무 사이로 걸어갔다.

날이 밝기 전에 여길 빠져나가야 했고 동리를 빨리 벗어나야만 했다. 급한 마음에 허둥대니 어디가 어딘지 통 분간이 안 되었다. 무작정 올라왔으니 이젠 옆으로 빠져야겠다고 생각하고 길게 산허리를 끼고 옆으로 내려갔다. 눈 뭉치에 흐르고 미끄러지면서 출구를 찾아 겨우 나왔다.

동네로 가는 자그마한 산길이 나타났다. 새벽의 함박눈이 고스란히 쌓여 꼬불꼬불 눈길이 초가집 담장 옆으로 감돌아 길게 아래로 눈 속에 묻혀 있었다. 천신만고 끝에 찾아낸, 함박눈이 쌓인 눈길을 소리 내며 첫 발자국을 찍으면서 힘차게 내려갔다. 기분이 상쾌했다.

뽀드득, 눈 밟는 소리음과 마주치는 찬바람에 열기를 식히며 걷는 걸음걸이가 붕붕 구름 속을 걷는 것 같았다. 이른 새벽, 날이 조금 밝았지만, 천지강산이 고요하고 마당 개 짖는 소리만 나의 발길을 몰아세우고 있었다.

 첫차는 올 것인가? 언제쯤 나타날까? 혹여, 눈길에 오지 않을 수도 있지 않을까? 눈 쌓여 얼어 있는 시골길은 어디서나 불안한 여건이었다. 기다렸다.

 '오늘도 그러한 여건이구나….'

 불길한 추측이 현실이 되지 않기를 눈바람을 안고 빌었다. 휘~익 하니 세찬 바람이 들판에 휘몰아치며 눈가루를 사방팔방으로 흩뿌리더니 눈비처럼 날리고 있었다.

 춥지 않다, 허둥지둥 정신없이 대숲밭을 갈팡질팡 나댔으니 그 열기가 식지 않아, 상기된 얼굴로 신작로길 멀리 꼬부라진 길모퉁이를 바라보며 첫차가 나타나기를 기다리고 있었다.

 꼭 올 거야….

청송집 2

늘어진 감나무 가지가 뒷마당을 넘어 마루방 언저리까지 뻗쳐있었다.

한여름 오후의 뜨거운 땡볕이 마루방 안쪽 깊이 쳐들어와 마룻바닥이 온돌방처럼 데워져 뜨겁다. 찜질방처럼 뜨거운 마룻바닥에 커다란 안반(떡을 칠 때에 쓰는 두껍고 넓은 나무 판=떡판)과 홍두깨를 작은어머니가 갖다 놓았다. 아마, 칼국수를 만들려고 하시는 모양이다. 식구들 대부분 밖으로 나가고 작은어머니와 나만 책을 보며 넓은 집을 지키고 있었다. 여름 방학철이라 대충 책 보따리 싸 짊어지고 고향으로 들어왔다.

매미 소리 귀청 따갑게 한낮의 깊음을 알리는 가운데 물과 밀가루 자루 기타 그릇 등을 챙겨서 부산히 움직이신다.

모든 준비를 끝낸 작은어머니가 대청마루 바닥에 척 앉으시더니 밀가루를 개어 뭉치고 반죽을 양손으로 꾹꾹 눌려가며 찰지게 만들어 턱 하니 크고 긴 안반 위에 올려 놓고 기다란 홍두깨로 밀기 시작했다.

처음엔 살살 눌려 밀가루 반죽을 넓히더니 차츰차츰 길게 넓게 홍두깨로 밀어 나갔다. 가끔 콩가루를 척척 뿌리고 홍두깨로 솜씨 있게 반죽을 둥글게 크게 넓혔다.

양손으로 홍두깨를 돌리며 좌로, 우로 팔을 넓혔다 좁혔다 반복해서 반죽을 밀고 나니 둥근 방석처럼 반죽이 펼쳐졌다. 그것을 반으로 접고 또 접고 해서 기다란 막대처럼 하고는 부엌칼로 무채 설 듯 썰어 나갔다. 가지런한 모양이 한 치도 흐트러짐이 없었다.

'한석봉 어머니가 이랬나 보다.'

감탄하고 작은어머니의 움직임에 포근한 정을 느끼며 깜빡 잠이 들었다. 부산한 소리에 일어나니 식구들이 다들 돌아왔고 어느덧 저녁 무렵이 되었다.

때맞춰 준비했던 칼국수를 애호박 썰어 함께 삶아 내니 푸짐했다.

넓은 마당 한가운데 큼직한 멍석 두 장을 깔고 막 삶아 낸 칼국수를 커다란 버지기(자배기)에 항그(가득) 담아내어 할머니 이하 온식구들이 둥글게 모여 앉았다.

할아버지 상만 대청마루에 곱게 차려 올리고 모두들 한 사발씩 그득 담긴 칼국수를 후르륵 입맛 소리 분주히 내며 맛있게 먹었다.

별들이 총총하니 박힌 여름밤 하늘 아래 널따란 멍석 위에 빙 둘려 앉았다. 멀찍하게 떨어진 거름 두엄더미 옆에 모깃불을 지펴 매캐한 연기에 약간의 눈 매움과 기침이 나왔지만, 배부른 포만감에 행복을 느끼며 삼복을 견디어 내고 있었다.

어린 동생들은 이리 뒹굴 저리 뒹굴 아무렇게나 어른들 사이에 누워서 재잘거렸고 나도 한쪽에서 목침을 머리에 괴고 누워서 구만리 창천 밤하늘을 올려다보며 할머니가 부쳐 주는 태극무늬 부채 바람을 모닥불 연기 속으로 묻혔다.

살랑살랑 전해오는 부드러운 부채 바람이 머리카락을 흔들고 지나가면 할머니의 깊은 사랑이 가히 없음을 가슴 속에 오롯이 와 닿는 여름밤이었다.

밤이 깊어 찬 기운이 내려앉으면 하나둘씩 뿔뿔이 흩어져 잠자리에 들어갔다. 미명도 채 되지 않은 새벽 일찍 할아버지는 기침을 하시고는 모두 잠든 집안의 드넓은 마당을 구석구석 살피셨다.

짧은 싸리비를 한 손에 쥐고 한 손엔 삽자루를 챙기시고는 닭장, 돼지 우리, 두엄더미, 솔갑더미, 장작더미 후원의 채전밭 등을 살피며 심지어는 먼 곳 오동나무 밑 우물터까지 챙기셨다.

우리 집 하루는 이렇게 할아버지의 집 안 청소로 시작되었다. 동창이 훤하게 밝은 뒤에 부스스 잠자리에 일어나 꾸물거리고 있으면 영락없이 할아버지가 어느새 오셔서 밖으로 내쫓았다.

당신의 이부자리는 물론이거니와 손자의 잠자리도 손도 못 대게 했다. 모기장을 걷고 이부자리를 훌훌 털어서 반듯하게 개어 사랑방 윗목의 낮은 서랍장 위에 얹어놓고 족제비 털 방비로 구석구석 먼지 티끌 한 점 없이 깔끔히 쓸고는 방문을 앞뒤 활짝 열어 햇살 가득 맑은 공기와 함께 방안을 가득 채우셨다. 철없을 때나 철이 든 다 큰 나이 때나 한번도 사랑방 청소는 고사하고 이부자리를 개어 보지 못했다.

하물며 마당 청소는 언감생심이었고 새벽 일찍 말끔히 단장해 놓으셨으니 늦잠꾸러기인 손자가 할 일은 아무것도 없었고 긴긴 하루해가 기울 때까지 시끄러운 매미 소리만 듣고 지냈다.

중간 방 벽장 속에 방치해 둔 유성기를 끄집어냈다. 누가 언제 어떻게 해서 있는 건지 모르지만, 꽃잎이 활짝 핀 백합 같은 모가지를 길게 내밀고 있는 나팔이 달린 유성기와 나무상자 속에 둥그런 원판에 커다란 뱀 대가리처럼 꾸부러진 쇠뭉치가 얹어져 있는 유성기가 두 개 있었다.

우선 한 개를 끄집어내어 먼지를 탈탈 털고 대충 닦아 놓으니 깔끔하게 빛이 났다. SP판을 찾아놓고 바늘을 가지고 우물가로 갔다.

토란잎이 무성하게 자란, 한쪽 밑동에 숫돌이 비스듬히 세워져 있어 한 개씩 바늘을 쥐고는 뾰족하게 갈기 시작했다. 여남은 통의 꽤 많은 숫자의 바늘을 다 갈아서 통에 넣고 돌아와 뱀 대가리 옆에 붙어있는 부속품에 바늘꽂이가 있어 한 개를 꼽았다. 그러고는 태엽 감는 손잡이를 쥐고 천천히 감았다.

탱탱하게 감김을 감지하고 음반을 원판 위에 올리고 바늘을 살짝이 올리고 작동시켰다.

맑고 깔끔한 음악이 흐르고 가수의 노랫소리가 흘러나왔다.

백년설, 남인수, 고복수의 노래판이 있었고 일본 노래도 많았다. 내가 일본 노래 엔카를 많이 알고 있었던 건 이때의 들어본 영향이 컸던 것 같다.

들어보니 비슷한 것 같은데 창법이 많이 틀리는 것 같았고 가사 내용은 모르지만 듣기로는 괜찮았다. 하루 내내 우리 노래와 일본 엔카를 번갈아 들으며 여름날 오후 강하게 쬐는 뙤약볕의 넓은 마당을 혼자 지키며 놀았다.

이후 매일 유성기와 함께 뒷마루 방에 뒹굴고 가끔 어슬렁거리며 후원으로 가서 잘 자라고 있는 강냉이를 꺾어다 동생더러 삶아라 하고 노랫소리 맞춰 흥얼거리며 함께 먹었다. 열 살의 어린 여동생은 예쁘고 착했다. 오빠인 나를 잘 따르고 좋아했다.

"경숙아, 감자 삶아 먹자."

어른들은 들로 나간 텅 빈 집에 동생들만 있었다. 얼른 감자를 깎아 안방 큰솥에 넣고 솔깝(관솔, 솔깡) 한아름 가져다 불을 떼고 나면 금세 김이 무럭무럭 올라오는 감자가 노리하게 잘 익어 나왔다.

무쇠솥에 붙어서 약간 굳어 있었지만 감자 누룽지 같아 오히려 더 맛이 좋았다. 경숙이가 삶은 감자는 언제나 맛이 좋았다. 아마도 살림 솜씨가 있는 모양이다.

부엌 바닥에 쪼그리고 앉아 불쏘시개로 아궁이를 쑤시고, 빨갛게 달은 고운 얼굴이 감자를 먹을 때면 떠오른다.

두 대의 유성기를 바꾸어 가며 노랫소리 듣는 재미에 푹 빠져 하루해가 언제 기울고 저무는지 알 바가 없었다. 그러나, 그마저도 오래가지 못하고 금세 시들해져 버리고 대청마루에 등짝 깔고 누워 뒤꼍 감나무에 붙어 울어 제끼는(젖히는) 매미 소리 벗 삼고 세계명작 소설을 한 권씩 선택하여 정독해 나갔다.

한번 읽기 시작한 독서량은 국내외를 들락거리며 명작 100선 집을 하나씩 독파해 나갔다.

이를테면 주독야독이다. 더위에 입맛도 없거니와 식사도 거르면서 전개되는 스토리에 몰입되어 삼복이 있는지도 모를 지경의 피서를 하였다.

가끔씩 읽던 책을 덮어두고 동생들을 데리고 앞 거랑에 멱을 감으로 가기도 하고 싸리나무 가지로 엮은 키를 찾아서 동생 머리에 둘려 씌우고 또 한 동생에게 주전자를 한 손에 쥐게 하고는 논 도랑물 졸졸거리는 실개천에 미꾸라지를 잡으러 가기도 했다.

물가에 자라고 있는 이름 모를 물풀들이 길게 자라 흐르는 물살에 너울거리는 곳에 싸리나무 키를 척 가져다 받쳐놓고, 한쪽 발로 쑤석쑤석 밟아서 키를 채 올리면 굵고 작은 미꾸라지 몇 마리가 꼼지락대는 꼴이 눈에 들어왔다.

"와~ 미꾸라지다."

소리치며 좋아하는 동생들의 응원에 한껏 신이 올라 땡볕에 머리 벗어지는 줄 모르게 도랑물을 오르락내리락 한나절 보내고 나면 어느덧 주전자엔 미꾸라지가 항그(많이) 담겨 있었다. 의기양양하게 휘파람 불며 동생들을 앞세우고 돌아오면 어른들도 반기며 작은 어머님이 좋아하셨다.

궁핍했던 시절에 저녁 찬거리가 생겼으니 두말없이 곳간에 가서 왕소금 한 그릇 퍼다가 미꾸라지에 쏟아붓고 추어탕 끓일 재료를 마련하기에 분주히 움직이셨다.

또 한 번의 멍석자리 마당 파티가 이루어졌다. 무슨 재료를 어떻게 했는지 추어탕 맛이 어찌나 맛이 좋은지 자꾸자꾸 먹었다. 오랜만에 모든 식구가 단백질로 배불리 먹고 나니 아침에 일어나 얼굴을 만져 보면 미끈미끈한 모양이 영양가 높은 식품임이 틀림 없었다.

며칠에 한 번씩 동생들을 앞세우고 실개천에 가서 미꾸라지를 잡아서 매번 멍석 파티를 했는데 가는 족족 미꾸라지가 주전자에 항그 채워서 왔다. 허구한 날 집안에서만 빈둥거리던 손자가 바깥 재미를 붙이더니 양질의 단백질을 공급해 주니 집안 어른들이 쌍수 들고 기뻐하셨다.

내친김에 동생들 여름방학 숙제도 살펴주고 잘 데리고 놀았다. 처서를 고비로 조석으로 찬 기운이 여름 더위를 잊히게 할 아침 무렵에 책 보따리를 챙겨 떠날 준비를 하였다.

아침 첫차를 타려고 큰길가 대문 앞에서 기다리는데 남동생이 징징거리는 울음을 두 손 등으로 눈두덩이를 비비며 따라오겠다고 졸졸 걸음으로 붙어 다녔다. 어른들이 말리고 달래도 막무가내로 제 고집만 부리며 내 앞길에 막아서고 떼를 쓰고 있었다. 데리고 갈 수 없는 하숙집 생활이라 우는 동생의 손을 이끌고 담벼락 옆 솔갑이 높이 재여 있는 구석으로 데리고 갔다.

"철택아, 니 힝아 말 잘 듣제?"

눈물 자국이 번질번질한 얼굴로 쳐다보며 고개를 끄덕거린다.

"형아가 니 얼매나 좋아하는지 알제?"

우선 맘을 달래주고 나서 "담에 올땐, 니 꼭 데리고 가꾸마" 하며 양손을 꼭 쥐고 흔들었다. 조금 숙지는(누그러지는) 듯하면서 입술을 삐죽거리며 말한다.

"힝아, 그러믄 담에 꼭 델꼬 갈 꺼제?"

"오냐 걱정마라 꼭 데리고 가꾸마, 그때까지 참고 잘 지내거라 약속한다."

미덥지 않아 하는 동생을 가까스로 달래 놓고 청송을 떠났다. 돌아오는 내내 비포장도로를 덜컹거리며 달리는 버스에서 울고 있는 동생의 모습이 눈에 밟혀서 가슴이 짠-하게 아파왔다.

'남동생을 깡촌 시골구석에 둘 순 없다. 꼭 데리고 나와야겠다.'

친구 우석

머리도 식힐 겸 내진 동네로 휴식 겸 기지를 보러 갔다. 가끔 서신으로 서로의 근황을 전하기도 하고 인편으로도 소식을 듣기도 했지만, 지난겨울 이후로는 만나 보질 못했다.

하숙집 아주머니도 그쪽이 친정이다 보니 하숙생 또한 인맥의 연결로 친정붙이들이 많았다.

아주머니 또한 육이오 사변의 피해자로 남편을 전쟁통에 잃고서 예쁜 딸 하나만 의지하며 하숙으로 생활하시는 조신한 여인이었다.

하숙생을 자식처럼 보살피며 챙겨주시는 고마우신 분이었고 부산의 명문 여고에 다니는 딸을 언제나 자랑삼아 얘기하셨다.

적당한 키와 몸매에 잘록한 투피스형의 교복에 빳빳하게 풀 먹인 흰 꽃잎같이 받혀진 카라(칼라)와 희다 못해 분홍빛이 감도는 예쁜 얼굴이 한창의 젊은 청춘이 끓는 학생들을 한눈에 반해버리는 매혹적인 고2 여학생이었다.

하숙집이 꽉 찬 것 또한 그 여학생의 영향도 크게 작동했으리라 믿어 의심하지 않았고, 대필 전문인 나에게 숱한 연서를 의뢰받아 온갖 미사

여구를 짜내어 써준 것이 한두 번이 아니었지만, 매번 퇴짜(?) 맞은 거 같아 실없는 웃음만 나왔다.

아주머니 친정 쪽 학생이 많다 보니 모두 기지에게 혈연이 있어 그녀를 잘 알고 있었다.

"와~ 인택아! 니 대단하다. 우리 동네 처녀를 알고 있다니…."

놀라움과 뜻밖의 사건이라고 이구동성으로 축하하며 함께 하는 좌석엔 끊임없이 그녀의 이야기로 유쾌한 분위기를 만들며 즐겁게 지냈다.

타성(他姓)바지로는 처가를 빌 삼아 농사지으며 들어와 사는 경우를 제하면 모두 한 성의 집안들이었다.

당연히 텃세가 심한 건 불문가지다. 동네 앞에 신작로가 길게 뻗어 있고 그곳으로 통과하여 다른 동네로 이어지며 소통되니 길 막은 검문소나 다름없었다.

동네 총각들의 젊은 혈기가 넘쳐 기가 하늘 높이 기고만장하여 타동네 사람들은 오고 가기가 그야말로 조심스럽게 왕래하는 텃세깨나 하는 집성촌이었다.

그런 곳에 내가 헤집고 들어가 옥석을 캐냈으니 할 말 잃고 어리둥절 했음이 다분했을 것이다. 어린 나이에 모두들 내가 그쪽 동네 사람이 된 것처럼 생각하고 다들 반기며 좋아했다.

내진으로 놀러갔다 오겠다고 하니 모두 큰 선심이나 쓰는 시늉으로 "야, 니만, 예외다 잘 놀다 온나" 하며 키득거리는 웃음을 뒤로 하고 저녁 무렵 도착했다.

10월 하순 해가 지는 저녁 바람이 제법 찬 기운이 돈다. 작년 크리스마스이브 이후 근 일 년만이다. 정내 동네서 사귄 친구 우식이를 만났다. 그동안 서울서 생활하다가 신병 치료차 시골로 낙향하여 건강에 신경 쓰며

몸 관리를 잘하며 지내고 있었다.

　우식이는 키가 나보다 크고 잘생긴 미남형이었다. 담석증을 앓고 있었는데 음식도 조절하고 더군다나 술은 입에도 대지 않았다.

　서글서글한 성품에 입담도 좋으려니와 말속에 친근함이 배어 나왔다. 절친인 동헌이와 한동네에 살고 있어 자연스레 친구가 되었다.

　나보다 세 살 위의 형뻘인데 몇 번 만나서는 친구하자고 손을 내밀며 호감을 전했다. 반갑고 고마웠지만, 아래인 나로서는 약간의 조심스럽게 사귀어 나갔다.

　서울로 이사 간 동헌이의 소식도 전해 들으며 밤늦게 놀다가 그의 집에서 함께 잤다. 매년 이맘때는 들판이 황량하고 발가벗겨진 느낌이 몸과 마음에 스며온다.

　종손이라고 하며 소개를 받았는데 같은 또래의 나이이며 성격이 괄괄하다. 코끝이 빨갛고 약간 꾸부려져 길게 인중까지 뻗쳐 있는데 보아하니 매부리코다.

　항상 술에 취해있어 말술도 사양하지 않을 두주불사 주태배기로 소문나 있었다. 약간 왈패스런 구석이 있었지만 가까이하여 보니 정이 많은 사람이었다.

　낮엔 친구들과 술타령으로 시간 보내다가 어두워 지면 기지를 만났다. 어느 날인가 기억이 없지만, 잔뜩 취한 상태로 우식과 함께 기지를 만나 놀다가 그녀를 찾으니 보이지 않았다. 집으로 돌아갔다고 우식이가 말했다.

　몽롱한 취기 속에 섭섭함이 깔려 들더니 '애라, 까짓껏 집으로 찾아가자' 한마디 읊조리고는 비틀걸음을 갈지자로 꼬부라질 듯 걸으며 언덕길로 걸어갔다.

우식이가 말렸지만, 양팔을 휙휙 휘저으며 뿌리쳤다. 쌀쌀한 날씨에 추웠지만 취기 오른 몸은 덥기만 했다.

'달도 밝네…' 중얼거리며 내딛는 그림자가 적진을 향해 돌진하는 돈키호테처럼 느껴졌다.

'돌격! 그래! 돌격하는 거야.'

눈앞의 대문을 지나면 마당이고 마당 건너면 사랑채일 거고 사랑채 안에는 분명 중동 어르신이 계실 터인즉 그러면 어느 가수의 노랫말처럼 육간대청에 넙죽 엎드려 절부터 하고설랑 어쩌고저쩌고 시답잖게 웅얼거리며 호기 있게 막 대문 앞까지 갔는데 갑자기 대문 뒤에서 기지가 나타났다.

놀람과 함께 당황 속에 손을 잡혀 이끌려서는 저수지 둘레 모퉁이에 둘이서 앉았다. 마을 앞을 길게 펼쳐있어 어느 곳에 보아도 저수지가 눈에 들어와 적당히 몸을 감출 수가 없다 약간 꺾어져 돌아간 자리에 쓰러져 기지에게 기대고 퍼져 버렸다.

가눌 수 없는 취기는 그녀를 베개 삼아 무릎을 베고 비스듬히 누워버렸다.

달빛은 청량하고 마을은 어둠 속에 깊이 묻혀 가물가물하며 희미하게 졸고 있는 천지강산이 꿈꾸는 듯 고요한 동산을 헤매고 있었다.

밤공기가 차갑지만 시원하게 가슴 깊숙이 마시고는 뭐라 알 수 없는 애정의 문구를 그녀에게 전하고 있었다.

기지는 말수가 적은 여자였다 아무런 말 없이 듣기만 했고 미동도 없는 자세로 가만히 앉아 있었다.

입맞춤했던 기억이 있기도 하고 없기도 하고 취중 행동이 아스라이 느껴진다.

처녀 나이 이십에 참 대담했다.

마을 한복판에 총각을 무릎베개로 눕히고 찬 서리 맞으며 달빛 아래서 노닐고 있으니 그 시절의 정서상으로는 해괴망측한 사건인 건 불문가지이고 시골 처녀의 혼삿길은 숫제 기대하기 어려운 절체절명 위기의 순간이 알게 모르게 봉착되고 있건만, 두 사람은 초연하게 순진무구한 마음만 고이 간직하고 주변의 상황조차 의식하지 못한 채 꼼짝하지 않고 오랜 시간을 함께하고 있었다.

차가운 밤하늘은 구름 강에 조각배 흐르고 마당 개마저 잠이 든 동네 길 모퉁이에 또 한 번 마을의 장승배기처럼 포개어진 돌바위마냥 옹크리고 한밤을 지새우고 있었다.

한 무리의 기러기 떼가 창백한 달빛을 가로지르며 기역 자를 만들어 서쪽으로 날아가고 있었다.

'끼욱… 끼욱….'

'…….'

할아버지

　겨울 추위에 아랑곳하지 않고 밀양으로 들락날락하며 내진 동네 친구들과 잘 어울려 지냈고 밤엔 잠깐씩 기지를 만나 어둠 속의 달빛 데이트를 즐기고 숙식도 별 불편 없이 시골 인심을 듬뿍 받으며 동가식서가숙하며 보냈다가 설맞이 고향으로 들어 왔다.
　소한 대한 지난 음력설 추위가 아직 한창이고 봄을 기다리기엔 이르다. 눈도 많이 오고 바람도 매섭다. 안방과 연결되는 부엌방에 잠자리를 정했다. 옛날엔 곡식과 식품 잡동사니를 보관하던 멍석 깔린 창고 방이었는데 도배하고 장판을 깔아 방을 꾸몄고 막내 고모님 초야도 치른 방이었다.
　짧은 한낮에 해가 기울 때쯤이면 할아버지께서는 사랑방에 군불을 직접 때신다. 바짝 마른 장작에 솔가지로 불쏘시개 하면 화들짝 놀란 모습의 불꽃이 금세 얼기설기 재어있는 장작에 둘러붙어 활활 타고는 이내 아궁이 속이 붉다 못해 하얀 불덩어리로 변한다.
　금세 황동 놋쇠 화로를 아궁이에 가져다 놓고 부삽으로 이글거리는 숯덩이를 퍼담아 사랑방으로 가져가신다.

난방으로 방 안 공기도 따뜻하게 하며 가끔 군밤도 묻고 고구마도 묻어 긴 겨울밤 야식거리도 제공하고 주전자에 청주도 데워 할아버지의 야참도 즐기시는 불화로다.

사랑방에 잠자리를 정하기엔 겨울밤이 너무 길다. 할아버지는 일찍 주무시는데 함께 보내기엔 젊은 나로선 힘든 시간이기에 부엌방으로 왔다. 식사 준비에 안방과 부엌방 솥에 물을 끓이기에 굳이 따로 군불을 땔 필요가 없었다.

떨어져서 지내려고 하는 손자를 약간 섭섭해하셨지만 크게 개의치 않으셨다. 해가 지고 아직 어둡기 전엔 할아버지께서는 호야불의 유리와 갓을 꼭 닦으신다.

말끔하게 마른걸레로 훔치시고는 대청마루 정중앙 기둥에 걸어두는데 집과 마당 전체를 밝게 비추어 어둠 속에 그 불빛이 넓은 마당을 채우고도 거진(거의) 먼 대문까지 비치는 것이었다.

삭풍이 문풍지를 때리며 파르르 소리치며 울고 흔들거리는 호야(등) 속의 불빛은 산발한 망나니가 칼춤을 추는 광란의 그림자가 마당 가운데 길게 늘어져 가는, 적막한 겨울밤, 부엌방에 홀로 누워 자연의 오묘한 이치를 관망하며 지냈다.

또 배가 출출할 때면 곶감 만들 때 깎은 감 껍데기를 자주 먹었다.

안방 부엌 쪽 벽면에 다락이 만들어져 있는데 부엌 천장 위로 넓은 공간을 마련하고 안방에서 층계를 만들어 오르락내리락하게 하였다. 말린 감 껍데기가 그곳에 있었는데 어린 사촌 동생들과 겨울밤 간식으로 자주 찾아 먹었다.

언제나 밤이 깊었나 싶은데 사랑방에서 할아버지의 책 읽으시는 소리가 낭랑하게 들리면 영락없이 졸음이 쏟아졌다.

할아버지는 긴 겨울밤 중간쯤 깨시고는 책을 소리 내어 읽으시는데 주로 옛날 영웅들의 이야기를 재미있어 하셨다. 오륙십 연대의 시골 장날에 가면 조잡한 그림과 옛 글씨체의 엉성한 인쇄로 된 책을 각가지 소품과 함께 장판에 벌려놓고 팔고 있는데 그중 몇 권을 사시고 밤마다 낭독하시는 것이다.

"그리하야~ 조자룡이 아두를 가슴에 품고 설랑에~ 종횡무진 적진을 돌진하며 조조야 게 섰거라~ 아."

마치 눈앞에서 벌어지고 있는 양 착각이 느껴질 우렁찬 목소리가 한층 흥이 고조 되시면 맑은 음성이 더욱더 낭랑해지며 힘을 더해 읽어 나가신다.

뒷담 곁에 겨우 버티는 어린 고욤나무는 휘감아 치는 북풍에 사정없이 휘둘리며 금방 뽑혀질 듯 말라깽이 잔가지를 사방팔방 제멋대로 너풀대며 천방지축 정신없이 춤을 애처롭게 추고 있고 사랑방 마루 밑의 아궁이 옆에 엎드린 검둥개도 주둥이를 앞발에 처박고 개 코를 골며 세상 모르게 잠들고 있었다.

곶감 껍데기로 요기를 하고, 윙윙거리는 바람 소리가 허공에 맴돌아 마당 가운데 꽂힌다. 뒤집어쓴 솜이불 속에서 눈만 빼꼼 내밀고는 할아버지의 낭랑한 음성이 가물거리는 호롱불과 함께 내 눈꺼풀마저 가물거리며 귓가에 들려와 어느새 잠이 들곤 했다. 동이 틀 무렵쯤이면 사랑방 앞과 옆문을 활짝 열어젖히시고는 입고 계시던 속옷을 뒤집어서 탈탈 털어서 입으셨다. 심지어 팬티까지 사정없이 털어 입으신다.

항상 정갈하셨는데 거처하시는 사랑방엔 이른바 노인 냄새라고는 숫제 찾아볼 수 없었고 언제나 깔끔하게 정돈되어 있었다. 윗목에 낮은 서랍장이 다른 소품과 나란히 배치되어 있었고, 장죽과 재떨이가 방바닥

한쪽 구석에 자리 잡고 있었는데 놋쇠로 만들어진 재떨이는 납작한 쟁반처럼 생겨서 중앙이 볼록하게 솟아올라 있었다. 아마 대꼬뱅이를 그곳에다 탁탁 때려서 잿가루를 털기 쉽게 만들었나 보다. 놋쇠 쟁반 재떨이는 어느 집에도 볼 수 없었다.

할아버지 사랑방에만 장죽과 함께 놓여있어 기품을 자랑하는 듯했다. 그러나 사랑방에서 놋쇠 쟁반 재떨이를 사용하시는 모습은 보질 못했다.

할아버지는 담배를 즐기시지는 않은 듯했다. 그것도 꼭 바깥마당에서 가끔 피우셨다. 아마도 담배 냄새가 방안에 배는 것이 싫으신 모양이었다. 하기사 몸에서나 옷에서나 담배 냄새가 나지 않았으니 참으로 정갈하신 분이셨다.

동갑내기 일가친척 건택이가 찾아왔다. 성격이 활달하고 사교적이다.

학교는 대구에서 다녔는데 그도 또한 재수를 하고 있었다 동병상련이라 의기투합하여 잘 어울렸는데 어느 날 그의 마을로 놀러갔다.

원천이라고 불리는 마을에 그다지 멀지 않고 조금 떨어진 곳이었다.

우리 집은 본동에서 홀로 떨어져 자리 잡고 있었기에 아마도 일가친척 또래를 만나기가 쉽지 않았을 거다. 자연 넓은 집에서 홀로 지내다 학업을 하러 부산으로 가버리곤 했다. 여러 명의 처녀 총각들과 통성명하니 동생뻘과 조카뻘이 대부분이었다. 이후론 눈만 뜨면, 뻔질나게 원천으로 놀러 갔다.

처녀들은 모두 두세 살 아래였고 착하고 순박했다.

봄이 오려면 정이월 농한기를 보내고 파종 시기까지는 아직 한가한 시간이라 어른은 어른대로 젊은이대로 모여서 잡담하며 보내는 것이었다.

원천의 딸들도 잘 모여서 노는데 나도 참석하여 함께 지냈다. 한번 재미를 붙인 것이 눈만 뜨면 밥만 먹으면 원천으로 놀러 갔다. 아무런 놀이

기구나 놀이 문화도 없지만, 그저 모여서 함께 있는 것만으로도 즐겁고 재미있었다.

일가의 집성촌이라 항렬로 따지면 여동생이고 여조카들이다. 구김 없고 부끄럼 없이 잘해 주어서 고맙고 편했다. 추위 때문에 언제나 뉘 집 방이든 빈방이 있으면 밤늦게 모여 놀다 헤어진다.

그날도 골목길을 걷다가 웃음소리 나는 방이 보이길래 가서 보니 못 본 얼굴의 처녀들이 모여 바느질을 하고 있었다.

작은 소북 같은 둥근 테에 보자기가 탱탱하게 끼어 있고 바늘을 연신 앞뒤로 테두리를 돌려가며 꽂았다 빼기를 반복하며 각가지 색실로 섞어가며 그림을 그리고 있었다. 대나무도 있고 봉황새, 꽃과 나비, 난초꽃도 있었다.

처음 보는 광경과 아름다운 모습에 얼까지 빠져 멍하니 쳐다보고 있었다. 두어 살 누님들이라고 한다. 시집갈 때 쓰는 거라고 혼수 장만이라 했다. 처녀라고 하면 바로 이런 모습이 처녀구나 하면서 호기심에 옆에 앉아 놀았다.

"인택아, 니 우릴 모르제?", "우린 니 잘 안다.", "금계댁 맏손자 아이가" 하며 웃고는 모두 누나 된다고 소개를 했다.

그동안 집안 일가친척에 무관심했던 모습이 너무나 부끄럽고 미안했다. 도통 집안에만 틀어박혀 바깥출입을 안 했으니 내 잘못이었다고 뉘우치며 사과도 했다.

이후 가끔 누나들에게도 놀러 갔다.

등잔불 아래에 다소곳한 매무새로 무릎받침하여 예쁜 문양을 만들어 가는 누나들의 고운 자태에 견주어 볼 때 없이 아름답게 보였다.

한 줄기 타오르는 검은 연기가 낮은 천장을 향해 뱀꼬리처럼 길게 높게 타오르는 희미한 등잔 불빛이 누나들의 모습을 등 뒤 벽면에 길게 어른거리게 하고 있었다.

옛풍속에 담겨있는 느낌이었지만 그후로는 아무 데도 결코 찾아볼 수 없는 그리운 모습이 되었다. 매섭던 바람도 서서히 누그러지고 있었다. 찬바람이긴 하지만 그다지 춥게 느껴지지 않는다. 봄이 오려나 보다. 늦은 점심을 먹고 어슬렁 걸음으로 들로 나갔다. 나뭇가지가 전에 보던 느낌이 아니었다. 들판에 자라는 풀들도 예사롭게 보이지 않는다.

알 수 없는 생기가 느껴왔다. 메말라 보이던 앞산이 한 걸음 앞으로 다가온 듯하다 밭고랑 사이로 농부들이 드문드문 보이고 있었다.

개울 건너 언덕배기 기슭에 울긋불긋하게 차려입은 한 무리의 처녀들이 밭고랑에 사이사이 길게 나열되듯이 앉아 손놀림이 부지런하다.

뭔가? 하는 궁금증에 약간 잰걸음으로 가까이 가서 보니 반가운 동생들이었다.

울긋불긋 갖가지 색깔의 치마저고리를 입고 밭을 매고 있었고 더러는 붉은 댕기도 묶어져 한 갈래 두 갈래 길게 땋은 머리의 동생도 있었다.

"오빠야, 아재야!" 한마디씩 하며 반가워했다.

정월을 보내고 2월의 끝자락 즈음이면 곧 3월인데 이맘때쯤이면 어른들은 새 농사 지을 준비를 하고 아낙과 처녀들은 밭고랑을 살피는 때이다. 한 줄씩 맡아서 밭고랑을 살펴 나가니 재미도 있거니와 일의 능률도 배가 된다.

보리밭인지 밀밭인지 잘 모르지만, 호미 쥔 손으로 다지듯이 하고 잡풀을 뽑으며 앉은걸음으로 일렬횡대로 줄 맞춰서 매어 나가는데 서로들 조잘거리는 말들이 꼭 어린아이들이 재잘대는 것 같았다.

웃고 떠들고 무척 재미있어 보인다. 따뜻한 날씨에 그다지 춥지 않은 바람이 귀밑머리 스치고 약간 발그레하게 얼은 얼굴이 바람에 하늘거리는 분홍치마 자락과 잘 어우러져 참 예쁘고 귀여웠다.

푸른 밭고랑 사이사이에 줄지어 옴지락거리는 어린 처녀들과 봄을 기다리는 산야의 주변을 즐겁게 바라보면서 졸졸 따라다녔다.

"오빠야 노래 한 곡 불러 봐라."

한 동생이 운을 떼니 모두들 이구동성으로 아우성이다.

'그래, 뭔가를 해야겠구나.'

빙그레 웃고는 한 곡 뽑아줬다. 첫사랑 마도로스를 불렸다. 당시엔 무척 유행했던 남일해의 노래다.

"앵콜이요, 재창이요."

시끌버끌 야단법석들이다. 몇 곡 더 불렸다. 나중엔 모두 떼창이 되어 들판에 경사 났다. 쥐고 있던 호밋자루로 장단 맞춰 놀며 일하며 어느샌가 긴 이랑의 넓은 보리밭을 다 매어갔다. 종달새 무리가 머리 위로 후루룩 소리 내며 날갯짓이 바쁘게 이리저리 날아다녔다. 그래도 아직은 바람이 차다.

봄 봄
마음엔 봄바람이 먼저 와 있었다.
나풀거리는 치마 깃단 끝에도
봄바람은 벌써 감추어져
수줍은 듯 숨어 있었다.

솟은 대문이 삐-익 둔탁한 소리를 내며 힘들게 열리면서 커다란 가죽 가방을 어깨에 가로 짊어진 우체부가 오더니 편지 한 통을 전해주고 갔다 기지의 편지였다.

반가움에 얼른 뜯지 않고 뒤꼍 감나무 아래로 갔다.

소인을 보니 근 닷새 만에 받아 보게 되었다.

풀숲에서 찍은 작은 사진 한 장이 들어 있었다. 조용히 바라보는 그녀의 얼굴을 보고 싶은 마음을 가득 안고 사랑과 그리움의 사연을 매미소리 들으며 읽고 또 읽었다.

잔글씨의 빼곡하게 쓰인 석 장의 긴 문장은 당장이라도 달려가고 싶은 심정을 참기 어려웠다.

진종일 기지 생각에 해 저문 줄 모르게 보내다가 늦은 밤 호야 불 밑에서 답장을 찢고 또 찢으며 보고 싶은 마음을 밤새 써 내려갔다.

그래! 부산으로 가자 친구들과 기지가 있는 그곳으로….

중복이다. 삼복이 실감 나는 더위에 천렵하러 갔다. 집안 형님 두 분과 함께 앞산 넘어 큰 시냇물 가로 갔다 적당한 솥을 새끼줄로 묶어 어깨 걸쳐 메고 큰 됫병 술 두 병과 약간의 양념장을 챙겨서 땀 흘리며 산을 넘어 냇가에 도착했다.

비 온 뒤라 물길이 깊고 수량도 풍부하게 넓은 '거랑'에 흐르고 있었다. 우선 솥부터 적당한 곳에 앉혀 놓고 풀 숲속으로 들어가 형님들과 같이 이상한 풀줄기를 마구 뜯기 시작했다.

이름은 알 수 없으나 자연 속에 지천으로 자라고 있었다. 한 아름씩 뜯어 안고 나와 조그마한 진흙 웅덩이를 만들고 넓적한 돌 위에 가져온 풀과 줄기를 올려놓고 짓이겨 나갔다.

생즙 같은 허연 국물이 흘러나와 고이면 모두 모아두고 가져온 약(사이나라고 했다) 과 함께 상류에서 풀어주었다. 그러고는 급히 아래로 내려와 시냇물 가운데서 기다리고 있으면 잠시 후 물고기들이 허연 배를 뒤집고 퍼덕이며 물길 따라 떠내려왔다. 셋이서 양손으로 집어서 냇가 모래밭에 던져 버리면 되었다.

버들피리, 피라미, 꺽지, 빠가사리 굵직한 뱀장어도 꿈틀거렸다.

퍼덕이는 물고기를 솜씨 좋은 형님이 배를 갈라 내장을 정리하고 고추장을 풀어 한 솥 가득 마련하고 근처에 돌아다니며 말라 빠진 나뭇조각을 주워다 불을 지폈다.

물이 끓는 동안에 근처 밭으로 가서 고추랑 마늘, 파, 깻잎 등을 따다가 밀가루를 약간 풀어서 함께 솥에 넣고 끓기만을 기다리면 되었다.

어느 정도 끓으면 한번 휘휘 젓고, 굵은소금을 한 줌 넣고 간을 맞추었다.

이른바 어죽이다. 한 그릇씩 퍼서 소주잔 기울이며 먹기 시작했는데 하루 종일 먹었다.

흐르는 시냇가 물속에 발을 담그고 뙤약볕을 머리에 이고 독한 강소주를 어죽과 함께 먹었는데 도통 취하지 않았다.

막소주 두 병을 다 마시고 뜨거운 돌 자갈밭에 벌렁 누웠다.

배가 앞산만큼 부르고 술에 취한 건지, 안 취한 건지, 모두 매가리가 빠져 뜨거운 삼복의 뙤약볕을 온몸으로 받으며 꼼짝달싹 못 하고 해지는 줄 모르고 누워 있었다.

한번 맛본 어죽 맛은 잊지 못할 추억으로 남아 언제나 생각난다.

며칠 동안 밥 생각이 전혀 나지 않았다. 세월이 흘러 생각나지만, 어린 시절의 천렵이 그립다.

이제는 천렵이라는 말조차 모르는 시절이 되어 시냇가의 어죽 맛은 잊혀 간다.

어죽…! 고단백의 영양식이다.

외갓집 1

푸른 하늘이 한층 더 멀리 높아 보이고 솜이불을 얇게 펼쳐놓은 듯 몽실구름이 구름 이랑처럼 길게 깔린 늦여름 햇볕이 숫제 따갑게 맨살 속으로 파고 들고 있다.

아직 짝을 이루지 못한 수매미의 울음소리도 이젠 제 갈 길이 너무 바빠 아이들 그물채의 그림자조차 위험을 감수하며, 극성스럽게 날갯짓이 요란하다. 부산서 돌아오니 남동생 철택이가 보이지 않았다.

달기 외갓집에 가 있다고 엄마가 말해 주었다. 할아버지의 완고하심에 동생이 많은 꾸중을 듣고 아직 어려서 스스로 감내하지 못해 안타까워서 어머니가 외갓집으로 보낸 것 같았다.

이태 전에 아버지의 사업 실패로 우리 집 식구들 모두 고향으로 들어왔다. 잠시 머물다가 다시 외지로 나간다고 아버지는 계획하셨지만, 이른 시일 내에 이루기는 어려웠다.

아무리 넓은 집이라 하지만 작은집과 두 집 식구가 기거하니 복잡한 건 말할 것도 없었고 특히 할아버지의 심사가 편치 않으셨던 것이다.

평생에 객지에 나가 사업만 하시던 맏자식과 마주하자니 만만찮으셨고 맏며느리 또한 서운하신 점도 없지 않으셨으니, 큰집의 손자 손녀들도 마땅치 않으셨던 것이다. 지금의 고향 집과 논밭의 장만도 아버지의 사업 성공에 힘입어 큰 자금을 들여 조성하였고 작은아버지께서 그 자금으로 이루어 놓으신 것이었다.

부모님께서는 당연히 고향 집으로 들어올 수 있었고 그나마 일시적으로 휴식 기간으로도 볼 수 있었다. 하지만 할아버지는 두 집 살림에 차츰 화가 나셨고 그 여파로 손자들에게 꾸중 또한 도 넘게 심해지셨다.

맏손자인 나는 이미 성년이 되어 있었고 집안의 사랑과 할아버지의 깊은 정을 듬뿍 받고 자랐으니 일러 무삼하리요만, 부모님과 함께 동생들은 가히 지내기가 힘들었을 것이다.

모두 딸자식 손녀들이고 사내자식으로는 철택이 하나였고 또 나이도 열셋으로 제일 많다 보니 그 꾸중을 혼자 받았다. 생각해 보니 지난번에 부산으로 갈 때 동생이 그토록 나를 붙잡고 징징거릴 때도 아마 그런 고충이 힘들어 따라오려고 했던 모양이었다.

부모님 또한 할아버지와의 대면이 편편찮다 보니 훗날 안동 과수원으로 거처를 옮기는 계기가 되었던 것이다.

"엄마 내, 외가집에 좀 갔다 오께."

아무래도 외갓집에 가서 잘 지내고 있는지 보고 와야겠다고 생각했다.

"오냐, 그렇게 해라. 차비만 줘 보냈는데…."

어린 자식을 보내놓고 안쓰러움에 가슴 조이며 지내시다 무척 반색하며 좋아하셨다.

부산서 돌아온 지 하루 만에 생각할 것도 없이 버스 정류장으로 달려갔다. 막차라 청송 가면 저물 것인 줄 알지만 내일로 미루기가 싫었다.

'구박이 얼마나 심했으면-'

생각할수록 어린 동생이 마음 아팠다.

삼십 리 길을 쏜살같이 달려왔지만, 버스에서 내리니 이미 어둠살이 내리기 시작했다. 청송읍에서 달기 약수터까지 오리쯤 된다. 차편이 끊어졌기에 약수터까지 걸었다.

선선한 저녁 바람을 맞으며 농가의 굴뚝에 저녁연기가 길게 검은 머리 풀어 헤치듯이 말려 올라가는 풍경을 기묘한 듯 바라보며 걸어갔다.

잰걸음으로 걸어왔지만, 약수터에 도착할 땐 이미 날은 어두워졌고 관광지의 숙박 업소엔 밝은 불빛 아래 숙박객들이 삼삼오오 모여 저녁 겸 술잔을 부딪치고 있었다.

청송 달기 약수터는 전국적으로 잘 알려진 곳으로 약수는 속병 환자들에게 많이 효험이 있다고 하여 숙박업소엔 장기 투숙객이 붐볐다.

그로 인하여 산골짝이지만 언제나 사람들의 왕래가 빈번한 곳이다. 약수터 주변을 벗어나면 첩첩산중 인적이 드문 곳이었다. 여기서부터 외갓집까지는 약 십 리 조금 못미처 있었다. 고작 소달구지 한 마리 넓이의 산골길을 칠흑 같은 어둠 속으로 걸어가야만 했다. 진퇴양난! 이를 두고 하는 말인가 보다, 진실로 두려움이 느껴왔다.

허나 어쩌랴, 돌아설 수는 없지 않은가! 생각하니 애초에 무모한 출발이었음을 뒤늦게 후회했다. 이미 화살은 시위를 떠났고 엎질러진 물병인 것을 인식하고, 근처 불 켜진 가게로 들어갔다 담배 두 갑과 성냥 그리고 소주 한 병을 샀다. 큰맘을 먹고 월외 외갓집으로 가기로 작심했다. 앞길이 분간할 수 없을 만큼 어두움 속에 희미하나마 길머리가 보였다.

우선 담배를 한 개비 입에 물고 성냥을 그어 붙이고 눈을 부릅뜨듯 크게 뜨고 어두움을 응시하며 걷기 시작했다. 그리고 이빨로 소주병 따개를 따서는 일단 한 모금 콸콸 입속에 쏟아부어 마셨고, 연신 담배를 세 가치(개비)를 빨아 불꽃이 크게 되도록 하며 끊어지지 않게 담배를 피우며 어둠으로 깊숙이 들어가기 시작했다.

별들이 흩뿌려져 금세 쏟아질 듯 총총한 밤하늘을 머리에 이고 걷는 둔탁한 발걸음에 이름 모를 풀벌레의 갖가지 소리의 잔치가 길옆 수풀 속에서 어지럽게 합창을 해대고 있었다. 걷는 자신의 발걸음 소리에 두려움은 배가 되어왔고 아예 뒤를 돌아볼 엄두도 내지 못했다. 길모퉁이를 돌아설 때마다 무서움은 모골이 송연하여 온몸이 오싹 소름이 전신에, 전율처럼 내려꽂혀 버티고 설 힘조차 다 빠져 버린 것 같았다.

담배를 두 개비를 한꺼번에 피워 물고 소주를 몇 모금 더 마셨다. 독한 건지 어떤지 마치 맹물처럼 아무런 맛도 못 느끼고 숨 쉴 틈도 없이 다 마셔버렸다. 얼마나 무서움이 느껴졌는지 독한 소주 한 병을 다 마셨지만, 정신만 맹숭맹숭하기만 했다. 담뱃불에 의지한 채 뒤도 옆도 보지 않고 오직 앞만 보고 걸었다.

깜깜한 칠흑 같은 밤길을 오직 별빛 아래 느낌으로만 길 따라 걸어갔다. 두려움은 걸음을 재촉했고 빠른 걸음은 몸을 덥히기 시작했다.

늦여름 밤바람은 선선히 불어와 더워진 얼굴에 부딪히며 스쳐 갔고 슬금슬금 취기가 전신에 퍼지면서 차츰 마음이 안정되어 걷는 발길이 여유로워졌다. 이른바, 배짱이 생긴 거다.

'호랑이만 없으면 잡아먹힐 걱정은 없을 거니까 그깟, 귀신 나부랭이는 생각 나름이고 까짓것, 이왕지사 숨 좀 돌리며 걷자.'

길옆의 소나무를 올려다보며 혼자 다짐하고 담뱃불을 이어 붙였다.

기분 좋게 긴 호흡으로 길게 연기를 뿜어내고 다소 안정된 마음으로 천천히 걸어갔다.

실낱같은 초승달도 보이고 무수한 다이아몬드가 촘촘히 박힌 검은 하늘의 별들도 보이고 풀숲의 벌레 울음과 흐르는 계곡물 소리도 들렸다.

'우~우~웡 우~우~웡'

언제부터 울고 있는지 밤 부엉이 소리가 머리 위로 따라오고 있었다. 부엉이가 참 많구나. 생각하고는 기지가 떠올랐다.

'첫 밤길 데이트에도 부엉새가 울고 있었지…. 언덕배기 위 소나무 가지에서 울고 있는 것 같아 힘껏 돌팔매질했건만 녀석은 비웃듯이 연신 울었다. 저놈도 그럴까?'

그러나 지금은 그런 용기가 나지 않는다. 주변의 분위기가 그때와는 비교가 안 될 만큼 무시무시하다. 그녀도 없는 첩첩산중에 나 홀로 걷는 길이다.

'기지는 어떻게 지낼까?'

궁금해지면서 보고 싶었다. 보고 싶은 생각이 봄날 들판에 새싹이 돋아나듯이 가슴속에 피어오르고 있었다.

함께 보낸 사연과 사건들이 전혀 생각해 보지도 않은 요소들로 드라마틱하게 이루어져 즐거운 추억이 되었다. 아직도 동네 그림자는 보이지 않고 산길만 꼬불꼬불 희미한 밤하늘 아래 이어져 있었다.

'이거, 얼마나 가야 하나?'

걸을 만큼 걸었다고 생각했는데 불빛의 기미도 안 보이니 조바심과 짜증이 났다. 끝은 알 수 없는 미로에 내팽개쳐진 느낌이 됐지만, 입술을 깨물며 걸었다.

'부산서 띄운 그림엽서는 받았을까?'

지금은 기분 좋은 생각만 하고 걸어야겠다고 다짐하고 얼마 남지 않은 담배에 불꽃을 이어갔다.

'혼기 찬 처녀 방에 부모님 몰래 함께한 총각을 뒷문 열어 대나무밭으

로 내보낸 기지는 아무탈 없이 잘지냈을까? 언니는 과연 비밀을 지켜 주었을까?'

걱정 반, 즐거움 반 갖가지 데이트 속에 있었던 사건을 떠올리며 동네 불빛 찾아 힘차게 걸어갔다.

'검정 치마 흰 저고리의 시골 처녀도 참 이뻤지.'

친구들과 무전여행에서 생긴 일도 생각났다.

'이름이라도 물어 둘 걸 그랬어…'

'분명히 다시 찾아갈 수 있을 거로 생각했던 것이 경험 없는 실수였어…'

'바보 같아! 인연이 아닌 거지 뭐'

사진을 못 전해줘서 그것이 아주 미안했다.

'할머니가 참 친절하셨는데…', '얼마나 섭섭했을꼬…'라고 생각하니 미안한 마음이 떠나지 않는다. 잠시 스쳐 간 인연이지만 또렷한 기억으로 머릿속에 박혔다. 남은 한 개비의 담뱃불이 조만간 사그라질 찰나에 가까이서 개 짖는 소리가 들려왔다. 정신이 번쩍 났다. 눈을 들어 살피니 어둠 속에 희미한 동네 그림자… 언젠가 보았던 아름드리 키 높은 느티나무가 어른거리며 보였다.

"휴- 이젠 살았다."

기쁨의 미소가 만면에 번지며 긴- 한숨이 담배 연기와 함께 콧김으로 빠져나왔다. 젊음의 패기는 두려움도 극복하여 무엇이든 성취할 수 있었다. 참으로 대단한 용기였다고 자찬하며 그대로 뛰어갔다.

이날의 경험이 훗날! 더욱더 무서운 밤길을 매일같이 가야 만 하는, 숙명적인 인연이 기다리고 있을 줄은 꿈엔들 예측했으랴! 아픈 사연을 가슴에 품고 불길 속으로 돌진하는 한 마리의 불새가 될 줄이야…!

외갓집 2

　청송읍에서 약 이십 리를 걸어 들어가면 산골짝 속 깊이 월외라는 동네다. 이름하여 달 밖이라고 달빛조차 잘 보이지 않는 깊은 산골 동네다 몇 가구 되지 않는 조그마한 동네고 나의 외가는 그곳에서도 또 멀찌감치 떨어져 산기슭의 조금 높은 곳에 초가삼간 두어 채에 외할머니와 외삼촌 식솔들이 밭농사를 지으며 기거하시는 것이다.
　높다랗게 올라앉은 집과 마당에서 아래를 내려다보면 마을이 한눈에 들어오고 논과 밭 실개천이 그림처럼 정겹다.
　집 뒷면 산언덕 배기엔 옥수수밭이 산 중턱까지 길고도 긴 밭이랑 이를 이루며 병풍같이 둘러져 있고 중간중간 수수랑 참깨, 들깨밭이 뒷담 가까이 심어져 자라고 돌담으로 나지막하게 마당을 감싸안은 돌 담벼락 위로는 호박 줄기가 무성하게 자라 기세 좋게 뻗어 나가고 있었다. 외할머니는 머리가 호호백발이셨고 조그마한 키에 이쁜 얼굴이었다.
　안동군 길안면의 남촌이라는 동네가 작은어머님 친정이었는데 십여 년 전 사촌동생들과 놀러 갔다 오면서 외갓집까지 들려서 왔다.
　휴전한 지 몇 해 안 된 세월이라 그 당시 차편이 영 형편이 없었다.

안동과 청송이 이웃하며 경계선에 있었지만, 남촌에서 월외까지는 사오십 리는 족히 되었다. 아침 일찍 작은어머니와 우리들은 걸어서 외갓집까지 왔다. 논둑길 밭둑길을 동생들의 재잘거림을 앞세우며 작은어머니와 함께 하루 종일 걸었다. 친정 보따리를 머리에 이고 나도 조그마한 보따리를 들고 쉬며 놀며 넉넉한 마음으로 걸었다.

논둑길을 한 줄로 나란히 걷던 중 맨 앞장서서 깡총대던 외숙이가 덜렁거리더니 펄쩍 튕겨 나가떨어졌다.

논둑길 양옆의 풀잎 가지를 누군가 묶어 놓았는데 그만 거기에 동생이 발이 걸려 튕겨 나간 것이다. 장난삼아 풀잎 매듭을 만들어서 묶어 놓았나 보다.

"고것 봐라 꼬시다 까불더니만…."

뒤따르던 순자가 헤헤거리며 놀렸다. 몇 발짝 가더니 이번엔 순자가 걸려서 튕겨 나갔다.

"히히 하하 호호."

모두 배꼽 빠지게 웃었다. 이젠 앞장서서 걸으려고 안 한다.

"오빠야. 니가 앞에 서라잉."

외숙이가 철택이 보고 말했다. 신나게 놀려먹던 철택이가 씨-익 입꼬리가 올라가더니만 "가스나들이 촐랑거리니깐 그렇지. 좋아, 내가 가꾸마" 하며 껑충껑충 발을 높이 들고 보란 듯이 걸어간다. 제법 잘 헤쳐 걷는다 싶은 찰나에 "에-쿠-" 하는 소리와 함께 이번엔 아예 튕겨 나가 엎어져 버렸다.

"낄낄… 낄낄…."

작은어머니조차, 웃음을 참지 못하고 함박 웃으셨다. 튕겨 나가면서 제 발에 또 한번 더 걸려서 넘어진 것이다.

"남, 흉보면 그런 거다."

작은어머니도 한 말씀 거드셨고 좀 쉬었다 가자고 하셨다. 아직 오전 점심 전이고 시간도 충분했다. 논길 아래 작은 개천이 흐르고 있었고 수풀도 조금 우거져 있는 곳에 모두 발을 담그고 쉬며 강냉이를 나눠 먹었다. 그러다 저녁 무렵 어두워질 때쯤 외갓집에 도착했다.

중학교 일 학년 때의 일이었다. 동생들도 초등학교 3, 4학년 때였다. 그때 본 외숙모님은 키가 크고 호리호리하셨다. 칠팔 년 전의 일이었다. 지금은 돌아가셨고 외삼촌께서는 재취를 얻어 새장가를 가셨다. 그동안 자주 찾아뵙지 못해 외갓집에 대한 송구한 마음이 가득했지만, 외할머니는 그날로 마지막 돌아가실 때까지 더는 뵙질 못했다.

꽁보리밥 가득하고 호박잎과 여름 나물 반찬 가득히 저녁상을 노천 평상 위에 차려놓고 자연 속에 저녁을 먹었다. 주변이 온통 산천이고 온갖 자연의 소리에 파묻혀 별빛을 등불 삼아 나누는 만찬이었다.

야영이다, 뭐다 캠핑에 레저로 법석이지만 그때의 외갓집 모습은 최고의 캠핑 생활이었다. 야영지로 치면 일류 별장이었다. 인위적으로 조성된 펜션 별장 캠핑장은 이미 자연의 분위기는 찾기 힘들고 갖가지 캠핑 장비만 전시장처럼 비교우위를 자랑삼는 군상들의 집합소나 다름이 없다. 풍요해진 삶의 질은 어딜 가도 돈으로만 해결되어 마음 편히 지낼 공간마저 하나 없는 산천이 야박하고 슬퍼진다.

외갓집은 산기슭 높은 곳에 외딴집이고 자연 속에 깊이 묻혀 있으며 집 옆으로 작은 폭포수 같은 얕은 계곡물 흐르는 소리가 내 몸을 적시는 듯한 기분을 느끼게 하는 흙으로 지어진 초가집이다.

시골은 일찍 잔다. 나는 동생들과 물소리 콸콸 나는 작은방으로 왔다. 어둠이 한 방 가득찬 방 안에 조용히 앉았다. 옆 계곡물 소리가 더욱더 잘 들리게 문고리를 쥐어 잡고 휙- 하니 열어젖히고 떨어지는 물소리에 멍하니 무념의 세상으로 젖어가고 있었다.

또 부엉새가 운다. 마치 따라다니면서 우는 것 같았다.

'자연이 건강하기 때문일 거야!'

산골 속의 야밤에 들려오는 부엉이의 울음은 괴기스럽고 무서움을 느끼게 한다. 가끔 소쩍새도 울지만 그건 잠시 잠깐 울다가 그친다.

자리 이동이 심한 건지. 그리 오래 울진 않았는데 부엉이는 한곳에서 오랫동안 머무는 것 같다. 세상모르게 뒹굴어져 자는 동생들의 숨소리가 흐르는 낙수 물소리에 부엉새 울음이 화음이 되어 귓가에서 머물고, 잠을 잊은 한밤이 길게 늘어지고 있었다.

덩덩, 덩그덩, 덩덩, 둔탁한 깡통 소리에 잠이 깼다. 뒷담 넘어서 요란스럽게 누군가 크게 외치고 있었다. 해가 한낮같이 높이 솟아 있을 때까지 늦잠을 잤다. 놀란 가슴을 안고 주섬주섬 급히 나오니 뒷산 강냉이밭에서 외사촌 동생들이 신나게 드럼통을 쇠꼬챙이로 두들겨 패며 소리쳤다.

"우-와-우-와…."

멧돼지를 쫓는 소리였다. 커다란 드럼통을 강냉이밭 어딘가에 세워놓고 아침저녁 수시로 두들겨 산짐승들을 혼내고 있다. 동생들은 놀이 삼아 하루에도 몇 번이고 강냉이밭, 수수밭, 또는 다른 작물이 심겨 있는 고랑을 뛰어다니며 놀며 드럼통도 두들기는 것이었다.

여동생 둘은 서너 살 아래로 철이 든 나이고 남동생 둘은 철택이보다 더 어렸다. 이놈들이 한창 뛰어놀 나이로서 집 주위의 밭과 산비탈에 나대는 것이다.

어른들은 밭으로 나갔고 텅 빈 마당에 위용의 깃털을 자랑하는 장닭 한 마리가 네댓 마리의 암탉을 거느리고 빈집을 지키듯 이 구석 저 구석

모이 줍기에 열중이며, 한쪽 모퉁이 담장 밑에 강아지 한 마리는 널브러져 뜬 둥 만 둥 실눈으로 쳐다보더니 자빠져 귀찮아하는 모습이었다.

여동생들은 어른 따라 밭으로 갔고 두 녀석을 불러 세우고 "우리 물가로 물놀이 갈까?" 하고 심중을 떠보니 "힝(형)아, 폭포에 가자" 하며 아우성이다. 나름대로 장황하게 떠들며 설명하는데 아마도 어려서 지네들끼리는 못 가본 모양이다.

좋아하는 녀석들과 철택이를 데리고 폭포로 향했다. 폭포는 외갓집에서 약 1km 도 채 못 미쳐 가파른 산등성이 팔 부쯤 있었다. 땀 씻고 가쁜 숨을 몰아쉬며 올려다보니 수량도 풍부하며 한줄기 떨어지는 물줄기가 굵고 시원했다.

낙수 소리는 주변 공간을 꽉 채우며 물방울이 튕겨서 운무가 낮게 깔려 있었고 파인 웅덩이 속엔 잔물결에 비친 조약돌들이 선명하게 어른거려 맑게 비쳤다. 물장구치며 노는 동생들을 바라보며 천천히 산등성이 높은 곳에 올라갔다. 시야를 넓혀 주변 산세를 살피니 먼 듯하면서도 가까이 주왕산 봉우리가 보였다. 청송의 명산이고 암벽으로 둘러싸여 있어 일명 석병산이라고도 했다.

산이 깊어 갖가지 동식물들이 다양하게 분포되어 있고 청송의 이름에 걸맞게 소나무 군락이 웅장하며 송이버섯의 산지로도 유명하고 산철쭉이 장관이다. 먼발치에서 바라보는 주왕산 암벽이 깎아 세운 것처럼 보여 자연의 오묘한 힘을 감탄하며 절경에 흠씬 녹아내렸고 황혼에 물드는 주왕산을 눈에 새겨 넣고 동생들을 채근하며 바삐 돌아섰다.

외갓집 초가삼간이 먼발치 저녁연기가 앉은뱅이 굴뚝에서 초가지붕 끝자락을 그을리며 뒷담 위로 너울대고, 앞마당 둘레를 막둥이 동생이 굴렁쇠를 굴리면서 겨우 보이는 고추를 달랑거리며 쫓아다니고 있었다.

평화롭고 온화한 풍경은 어미 닭의 솜털 속에 졸고 있는 병아리처럼 행복한 모습들이 저무는 어스름에 묻혀 포근하게 가슴에 스며들어 온다. 달이 떴다. 둥근달이 떴다. 산골마을 머리 위에 동그란 굴렁쇠 같은 보름달이 창공에 높이 떠서 손바닥만 한 첩첩산중 마을에 푸른빛으로 물들이고 있다.

이 밤에도 부엉새는 울까? 녀석은 아름다운 강산도 못 보나 봐! 열어젖힌 문밖의 물소리가 정겹다. 바람결에 일렁이는 감나무 가지가 달빛에 흔들리며 길게 드리우고 있었다.

'덩덩덩덩-'

어김없는 아침 행사다. 꽥꽥거리는 소리 요란하다. 시끌벅적 부산한 소리에 일어나 밖에 나가보니 멧돼지 새끼들이 온 밭을 죽어라 도망 다니고 있고 동생들도 이 고랑 저 고랑 옥수수밭에 찾아든 멧돼지 새끼들을 쫓아다닌다고 온통 법석들이다. 놀란 어미는 어디로 내뺐는지 볼 수도 없고 애꿎은 새끼들만 혼쭐이 빠져 필사적으로 산지사방(散之四方)으로 흩어져서 들고 날고 제멋대로 온통 밭고랑을 헤집고 도망 다녔다.

어린 새끼지만 빠르기가 쏜살같다. 허둥거리는 동생들이 웃음이 터졌지만 난들 별수 있으랴. 저놈들은 야생에 목숨이 걸려 있는 거고 넓은 산천에서 어찌 당해 내겠는가. 결국 한 마리도 못 잡고 다 놓쳐 버렸다.

"에-이 잡을 수 있었는데…."

씩씩거리며 분해하는 동생들을 보며 "새끼들이야, 살려주면 착한 거다. 이담에 크면 잡아도 된다."

코를 훌쩍거리며 씩씩대는 동생들을 다독였다. 점심 식사를 함께하고는 외할머니께 인사를 드리고 철택이를 데리고 외갓집을 떠나 집으로 돌아왔다. 아무래도 동생을 이런 벽촌에 두어서는 앞날을 기대할 수가 없거니와 장래를 위해서도 부산으로 데리고 나와야 했다. 며칠을 집에서 무료하게 뒹굴다가 어느 날 부모님께 말씀을 드렸다.

"엄마 부산 갈 때 칠택이를 데리고 가야겠다. 여기 두면 안 되겠다."

"그래 그렇게 하거라…."

부모님은 선뜻 승낙하셨다. 바로 떠날 준비를 하는 형제에게 엄마가 두 손을 부여잡고 옛이야기를 들려준다.

"옛날 어느 고을에 형제가 살고 있었단다. 형과 아우는 남달리 우애가 깊고 부지런하며 부모님을 모시고 효도하며 열심히 살고 있었단다."

형제는 서로 도우며 착했다. 허나, 아무리 노력하고 열심히 일을 해도 찌든 가난을 벗어날 수가 없었다. 어느 날, 두 형제는 굳은 결심을 한다. 산골을 벗어나 큰 도시로 나가서 무슨 수를 쓰더라도 돈을 벌고 싶었다. 대처로 나온 형제는 열심히 일했다. 서로 합심하여 낮과 밤을 벗 삼고 주린 뱃가죽을 움켜 안으며 온갖 고초를 견디어 내며 주야장천 열심히 일했다.

날이 가고 달이 가고 세월은 흘러갔다. 고진감래를 입에 씹으며 힘 드는 줄도 모르게 참고 견디고 열심히 돈을 벌었다. 많은 돈이 쌓여갔다.

"형님 이젠 돈도 많이 벌었으니 그만 고향으로 돌아가요."

어느 날 동생이 형에게 말했다.

"그래 그러자꾸나. 부모님께서 몹시 기다리겠구나."

형제는 서둘러 모든 것을 정리하고 고향으로 길을 떠났다. 두 어깨에 돈을 가득 짊어지고 산을 넘고 물을 건너서 그리운 고향으로 반기는 부모님을 생각하며 몇 날 며칠을 쉼 없이 걸어갔다. 굽이굽이 재를 넘어가며 잠시 쉬어 가기로 하고 높은 언덕마루에 짐을 내려놓고 먼 산 경치를 보며 앉았다. 한참을 말없이 시간은 흘러갔다.

고요한 산천에 산새 울음이 울린다. 바람 소리 귓가에 맴돈다.
언덕 아래의 계곡은 깊고 가파르다. 나란히 앉아 멍하니 바라보는 생각은 자꾸만 깊은 계곡 속에 박힌다. 눈앞이 점점 흐려져 온다. 계곡을 타고 불어오는 바람 소리가 어느새 악마의 속삭임이 되어 귓가에 부딪치며 형제의 주변에 머물며 유혹한다. 동생이 결심하듯 생각을 굳힌다.
'형이 없으면 저 돈 보따리 모두가 내 것이 될 텐데….'
앞산만 바라보는 형이 골똘히 생각한다.
'동생만 없으면 저 많은 돈은 모두 내 것이 될 텐데….'
깊은 골짜기 산천에서 악마가 춤을 춘다. 두 형제는 각자가 미운 마음만 든다. '저 돈이 모두 내 것인데 어떡할까?'
피를 나눈 형제가 서로 무서운 생각을 하고 있는 것이다. 재물 앞에 형제는 눈이 뒤집힌 것이다.
모두 내 것으로 하고 싶은 것이다. 천 길 낭떠러지가 눈앞에 들어온다. 죽이고 싶은 생각에 눈길을 서로 피하며 형제는 천천히 일어섰다.
'밀쳐버릴까?'
무서운 생각을 품은 채 골똘한 생각을 떨치지 못하고 앞만 보고 걸어간다. 재물 욕심에 미쳐 가고 있는 것이다. 형제의 우애는 간데없고 원망만 쌓인다. 한참을 두 형제는 말없이 걸어갔다. 푸른 하늘이 시리도록 가슴이 아프다. 바람결에 나부끼는 잎새들의 속삭임 산새들의 울음소리가 슬프게 따라온다. 눈물이 맺혀왔다. 목이 멘다.
"형님 잘못했어요."
동생은 통곡을 하며 형에게 매달렸다.
"동생아, 내가 잘못했다."
형도 매달리며 통곡한다. 형제는 부둥켜안고 굵은 참회의 눈물을 흘리며 서로가 용서를 빌고 빌었다. 형이 조용히 동생에게 말했다.

"동생아, 우리 이 돈 태워 버리자."

"그래요. 형님 모두 태워 버려요."

형제는 기쁜 마음으로 불을 질렀다. 욕심과 원망을 훨훨 태워 버렸다. 산천이 환하게 밝게 웃으며 다가왔다. 미소 짓는 부모님이 불길 속에 반긴다. 고향 산천이 눈물 속에 행복하게 어렸다.

형제는 사그라지는 불 잿더미를 뒤로 두고 돌아섰다.

천지가 붉게 물든다.

"오오… 보라! 빛나는 광채!"

붉게 물드는 하늘,

산천에 빛나는 황금빛에 물드는 광채

누런 황금 덩어리가 잿더미 속에서 이글거리고 있었다.

'황금! 황금 덩어리.'

누런 황금 덩어리가 돌아가는 형제에게 손짓하며 부르고 있었다.

황금빛 산천이 형제를 부르고 있었다. 형제는 눈물 젖은 마음으로 돌아본다. 아름다운 노랫소리, 산새들의 군무,

황금빛 둥근 아우라가 눈부신 부처님!

온화하게 손짓하며 미소짓고 있었다.

관세음보살님이….

어서 오라고….

배웅하는 부모님의 사랑을 깊이 새기며 동생을 데리고 부산으로 왔다.

달 서리

늦가을 추수를 마무리하면 논과 밭엔 흩어진 한 가닥의 낟가리도 귀하게 샅샅이 거두어들여 황량한 벌판의 대지는 슬금슬금 겨울맞이 채비를 한다.

어느덧 매서운 찬 바람이 몰아치는 겨울 초입에 들어섰다. 온천지 강산은 고요히 숨을 죽이고 점차 얼기 시작해 만물은 조용히 고개 숙여 거역할 수 없는 동장군의 기세에 스스로 감내할 수밖에 없음을 인지하는 기나긴 겨울의 동면이 시작된다.

막차는 어둠이 깔리기 시작할 무렵 제시간에 맞춰서 도착했다. 반가운 속내를 가슴속에 살짝 감추고 잔잔한 미소로 맞이하는 기지의 마음이 포근하게 어둠 속에 전해져 왔다.

오랫동안 보지 못한 서로의 감정이 쑥스러워 잠시 인사를 잊은 채 마주 서서 서성이며 웃음으로 대신했다.

"친구들이 모여서 기다리고 있습니다… 같이 가입시더…."

농촌의 농한기 겨울나기는 달리 소일거리가 없지만 그냥 모여서 놀며 긴 시간을 무료하게 보낸다.

일찍 해가 지면 연령끼리 한곳에 모여서 함께 긴 겨울밤을 얘기하며 지낸다. 말인즉, 마실 다닌다고 한다. 오늘도 동네 처녀들이 모여서 시간을 보내고 있는 모양이다.

기지가 그곳에 함께 있다가 마중 나왔던 것이다.

"예, 그럽시다."

선선히 응낙하고 동네 길을 돌아 걸으며 천천히 함께 걸어갔다.

날씨가 쌀쌀하게 한기가 느껴오는 겨울밤 마을 길엔 사람의 왕래는 아예 없고 꼭 닫힌 방문에서 번지는 희미한 호롱 불빛만 달빛 아래 어른거렸다.

조용조용 담소하며 웃음소리 흘러나오는 어느 삽짝문(사립문) 안, 작은 초가집 부엌방에 도착한 기지가 방 문짝을 열고 함께 왔음을 모두에게 알렸다. 대여섯 명의 처녀들이 반갑게 맞이하는 가운데 성큼 방 안으로 들어갔다. 집성촌이라 남녀 구별 없이 모여서 놀고 있었다.

영헌이를 이때 처음 만났는데 이 친구가 몸체는 조그마한데 앉음새가 걸작이었다.

양반다리로 반듯하게 꼬고는 아주 야무지게 접치고 앉았고 턱은 깎지 않은 수염 자국이 듬성듬성 보이며, 목소리도 제법 양반 같은 말투에다 적잖이 점잖은 구석이 물씬 풍겨왔다. 벽면을 뒤로하고 처녀들 둘레 중앙에 척 버티고 앉아 있었다.

"인택이가! 어서 온나."

이름을 부르며 인사를 먼저 건네왔다. 모두들 초면이지만 서먹하지 않았고 함께하는 자리가 편하고 훈훈했다.

등잔불 아래서 붉게 번지는 홍조 띤 고운 얼굴들이 조용하고 차분한 모습이 눈에 들어왔다.

말을 아끼듯 작은 미소를 얼마간 상기된 분위기에 차츰차츰 즐거운 시간이 되어갔다.

화투를 가지고 뽑기 놀이를 하는데 기지가 옆에 앉았다. 나란히 화투 짝을 뽑아주고 받고 짝을 맞추어 놀았다. 자연히 두 사람이 주인공이 되다 보니 여러 사람의 공격 대상이 되어 술래를 만들려고 애를 쓴다. 합동으로 갖은 수를 쓰면서 억지를 쓴다.

"기지야, 니 봐주지 마라잉!"

누군가 일침을 놓는다. 눈도 흘긴다.

"아이다, 안 봐준다 야들아…."

기지가 화들짝 손사래 치며 응수했다.

"손이 떨리는 것이 보인다."

"은근슬쩍 패도 보여 주던데… 뭐."

"괜히 손잡고 오래 있드라."

모두들 한마디씩 거들고 보탠다.

"마, 우짜겠노! 한번 봐주자…."

허허거리며 영헌이도 마른기침에 거든다. 어른거리는 등잔 불빛에 암팡지게 책상다리 꼬고 앉아서 점잖스럽게 농하는 모양새가 오갈 데 없는 양반 품새다.

좌중은 점차 화기애애해졌다. 두 사람을 술래 만들기에 열을 올리더니 기어고 기지가 술래가 되었다.

"딱, 됐다 기지야 뭐 낼끼고… ㅎㅎ."

채근하는 처녀들이 막상 벌칙을 뭘 할지 망설이며 중구난방인데 "기지야 닭 한 마리 삶아라."

한 처녀가 요구한다.

"그래 맞다, 옳다. 오늘 좋은 날 아이가."
이구동성으로 환호하며 손뼉을 친다.
"멀리서 남자친구도 왔고… 내라."
빠져나갈 수도 없이 숫제 못을 박았다. 모두들 재미있어 하는 모습을 보더니 기지가 작심한 듯 말했다.
"그래, 좋다. 마 낸다…."
"우리 집 닭 한 마리 잡아 온나!"
기지가 시원시원하게 말하며 웃었다.
다들 일어나서 기지 집으로 향했다. 어두운 밤길에 앞서거니 뒤서거니 소리 없이 총총대며 줄지어 걸어갔다.
밤공기가 무척 춥고 차가웠다. 어둠에 잘 보이지 않는 검은 그림자 여럿이 소리 없이 기지 집 대문 앞에 당도하니 닭 서리에 한몫하는 영헌이가 나섰다.
처녀들은 모두 대문밖에 멀찍감치 떨어져 몸을 숨기고 있고 영헌이와 나는 살그머니 기지 집 마당 가에 구석진 곳에 있는 닭장 앞으로 잔뜩 웅크리고 살금살금 소리 죽이며 어두움에 묻혀서 닭장 앞에 다가갔다.
"닭이란 놈은 횟대 위에서 자는데 손을 따뜻하게 데워서 조용히 닭 똥구멍 쪽으로 슬슬 부드럽게 따뜻한 손을 밀어 넣으면서 양 날개를 꼬옥 움켜쥐면 퍼덕거리지 못하고 끽소리 없이 잡힌다."
영헌이가 가만히 나에게 속삭였다. 그러고는 자신의 한 손을 겨드랑이에 끼고는 손을 데우고 있었다.
그사이 닭들도 뭔가 이상함을 느끼고 있었는지 닭장 안에서 미세하게 움직이며 작은 소리를 내고 있었다. 신경을 곤두세우고 추운 날씨에 얼굴도 얼고 몸도 얼고 가슴은 뛰고 불안 속에 초조하게 시간이 흘렀다.

조금 지나자 영헌이가 한 손으로 닭장 문을 소리 없이 열고 따뜻하게 데워진 손으로 닭장 안으로 은근슬쩍 밀어 넣나 싶은데, 그중에 닭 한 마리가 작은 소리를 내면서 퍼득거렸다.

나는 마른침을 한번 꿀꺽 삼키고 주위를 둘러보고 있는데 큼직한 덩어리의 암탉 한 마리가 영헌이 손에 움켜쥐어 있었다. 두툼한 잠바 속에 닭을 꽈악 움켜쥐고는 영헌이가 말했다.

"됐다, 가자….”

조용히 말하고 눈 신호를 보냄과 동시에 속으로 '오금아 날 살리도고-' 외치면서 후다닥 튀어나왔다. 기다리고 있던 처녀들도 성공의 기쁨에 젖어 반갑게 환호하였다.

급히 돌아와 닭을 잡고 물을 끓이고 부엌이 시끌벅적 한참 동안 부산하다.

처음 보는 처녀들의 살림 솜씨와 부엌의 손놀림이 아름답고 신기했다. 겨울밤 최고의 야식거리가 닭도리탕이 준비되었으니 즐겁고 정이 훈훈했다.

60년대의 힘들었던 시절이라 얼마나 행복한 순간인가! 그때의 닭도리탕은 국물이 많은 닭국으로 뭇국처럼 끓여서 고춧가루를 많이 풀어 넣고 얼큰하게 국처럼 먹었다.

매운맛이 강해서 경상도 식인가 보다.

쫄깃한 고기 맛과 국물의 얼큰한 맛은 아주 잊을 수가 없는데 요즈음 토종닭이라고 먹어보지만 도통 그 맛과는 비교가 되질 않는다. 한밤이 지나도록 오랫동안 모여 앉아 즐겁게 얘기하며 늦도록 이어졌다.

기지는 남다른 면모가 여러모로 갖춰져 있었는데 오늘 그 한 모습을 보았다. 조용한 지성미와 조신한 여성미가 깊이 배어 있으며 당찬 기질의 옹골진 모습 또한 가슴에 품고 있는 여성이다.

정녕, 대가집 맏며느리감이었다.

"딸자식은 도둑놈이라 카더니만…."

나는 그 말의 뜻을 그날 확실하게 실감하는 행복한 남자가 되었다.

"인택아… 담엔 중동댁에서 씨암탉을 대접받거라 알았제! ㅋㅋ"

영헌이가 술잔을 건네면서 놀렸다. 모두들 즐겁게 웃으며 뒷말을 거들고 많은 부러움과 시샘도 받으며 밤늦도록 놀았다. 눈이 소복하게 쌓인 밤길에 하얀 입김을 불며 골목길을 걸어 나왔다. 추억을 새기듯 동화 같은 겨울밤 이야기를 눈길에 차곡차곡 새겼다.

뽀드득 뽀드득….

뽀드득 뽀드득….

하얀 눈길에 그림엽서를 그린다.

마실 놀이

청송은 심 씨의 본이고 동리마다 일가를 이루며 많이 살고 있다.

가깝고 먼 한 성이고 친척이다 보니 만남이 정겹다.

한창 나이의 처녀 총각들이 한 방에 모였다. 따져 보면 모두 언니, 오빠, 아재, 조카가 된다.

궁핍한 세월의 환경이었지만 인정과 심성만은 넉넉했다.

열여덟, 열아홉 일가의 자매들이다. 몇 번 함께 어울려 놀다 보니 고향에 오면 으레 마실놀이를 한다.

지난 봄날의 밭고랑에서 노래 부르며 즐기다 헤어진 후 오랜만에 나타나니 무척 반긴다. 한겨울 깊은 밤에 모여 있는 것만으로도 즐겁다.

놀이래야 손뼉 마주치기, 손뼉 치며 노래 부르기, 삼삼칠 술래 만들기, 술래를 가운데 엎어놓고 등짝 두들겨 패기, 등잔불 심지 돋우기, 감자 삶아 먹기도 하고 찐 고구마를 가져와 김치랑 나누어 먹기도 한다.

감자, 고구마가 그땐 꿀맛 같았다. 겨울이 깊어지고 추운 밤이 길었던 만큼 마실 놀이도 겨우내 이어진다.

고을마다 집성 촌락이 되어서 이웃 마실도 간다. 낮 동안 미리 연락을 해놓고 저녁 무렵에 모두 모여 즐겁게 마을을 찾아가면 마을 입구부터 환영 일색이다. 산기슭 비탈진 나실 마을 오르막길 옆으로 또래의 처녀들과 총각들이 손들을 마주 잡고 반기는 인사가 이쪽저쪽 참새들의 무리처럼 시끌벅적 부산하다.

"어서 온나, 오랜만이데이."

"하모! 반갑데이, 잘 지냈제?"

언니, 동생, 오빠, 아재, 형, 이름은 알지만, 항렬 따라 부른다.

존댓말이 없이 편하게 말하니 초면 구면이 따로 없고 금세 친해진다. 꼬부라진 비탈길 마을 골목길을 따라 무리 지어 조금 올라가서 솟을대문을 열고 들어가니 넓은 마당에 한 채의 큼직한 기와집이 버티고 있었다.

대청마루에 호야 불이 휘황히 비춰서 사방이 환하다. 제실이었다. 마을 문중 제실에 큰방을 준비하고 이미 군불을 뜨끈뜨끈하게 데워 놓고 또 한 무리의 또래들이 우르르 몰려나와 맞이했다.

넓고 넓은 큰방에 사오십 명이 꽉 차게 빼곡히 둘러 앉아 놀이도 하고 손뼉 치며 노래도 부르고 장난치고 놀리기도 하며 놀았다.

당연히 막걸리 몇 통이 비워졌고 안주래야 무짠지 나물무침 등이고 젊음이 최고의 안주였다. 육십년대의 시골 생활은 부족한 환경이었지만, 인심만은 살갑고 정이 넘쳤다.

어디서나 동네마다 처녀와 총각이 삼사십 명은 족히 되었고 초등학교 졸업이면 만족했다. 부모님 농사일 도울 때 되면 시집 장가를 갔다. 물질은 풍부하지 못해도 정신은 올바르고 마음이 순박했다.

나실마을이 겨울밤 어둠 속으로 깊이 조는 듯이 가라앉고 있었다.

제실의 젊은 열기만 산골 벽촌에 후끈 달아오르고 즐거움에 야단법석들 이었다. 취기가 오른 청춘의 모습은 붉은 꽃송이같이 발갛게 물들어

이쁘고 아름다웠다. 드디어 두 패로 갈라서 윷놀이를 시작하고 내기를 걸었다. 처음 시작은 서서히 맞장구를 치며 흥을 돋운다.

"윷이야" 하고 모라도 엎어지면 서로 부여잡고 뛰고 굴리고 구들이 꺼져라 온 방 안을 돌아 헤맨다. 노랫가락 한 곡 선창하면 다들 함께 일어나서 이구동성으로 합창을 하며 춤추고, 야단들이다.

이미자, 남인수, 백년설은 나훈아, 남진, 배호로 이어지고 찔레꽃 개나리처녀 대충 이런 류의 유행가가 단골 메뉴였다.

아예, 꽹과리, 북, 장구까지 들러메고 나와 두들겨 패는 소리는 제실 천장이 들썩거릴 정도였다.

윷가락 소리는 밤새도록 요동치며 산천이 흔들렸지만, 동네 사람 어느 누구도 시끄럽다거나 하면서 제지하는 사람이 없었다.

나는 청군이었는데 다섯 판째 가까스로 이겼다. 이긴 팀은 그야말로 천지개벽이 따로 있을까? 흥분의 기세는 하늘을 두 조각이나 낼 기세고 진 쪽은 참으로 분해서 거의 탈진 상태였다.

축하와 위로를 주고받고 분위기를 다독이고 벌칙을 정 했는데 진 쪽은 이긴 쪽을 집까지 업어주기였다. 반드시 남녀 짝이 맞아야 했다.

된다, 안 된다, 말도 많았지만 웃고 떠들면서 흐지부지 업는 시늉만 하다가 겨울밤은 새기 시작했다. 그 이후 몇 번이나 더 바깥 마실놀이를 했다. 추운 줄 모르고 놀러 다녔다. 이렇듯 당시에는 농한기 철에 달리 부업이 없었다.

어른들도 마실 다니며 지내다가 춘삼월 봄이 오기를 기다리면서 파종 준비를 하는 것이 고작이었다.

더러는 솜씨 좋은 어른이 있는 집에서는 큰 멍석을 짜 엮으면서 초가집 담벼락에 둥글게 말아 걸어 놓아두는 한적한 농가의 풍경이었다.

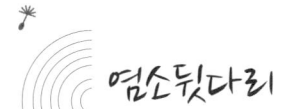
염소뒷다리

대한 추위를 앞둔 소한을 기점으로 오동지섣달에 한파가 연일 계속되고 폭설과 삭풍은 시골 마을을 꽁꽁 얼어붙게 만든다.

낮 동안 잠깐 출입하고는 모두 꼼짝하지 않고 집안에 틀어 박혀 지낸다. 땔감이 부족한 시절이라 가능한 큰방에 군불을 때고 식구들이 모여서 보낸다.

고기를 먹어본 지 오래였다. 단백질 부족은 추위를 더 많이 탄다. 식구들의 건강도 염려되신 할아버지는 그동안 잘 키운 살찐 염소 한 마리를 잡으셨다.

오랜만에 대가족이 모여서 고기를 뜯고 탕도 끓이고 해서 배에 기름기를 잔뜩 채워 넣었다.

할아버지는 염소 뒷다리에서 살점이 넉넉한 부위를 골라 쓱쓱 잘라내어 굵은소금에 꾹꾹 눌려서 손자인 나에게 한점 주시며 먹으라고 하고 당신께서도 막걸리 한 사발 들이키고 안주로 염소 고기를 잡수셨고 막걸리 한 주전자가 다 비워질 때까지 할아버지와 함께 포식했다.

내장과 머리통과 몸에 좋다는 흑염소 뼈다귀들을 모아서 큰 가마솥에

다 넣고 국물을 우려내기 시작했고 또 한쪽 뒷다리는 고스란히 할아버지 손에 쥐어져 후원 목간 방으로 가서 새끼줄로 묶어 벽에 걸어두셨다.

겨우내 안줏감으로 마련하신 것이다. 배도 부르고 마실 놀이하러 아랫동네로 찬바람 맞으며 찾아갔다.

오늘은 철기네 집에 모인다고 했다. 철기는 외척인데 키가 크고 착했다. 누님 되시는 분이 친정으로 와서 사과농사를 지으며 사신다.

어른들은 멀리 출타해서 집이 비어 있었다. 안방에 모여서 떠들썩거리던 동생들이 반겼다. 얼마 전 나실로 마실 갔던 얘기가 주 무대였다.

우리들도 답례로 한번 초청해야겠다면서 상의가 설왕설래로 다분했다. 또 감연 동네에서 초청되었으니 언제 갈 건지도 결정해야 했고 밤은 깊어갔다. 저녁 먹은 지도 오래됐고 하도 떠들어서 제 집에 배도 고프고 출출했다. 뭐, 그렇다고 달리 간식거리도 풍부하지 못한 시절에 별 뾰족한 대책도 없다. 그렇다고 헤어지긴 싫어 속으로 견디며 즐거운 시간을 보내고 있었다.

집에 있는 농주를 '철기'가 있다고 해서 동생들이 부엌으로 가니 술 단지 속에서 보글보글 끓으며 삭히고 있는 누룩밥 덩어리를 바가지로 항그 퍼서 작은 항아리 옹기그릇에 삼 발을 걸치고 맑은 물로 걸러내기 시작했다.

허연 쌀뜨물 같은 걸쭉한 국물이 삼베 보자기 밑으로 쏟아졌다. 몇 바가지 더 해서 푸짐하게 즉석 농주를 만들어 먹을 수 있게 되었다.

김치를 찾으랴, 나물무침 찾으랴… 살림 거덜 낼 판세다. 웃고 떠들고 갑자기 화기애애하며 신이 났다. 오늘 먹었던 염소 고기가 생각났다.

'옳거니, 그것도 가져오자.'

생각과 동시에 "애들아 우리 집에 염소 고기 있다."

반색이 일색이다. 모두들 인택이 집으로 향했다. 그다지 멀지 않은 밤길을 부랴부랴 잰걸음으로 가서 솟을대문 앞에 섰다.

문짝이 높고 커서 열면 '삐거덕' 하는 소리가 난다. 철기와 내가 문짝에 대고 오줌을 문짝 받침목에 싸고 근이 아재가 천천히 열었다.

여동생들은 모두 긴 치마를 입고 있었는데 치맛감 재질이 뽀뿌린(포플린)이어서 걸으면 뻐석뻐석 소리가 난다.

추위 땜에 얼어서 그런지 소리는 더 크게 났다. 마당은 넓고 후원까지는 거리가 있어 처녀들은 안팎으로 망을 보라고 하고 철기와 함께 고양이 걸음으로 후원 목간 방까지 갔다.

낮에도 약간 무서웠는데 컴컴한 밤엔 으스스했지만, 목간방 안으로 들어가서 봉사 지팡이 휘두르듯 손으로 더듬어 갔다. 아무것도 보이지 않는데 벽만 짚으며 더듬어 가니 마침내 염소 뒷다리가 잡혔다.

얼른 집어 들고는 잽싸게 나와 희희낙락 돌아와서 살점이 묵직한 다리를 뜯어 놓고 잔치가 시작되었다.

밀양에서 기지의 집에 닭 서리해서 먹던 기억이 떠올랐다. 살아 있는 생명체를 서리 하는 것이 더욱더 스릴이 있었다. 한번 해 본 것이 이력이 났나 보다. 아무튼 그때처럼 처녀들이 바쁘다.

양파, 마늘 까고 고추장 퍼오고 기타 음식 재료가 마련되는 대로 만들어서 염소 고기 볶음을 했다. 만면에 웃음이 가득한 가운데 갑자기 풍성해졌다. 농주 한 사발씩 고기 한 점 빙 둘러앉아 먹는데 꿀맛이다.

밤새도록 노래 부르고 뛰고 굴리고 춤추고 놀면서 새벽에서야 나가떨어졌다. 이 구석 저 구석 얽히고설켜서 곯아 떨어졌다.

요즈음 말로 해서 혼숙이었지만 모두 일가붙이라 별 탈 없이 편한 마음가짐들이었다. 눈뜨는 대로 각자가 알아서 집으로 돌아가고 다음 날 또 만나서 놀고 하였다.

집으로 돌아와 아침을 먹는데 할아버지가 말씀하신다. 염소 고기가 없어졌다고 하시면서 "아마도, 내가 문을, 목간 방문을 꼭 닫지 못해서 족제비 놈이 물고 갔나 보다" 하시면서 분해하셨다.

"틀림없어… 허-참…."

연신 혀를 끌끌 차면서 고개를 끄덕거리셨다.

'에구, 할아버지. 이 불효막심한 놈을 용서해 주세요.'

나는 속으로 빌면서 눈을 똑바로 들지 못하고 입만 꾹 다문 채 고개를 푹 숙였다.

"다음엔 고기에다 약을 발라서 죽여야겠다"고 말씀하신다.

'이크, 이젠 훔쳐 먹지 말아야겠다, 죽을 수도 있겠다'라고 생각하고 다짐했다.

그렇지만 재미있고 신나는 마실놀이 밤이었다. 기지가 보고 싶어졌다. 너무나 멀리 떨어져 있어 쉽게 가보질 못하는 것이 안타까웠다. 열악한 교통 환경이 형편없던 시절이라 청송서 밀양까지는 하루 종일 차를 타고 가야만 했다.

내일은 편지를 한 통 써서 보내야겠다고 마음에 새기며 파란 하늘을 쳐다보았다. 햇볕이 따스한데 느낌은 추웠다.

쪽마루 양지쪽에 앉아 닭 서리 하던 그날 밤의 기지 모습이 잊히지 않고 떠올라 그리움을 품고 앉아 있었다.

설날

물기조차 메말라 버린 흰 눈가루가 북풍에 휩쓸려 산과 들에 하얀 꽃가루가 되어 아름답게 분칠하는 정월 초하루 설날이 왔다.

삐쭉이 하늘만 높은 줄 알고 뻗어 올라간 포플러나무 꼭대기에 까마귀 떼가 극성이 분분하다.

이미 사랑방 문을 활짝 열어 제쳐 놓은 할아버지 할머니께서 단정하게 나란히 앉아 자손들의 새해 인사를 기다리고 계신다. 식구들 모두 말쑥하게 차려입고 방문 앞 대청마루에 길게 오밀조밀 함께 서 있었다.

웃어른들의 순서대로 정월의 새해 인사 큰절을 하고 나면 동생들과 함께 세배를 드렸다. 그러고 나서 아버지와 어머니, 어른들께 세배하고 덕담으로 새해를 맞이했다.

일가와 친척들이 한곳에 많이 모여서 살고 있는 집성 촌락이라 조상님의 제사도 함께하고 같이 지낸다. 열 촌 안팎의 일가친척이 큰집의 조상님부터 차례차례 순서를 밟아 제사를 모시는데 맨 끝 차례까지 오면 하루 종일 걸린다.

아침을 첫 제사에 음복하고 중간중간 차례를 거치면서 먹은 음식이 배가 불러서 시쳇말로 기어가거나 업고 가야 할 지경이었다.

　간혹 술이 고주망태가 되어 설날부터 꾸중 듣는 일이 발생 하지만, 그다지 불상사는 없었다.

　다음날부터 마실을 다니며 어른들을 찾아뵙고 세배를 드린다. 정월부터 2월 초하루까지 설날 세배를 하며 돌아다닌다. 설을 쇤다고 했다. 며칠간 설맞이 마실놀이에 시간 가는 줄 모르며 지내는 중 서울서 친구들이 내려왔다.

　동헌이, 한범이, 병찬이, 세 사람의 친구가 머나먼 청송 땅 깊은 산골 벽촌에 놀려온 것이다.

　설 뒤끝이라 음식도 풍부했거니와 마실놀이가 한창이라 함께 즐기기엔 더더욱 좋았다. 원천마을 동생들에게 연락을 했다.

　저녁에 우리 집으로 모두 모이자고 했으며 서울 친구들이 왔으니 이쁘게 하고 와서 신랑감 골라보라고 했다. 어두워지자 한 무리의 처녀들이 넓은 안방에 가득 차 둘러 앉았다.

　낯선 총각들 앞이라 부끄러워하는 동생들을 친구들에게 성명을 알리고 서로 인사를 시켰다. 다과상을 마련하고 친구들도 덕담 섞어 소개를 했다.

　시골 산골처녀들 앞에 말쑥하게 넥타이 매고 양복을 차려입은 멋진 총각 녀석들이 순박함이 몸에 밴 단발머리의 치마저고리 입고 옷고름 매만지는 처녀들을 보고는 사뭇 처녀의 매력을 새삼 느끼며 상기된 모습으로 머슥머슥거렸다.

　하기사! 도시의 아가씨들만 보아 왔으니 새로운 세계의 경험에 대처 불능이었으리라!

　거기다가 외순이와 점순이는 머리 꽁지가 기다랗게 엉덩짝까지 내려와 고개를 갸웃거릴 때마다 붉은 댕기가 좌우로 치렁치렁 흔들거렸으니 아마도 제정신 차리기가 힘들었을 게다.

속으로 터지는 웃음을 간신히 감추고 사이사이 섞어서 앉혔는데 현주를 동헌이 옆으로 앉게 슬쩍 배려했다.

기지에 대한 고마움에 좋은 처녀를 소개해 주고 싶었다. 동헌이는 가정이 외롭다, 해서 형제 많고 가문 넓은 처녀인 현주가 딱이다.

게다가 10남매에 막내둥이 딸이라 온통 부모 형제 사랑 속에 구김 없이 밝게 자란 처녀고 인물도 곱고 순박하다. 8형제 2자매가 한마을에 오순도순하게 우애가 넘쳐나고 심성들이 깊다.

동헌이가 잘 사귀어 주었으면 좋겠다고 생각했고, 시간이 조금 흐르고 나니 다들 잘 어울려 논다.

한범이가 소변이 마렵다고 했다. 좀 전에도 언급했듯이 우리 집 변소는 두 곳이어서 처음 오는 손님에게는 구별해서 안내한다.

앞마당 근방에 부녀자들이 사용하는 뒷간이 곳간 초당(草堂) 방 옆에 설치되어 있고, 사랑의 손님과 남자들만 출입하는 화장실이 후원 뒤켠 목간 방과 함께 옆으로 깔끔하게 조성 되어있다.

기와지붕에다 벽면이 회를 발라서 후원에 작은 집 한 채처럼 보인다.

전기는 고사하고도 작은 등불조차 주변에 보이지 않는 후원까지 소변 보러 간다는 것은 정말 무서웠다.

난 밤중에 급하면 솟을대문 옆 큰 거름더미에 근처에서 볼일을 봤다. 그곳에서는 마당 건너 집안이 빤히 보이고 불빛도 방 문짝에 어른거리기에 쳐다보면 안심이 되기 때문이다.

무섭기도 하지만 한범이가 화장실을 모르니 천상, 내가 함께 가야만 했다.

"아재야, 내가 갔다 오꾸마."

분선이가 말했다. 두 사람이 나란히 앉아 잘도 웃고 얘기를 나누더니만 어느덧 친해졌나 보다.

'뭐! 벌써 그리됐나?!'

사실, 인물도 통통하니 예쁘지만, 치마저고리 옷매무새가 조신한 처녀의 행실이 일품이다. 도시 머스마가 껌뻑했음직도 하고 남았다. 한범이도 같이 가고 싶어하는 눈치다.

그러라 하고는 등불 하나를 건넸다.

한 자 남짓한 작대 끝에다 사각으로 엮은 철사 위에 엷은 천을 둘러 씌우고 그 안에다 호롱불을 받쳐서 밝게 비춰주는 등불이었다.

둘러쳐진 천 조각 위는 푸른 청색이고 아래는 붉은 색깔의 분홍빛이었다. 조그마한 방울도 달려있어 눈먼 봉사도 참작했는지 모르지만, 어둠에 자신의 존재를 알리는 데 중점을 두었을 것이다. 말 그대로 청사초롱이다.

어깨를 맞대고 청사초롱 불 밝히고 후원으로 사라지는 두 사람이 꼭 드라마 속에서만 나타나는 장면이 아니었나보다 만난 지 채 얼마 되지 않는 시간에 벌써 다정이 넘쳐흘렀다.

얼마 후 나타난 두 사람에게 놀림과 시샘이 좌중을 들썩였고 기어코 벌주를 한 잔씩 먹이면서 분위기가 조용해졌다. 밤늦게까지 다과를 먹고 마시고 놀다 돌아갔고 친구들과 초당 방에서 함께 잤다.

첫 버스가 오는 시간에 맞춰 병찬과 한범이는 서울로 올라갔고 동헌이만 남았다.

한범과 분선이의 사이는 별 신경을 쓰지 않았지만, 그들은 그 이후 자주 연락하며 지내는가 보였다. 그리고 한범이의 부모님이 자주 청송으로 왕래 하더니 두 사람은 마침내 결혼을 하게 된다.

그들의 결혼도 우여곡절이 있었지만 잘 이루어졌고 끝끝내 행복하게 살아갔다. 그들의 결혼 당시에 나는 군에 입대하여 한창 훈련기간이라 섭섭하게도 참석하지 못했다.

분선이는 맏딸로서 어려운 집안 살림에 부모님을 돕고 어린 동생들을 잘 이끌고 꾸려가는 살림꾼이었다.

아마도 한범이의 부모님이 그 점에 후한 점수를 주었고 중심 잡힌 모습에 서둘러 혼인을 맺은 것 같았다.

남아 있던 동헌이는 현주를 만났다. 내륙지방의 추위는 매섭다.

밀양의 추위와는 많은 차이가 난다. 추위에 떨고 있지나 않을까 신경 쓰이지만, 청춘의 열기로 잘 견디리라 생각하다가 깜박 잠이 들었다가 깨어보니 방 안이 어둡다.

한쪽 구석에서 동헌이와 현주의 속삭임이 들렸다. 추위에 견디다 못 참고 초당 방으로 들어왔나보다 불을 두 사람이 꺼버렸나 보다 차라리 그것이 편했다.

두 사람의 속삭임이 자는 척하고 듣기엔 좀 간지러웠지만, 보이지 않으니 다행이었다.

참을 만큼 지내다가 방으로 들어왔나 보다. 나도 기지와의 경험이 있기에 이해하며 잘 맺어지기를 바랐다.

아랫목 근처에 현주를 앉히고 손을 녹여 주며 다정하게 느껴진다. 보이지 않는 어둠 속에 자꾸 신경이 쓰여 깨어 있기도 잠든 척하기도, 참 고민스러운 시간이 흘러갔다.

셋이 한 공간에 숨 쉬고 있으니, 서로가 신경 쓰였을 거다. 바람 소리 요란하니 소리만 들어도 솜이불이 끌어 당겨진다.

문풍지가 바람 소리에 화답이 되어 죽어라 떨고 있었다. 밀양의 추위는 바람 소리 듣지 못했는데 역시 산골짝은 바람 소리가 대단하다.
　볼때기가 부풀어 눈알이 튀어나올 것 같은 산발한 바람 귀신이 산 계곡 깊은 곳에서 불어대고 있는 것 같은 무시무시한 벽지(僻地) 산골의 밤이었다.

입영영장

　동헌이와 함께 서울로 왔다. 며칠간 청송에 머물며 현주와 많이 가까워졌는지 녀석이 기분이 좋아 보인다. 동헌이는 말수가 적다. 속내도 잘 보이지 않는 내성적이다. 한범이와 병찬이가 반겼다. 분선이의 소식을 묻는 한범이의 얼굴이 연신 싱글벙글 눈가에 웃음이 떠나질 않는다. 그 날 이후 한범의 부모님들이 청송을 몇 차례 다녀왔고 두 사람의 관계도 급속도로 발전해 갔다 동헌이도 현주에게 마음이 가 있었고 좋아하는 눈치였는데 할머니께서 손자의 마음을 살피며 친정집과 혼사가 겹친다고 말씀하셨다.

　한범이가 친정의 조카인데 동헌이한테는 진외가의 아저씨가 되는 셈이었다. 같은 성씨에 두 집안이 혼인을 맺을 수 없다고 말리시니 동헌이도 적극적이지 못했다. 아마 동헌이가 좋은 회사에 취직되어 서울에서 앞날이 탄탄히 열려 있는데 시골처녀와 맺어주긴 아까웠지 않았나 보다.

　"야, 동헌아, 외삼촌도 아니고 진외가(陳外家; 아버지의 외가)의 삼촌인데 뭔 하자가 있느냐? 사돈의 팔촌이나 매일반인데 할머니가 아주 고루하신 것 같다. 너라도 잘해 보거라."

　"일가친척도 없는 전쟁 유복자로 어머니와 달랑 세 식구만 있는 현실에 현주 같은 형제자매가 넓은 집안의 막내딸이면 더 볼거리가 없는 호조건인데 놓치지 마라. 너가 현주한테 장가가면 형제 많고, 언니도 있고,

넓은 집안의 막내 사위로 사랑을 독차지할 거고, 외로움도 없을 거다."

조용히 듣고만 있는 친구에게 "심성도 착하고 부모 형제에게 살림살이도 잘 배우고 무엇보다 순종하는 여심이 깊다."

나무랄 데 없는 좋은 처녀이기에 친한 친구와 맺어지길 바랐다. 내가 적극 권하니 주춤했던 친구 마음이 움직였고, 소식을 주고받는 것 같았다.

서울서 지내는 중, 고향 집에서 군 입영 영장이 나왔다고 연락이 왔다. 67년 8월 20일이 입대 일이었다. 영장 소식에 마음이 뒤숭숭해졌다. 재입시의 희망도 머리 싸맨 노력이 없었으니 일단 중지하고 군 제대 후에 다시 생각해 보아야겠고 그렇다고 입영일까지 서울에 있어야 할 이유가 없었다. 이래저래 마음을 정리하고 고향으로 가기 전에 밀양을 가기로 정하고 열차에 올랐다. 시간이 넉넉한 사람의 완행열차는 지나가는 풍광이 그지없이 평화롭고, 자연 속에 묻혀 여유로운 마음이 많은 생각을 떠올리기도 하고 정리도 하게 만든다.

아침 일찍 떠난 증기기차는 저녁 무렵에 밀양에 도착했다. 밤 기온도 이제 봄날마냥 훈풍이 분다. 동네 근처 논고랑에 흐르는 물소리를 들으며 기지를 만났다. 그림엽서도 받았고 편지도 잘 받아 보았다고 한다.

우체부가 어깨에 한 가방 가득 사연을 담고 동네 어귀에 나타날 적마다 행여나 하는 기대에 마음 설렘으로 기다림이 계속되었다고 했다.

잠시 후 "군입대 영장이 나왔습니다."

어둠에 가려진 얼굴의 표정을 읽을 수 없었다.

"어머나! 언제 갑니까예?"

"팔월 하순경입니다. 아직, 시간이 멀었습니다."

담담하게 말했고 잠시 침묵이 물소리와 함께 흐르고 있었다. 혼기 차오는 동갑내기 여인의 마음이 밤하늘의 잔별만큼 잘게 부서지고 있으리라고 생각되어 "편지 자주 하겠습니다."

답장은 꼭 해달라고 말하지 못했다. 하지 않았다. 그 순간만큼은 대답의 필요성이 없는 믿음이 앞섰기 때문이었다.

"청송으로 한번 오시겠습니까?"

먼 거리인 줄 알지만 와 주길 바라면서 가부를 원하지 않았다. 많은 시간이 걸리는 일정에 처녀의 몸으로 부모 허락 없이 외지로 출타하는 것은 당시로써는 천지가 개벽이 아니고는 어려운 결정이기 때문이다.

기지는 생각이 깊은 여인이다. 자신의 결정이 어떤 결과가 만들어진다는 것을 익히 통찰할 수 있는 사람이었다. 일생의 갈림길에서 머뭇거리는 여인에게 "도착하면 원천마을 현주한테 가세요."

일방적인 결정을 생각 없이 아예 해버렸다. 강물 앞의 당나귀는 강하게 고삐를 낚아채고 힘차게 끌고 가야 한다고 하지 않았는가! 부채춤이 잘 어울린다고 했던 기지에게 한복을 입고 왔으면 좋다고 했고 굳이 한복이 아니더라도 흰색으로 채비를 하고 왔음 좋겠다고 했다. 처녀의 얼굴이 흰 저고리를 받쳐져서 청순함과 순결함이 돋보인다고 말했다.

반쯤 일그러진 하현달이 구름에 걸쳐 있더니 밝게 웃으며 구름 속에서 빠져 나오고 있었다.

'생각할 것 없어! 청춘은 용기야, 부딪쳐 보는 거야.'

달님이 기지에게 온화하게 비추어 주며 내려다보고 다독이듯이 환하게 웃고 있었다.

봄은 아직 멀리서 눈치만 보는데 얼었던 고랑 물소리만 풀린 몸뚱이로 기지개를 뻗치고 늦잠 자는 대지를 깨우고 있었다.

현주와 분선이가 반갑게 맞이하고 여러 동생들도 반기며 건강하게 잘 들 지내고 있었다. 현주가 남몰래 동헌이의 소식을 묻고 궁금해했다.

한범이는 그동안 분선이를 보려고 몇 번 왔다 갔다 했나 본데 동헌이는 소식이 없으니 섭섭했나 보다. 마음을 달래주고 저녁에 모여서 놀기로 했다. 입영 일자가 야금야금 누에 뽕잎 갉아 먹듯이 흔적 없이 사그라지며 두어 달 앞으로 다가왔다.

동생들과 즐거운 시간도 얼마 남지 않아 헤어질 동안 잘 지내고 싶었다. 철기는 대구로 나가 운전을 배우고 있다고 했고 상보만 잠깐 얼굴을 비치고는 피곤하다며 돌아갔다.

봄철 내내 농사일에 힘들었을 거다. 며칠 전부터 내린 비가 그치고 맑은 날씨에 둥근달이 떴다. 앞산 밑 큰 거랑에 물길이 넓은 바닥을 꽉 채우고 흘러가는 소리가 대단하다. 밤바람도 쏘일 겸 큰 거랑가로 모두 걸어갔다.

"오빠, 인제 많이 못 보겠네."

걸으면서 현주가 말을 했다. 모두들 섭섭하게 서운한 심사로 한마디씩 거들었다.

"한, 삼 년 걸릴끼다, 휴가 오면 꼭 놀러 오꾸마." 응답했다.

그동안이면 거진 시집을 가면 몇이나 남아 있을지 모르지만, 함께 있는 동안까지 재미있게 지내고 싶었다.

덕천으로 마실 가자고 한다. 모심기도 끝나고 나면 농사일이 조금 숨통이 트일 시간이다. 어쩌면 함께하는 시간이 이번 마실 놀이가 마지막일지도 모르니 입영 환송식을 위해서라도 멀리 가기로 했다. 남자는 딱 나 혼자뿐이었다.

농사철에 총각들은 집안일을 거들어야 하고 처녀들만 여남은 명이 되었다. 오빠로서, 아재로서 앞장서서 인솔하고 무려 삼십 리 길을 걸어서 갔다.

시골에서는 이삼십 리 길을 아무렇지 않게 걸어 다닌다. 차편도 여의치 않고 게다가 운행도 들쑥날쑥 믿지 못하니 걷는 것이 일상화되어서 어렵게 생각하지도, 겁내지도 않는다.

밝은 마음을 간직한 꿈 많은 처녀들이라 걸어가며 할 말도 많고 즐거운 일도 많다. 웃고 장난치며 놀며, 놀며 고개도 넘고 개울도 건너면서 손도 씻고 발도 적시고 걸으면서도 재미있어 죽을 지경이다.

아침나절에 출발하여 으스름이 깔린 저녁 무렵에 가까스로 도착했다. 산모퉁이 고갯마루에 올라서서 덕천마을을 내려다보니 기와집이 즐비하게 횡으로 몇 겹 길게 늘어서서 자리 잡고 있었다.

큰집. 작은집, 모든 집이 기와집이었다. 그곳에는 문화재로 지정된 집도 있고 들은 소문대로 심 부자네 집의 아흔아홉 칸짜리 고래등 같은 기와집이 주변을 거느리듯이 위용을 뽐내고 있었다.

몇몇이 대표로 나와 먼 길의 수고로움을 위로하며 반갑게 맞이했다.

덕천은 우리들의 종가였다. 아직도 종손이 종가를 지키며 살고 있다.

방이 넓은 곳으로 안내되고 서로 인사와 항렬도 따져가며 짧게 만나고 내일 다시 보기로 하고 헤어졌다.

덕천고을 앞으로 냇가가 흐르고 있는데 물도 깊고 폭도 제법 넓어서 작은 강 같았다. 냇가 모래밭에 음식과 술을 마련하고 포장도 쳐져 있었다. 어제 만났던 일가 형제의 안내로 냇가 모래밭으로 안내 되어 가니 남녀가 모여서 환영하는데 사오십 명은 되는 것 같았다. 덕천마을 처녀 총각들은 거의 대부분 대구로, 안동으로 학교를 다니고 있었다.

일요일에 맞춰서 일정을 잡았으니 웬만하면 다 모인 셈이다. 시골에서 노는 것을 잘 모르니 내 동생들이 놀이의 중심이고 인기였다.

초여름의 강바람에 치맛자락 휘감기고 옷고름 나풀나풀, 서로서로 흥을 돋워주며 신나게 노래 부르고 박자 맞추어 돌아가니 강물조차 춤을 추는지 냇가에 출렁거린다. 여기의 일가 형제들은 술을 잘 마셨다. 리어카에 말술을 여러 통 싣고 와서 모랫바닥에 주저앉아 노는 모습에 흥겨워하며 대작을 즐긴다.

씨름도 하며 내기 술을 엄청나게 마셨다. 손 그물로 투망을 해서 물고기를 굽고 죽도 끓여서 긴긴해 저무는 줄도 모르게 먹고 마시며 놀았다.

손님 대접한다고 여러 명이 권하는 술에, 다리에 힘이 풀려 도저히 걸을 수가 없었다.

술통 싣고 온 리어커에 빈 통 대신 실려 숙소로 돌아왔다.

덕천마을의 일가들은 항렬이 무척 낮았다. 거의 다섯이나 여섯의 아래 항렬들이었다. 항렬이 낮으니 큰집이고 높으면 작은 집이다. 말인즉, 우리들이 대부가 되는 셈인데 호칭도 아예 "대부, 대부" 하며 불렀다.

이튿날에도 간단히 음식을 대접받고 여럿이 모여서 소일하며 어제 놀았던 피로를 풀며 하룻밤을 더 지냈다. 밤새 비가 내리더니 덕천마을 앞 거랑 물이 엄청나게 불어났다. 상류에서 몰려드는 물의 기세가 굽이진 언덕배기 모퉁이를 세차게 부딪치며 흙탕물 웅덩이를 만든다.

간신히 버티고 있는 수양버들 뿌리를 할퀴고 파헤치며 먹어 들어가고 있었다. 조금씩 감당하기 힘들어하던 버들가지가 물살에 빨려 나가며 너풀너풀 흔들어 머리 감고 서서히 큰 물길에 고개를 처박고 있었다.

아침 해가 맑고 하늘이 푸르게 아름답다. 언덕 고갯마루에 마주 서서 작별 인사를 하면서 쉬 헤어지지 못하고 이별의 정이 길었다.

칠 형제 바위까지 배웅하던 일가들과 돌아보고 손 흔들고를 연신 하면서 아쉬움을 간직하고 헤어졌다.

덕천의 마실 놀이가 잊지 못할 추억으로 걸으면서, 얘기를 끝없이 나누며 부지런히 걸었다. 청송읍을 지나면서 달기 약수터로 잠시 들렀다 가기로 했다.

한 5리 정도의 거리에 별로 멀지 않아 들러서 약수도 마시고 가자고 의견 일치하고 발걸음을 돌렸다. 속병이 있는 사람이 마시면 즉시 트림이 나오고 탄산가스가 많아 설탕을 타서 마시면 꼭 사이다 맛과 같다. 빛깔도 없고 냄새도 없다. 그리고 아무리 마셔도 배탈이 나지 않는다. 철분이 많아 밥을 지으면 파랗고 찰지다. 주로 닭백숙을 해서 많이들 먹는데 하탕(下湯)이 제일 먼저 발견되었고 주변이 북적인다.

산간벽지 깊은 산골짝이지만 아무리 추워도 얼지 않고 일정한 양의 물이 조그만 구멍에서 솟아 나온다.

보통 한여름을 전후해서 사람들의 많이 찾는데 물 한 모금 마시려면 길게 줄을 서서 땡볕 더운 줄 모르고 기다린다. 엿장수한테 엿 한 가락 사서 쥐고 있다가 물 한 모금을 마시면 찌릿하게 콕 쏘는 맛이 코를 찌른다.

얼른 엿가락을 입에 넣고 녹이면 자연스레 달달한 사이다 맛이 된다. 역시나 사람들이 길게 늘어서 있다. 조금씩 줄어드는 시간에 차례차례 한 모금씩 마시고 그늘 밑에 앉아 쉬었다 갈 길이 멀다 부지런히 걸어야 했다. 해가 높이 뜨면 더워진다.

집까진 30리 길이다. 유월 하지(夏至)가 어제라 해가 길다지만 얼쩡거릴 정도가 아니었다. 부지런히 걸어야 저녁 전에 안심하고 도착할 수 있었다.

걱정 붙들어 맨 동생들을 재촉하고 일어섰다. 먼 거리를 돌아서 가는 버스 길을 피하고 산길에 난 사잇길로 걸어갔다. 지름길이지만 좁다랗게 한 사람 정도 걸을 만큼 생긴 오솔길 정도였는데 아마도 짐승과 사람들이 많이 밟고 다녀서 생긴 길인 것 같았다.

길옆으로 풀숲이 뒤엉켜서 제멋대로 자라고 있으며 이름 모를 여름 풀꽃들이 길 따라 피어서 군락을 이루며 피어 있었다.

벌, 나비들이 이곳저곳에 무수히 날고 메뚜기, 여치, 방아깨비 등, 여러 들 곤충들이 잡초밭에 숨바꼭질하는 더운 오후의 오솔길이었다.

메뚜기도 잡고 나비도 잡고서 동생들에게 쥐여 주고 이름 모를 들꽃도 꺾어 현주와 분선이의 머리에 꽂아 주었다. 바람결에 검은 머리가 얼굴에 흐트러지고 치맛자락이 살랑이며 걷는 처녀들의 모습이 좁은 풀 길에 나란히 일렬로 걸어가는 모습은 그림 같은 풍경이었다.

도시에서만 지내던 나에겐 또 다른 세상의 아름다운 정경이 마음속에 포근히 들어와 함께 하는 이 순간이 기쁘고 즐거웠다. 노래를 부르고 손뼉도 치며 장단 맞추고 장난스러운 몸짓으로 춤도 추며 걸었다.

나무 사이로 보이는 계곡 밑에 작은 시냇물이 흐르고 있어 우르르 내려가 발을 씻고 차가운 물에 손을 담그니 사람 살 것 같았다. 차라리 멱을 감자 하고 자리를 피했다. 오빠만 자리를 옮겨주면 모두 편할 것이며 씻기가 수월할 거로 생각하고 좀 떨어진 웅덩이로 가서 맨살로 풍덩 소리 나게 뛰어들었다.

한가하게 놀던 개구리 무리가 놀라서 이리 폴짝 저리 폴짝 어지럽게 튀어나가며 개골개골거렸다. 물이 너무 차가워 오래 못 견디고 더운 기운만 식히고 빠져나와서 펑퍼짐한 바위 위에 올라 몸을 말리고 비행하는 솔개 한 마리를 쳐다보며 연락이 오기를 기다렸다.

기다리기가 무료하여 메뚜기를 많이 잡아서 강아지풀 줄기에 기다랗게 끼우고 큰 방아깨비 놈도 여러 마리 보태어 슬슬 가보니 모두들 둘러앉아 오빠가 오기를 기다리고 있었다.

"메뚜기 구워 먹자."

잡은 메뚜기를 들어 보이며 환하게 웃었다. 와- 하면서 함성을 내면서 좋아라 한다. 모두들 일어나서 굵은 돌을 양옆으로 기둥 세우고 넓적한 돌판을 구해 와서 가로로 올려놓고 여기저기 흩어져 있는 나뭇가지를 모아서 불을 지폈다.

돌판이 뜨겁게 달자 메뚜기를 올려놓고 굽기 시작했다. 싸리나무 젓가락을 하나씩 만들어 쥐고서 둘려 앉아 잘 익은 놈부터 골라 먹기 시작했다.

이리저리 돌려서 구우니 바싹바싹하게 타지 않고 구수한 냄새가 창자를 꿈틀거리게 만든다. 배불리 먹지는 못했지만, 요기꺼리는 되었다. 모두들 숯검정으로 얼굴에 분칠하고 연지곤지 찍어 입술마저 시커멓게 칠해져서 오물거리는 모습이 즐거워서 웃을 땐 하얀 이빨만 도드라지게 드러났다.

수줍음을 잘 타던 처녀들이 허기진 배를 채우려고 하니 껌정 숯덩이가 되어도 아랑곳하지 않는다. 손거울조차 흔하지 않던 시절이라 자신의 모습은 모르고 남 탓만 하며 놀리니 서로서로 손가락질이다.

동생들도 숯검정을 찍어서 오빠의 얼굴에다 찍고 만지며 장난쳤다. 모두 하얀 이빨만 보고 보이면서 웃으며 이리저리 술래잡기하면서 신나게 놀았다. 해가 많이 기우는 줄도 모르고 놀다가 서둘러 자리를 떴다.

한 사람이 선창하면 모두 따라 부르고 또 이어서 선창하면 함께 합창하며 걸었다. 목소리가 맑고 듣기 좋았다.

끊임없이 이어가고 유행했던 노래와 가수들을 다 끄집어내고 많이도 알고 인기 있는 노래는 재창 삼창 자꾸 불어댄다. 아직 갈 길은 먼데 해는 뉘엿뉘엿 곰실거리며 산꼭대기 나뭇가지에 걸려 있었다.

조그마한 산새 무리가 머리 위로 어지럽히더니 어디론가 후드득 바쁘게 날아가고 모두들의 마음도 바빠졌다. 서로서로 재촉하며 아무런 말도 없이 앞만 보고 걸어갔다.

어둑어둑해지니 산천은 더욱더 고요해지고 괴기스럽게 느껴졌다. 걷는 발자국에 차이는 돌멩이 소리가 귓가에 신경을 자극하며 들려왔다.

주위는 이내 캄캄해졌고 저녁 바람 소리만 쏴-악- 하는 빗소리를 내며 나무숲을 흔들어댔다.

무서움이 조금씩 가슴 속에 자리잡기 시작하더니 서로서로 손을 움켜잡고 간격을 좁혀가며 앞만 주시하고 걸었다. 그나마 달빛이 달무리가 희미하게 내리비쳐 밤길의 길머리를 어슴푸레하게 잘 보이지 않는 풀밭 길을 인도하고 있었다.

부러진 나뭇가지가 쓸만하여 손으로 대충 다듬어서 어깨에 걸어 메고 앞장서면서 걸음을 재촉했다.

얼마 전 외갓집 갈 때의 밤길이 생각났다. 혼자서 무서움에 얼마나 혼이 났던가!

끔찍스러운 두려움에 머리털이 곤두섰기를 수없이 경험했기에 지금도 온몸이 오싹해진다. 그나마 지금은 여럿이 함께 걷고 있으니, 서로가 위안이 될 것이다. 모퉁이를 돌아 풀밭 길을 벗어나 시냇물 가의 돌자갈 길을 조심해서 걷는데 먼발치 산밑 수풀 속에서 붉은빛이 줄줄 흐르는 것 같기도 하고 번쩍번쩍 두 개의 불빛이 어둠 속에서 박혀 쳐다보는 것 같았다.

숨겨졌던 무서움이 무의식 속에 표출되면서 서로 와락 끌어안고 덜덜 떨었다. 이미 오금이 저려 주저앉아 '도깨비불인가' 하며 이상한 헛소리가 절로 나온다.

"아마도, 고라니나 노루일 거야."

순녀가 겁먹지 말라고 한다. 살쾡이일 수도 있고 너구리, 오소리의 두 눈알일 수도 있었다. 또 누군가 호랑이일 수도 있다고 겁먹은 목소리로 속삭인다.

"얘들아, 산짐승 불이 맞는데 호랑이도 도깨비도 아니다. 이젠 호랑이는 없다. 더구나 도깨비도 그렇고…."

애써, 동생들을 달래고 진정시키며 "작은 산짐승들의 눈 불이다. 해코지는 하지 않는다. 걱정 말그라" 하며 자리에서 일으켜 세웠다. 그래도 다리에 힘들이 빠져 걷는 것이 신통치 못하고 속도도 느렸다.

물가를 끼고 집 쪽으로 거슬러 올라가기를 한참인데, 도대체 동네 그림자는커녕 먼발치의 불빛조차 보이지 않는다.

"이게 정말 도깨비장난에 걸렸나? 우째, 이리 머노?" 하고는 풀숲 옆 바위에 걸터앉아 다시 한번 동생들과 정신을 추스르고 어디쯤 왔나 주변을 살폈다.

'거진 다 왔다'고 모두들 한목소리로 주고받는다. 피로도 쌓여 기운도 거의 다 빠졌다.

"좀 쉬었다 가자" 말하고 털썩 주저앉았다.

"무서우니까, 소리 내어 노래 부르자"며 억지로 노래를 시켰다. 선창하고 따라 부르는 노랫소리는 힘도 없고 신명도 나지 않았다. 그래도 서로 안도시키는 마음에 부르기 시작한 노래가 나중에는 아주 큰 소리로 불러 젖혔다. 악도 아니고 노래도 아닌 이상한 멜로디로 변해서 힘도 나고 무서움도 없어졌다. 기왕지사 퍼져 앉았으니 선뜩 일어설 기운이 나지 않아 한참을 쉬었다. 모두들 편하게 다리를 뻗치고 쉬고 있지만, 나만 걱정이 떠나지 않아 마음이 편하지 않았다.

"이제 그만 가자."

"오빠야, 조금 더 쉬자, 다리 아파 죽겠다, 힘도 없고 뭐…."

응석을 부려보지만 그럴 상황이 아닌 줄 알기에 꾸물꾸물 일어선다. 나조차 늘어질 입장이 아니지 않는가!

용기 있고 강한 척하며 기다랗게 이어진 화물 기차처럼 동생들을 일렬로 세우고 앞장서 걸어갔다.

몇 발짝 옮기니 툭 튀어나온 산기슭의 모퉁이가 나타났다. 끼고 돌아 걸어가는데 건너편 어둠 속에 불빛이 탁. 눈앞에 나타나는 것이 아닌가.

한 치 앞을 못 본다더니, 바로 앞에 두고서도 동네 멀다고 푸념과 투덜거렸으니 기가 차서 빈 웃음에 혀끝을 쳤다.

"와- 집이다."

모두들 소리치며 손들을 맞잡고 치며 난리법석이다. 긴긴 하루해가 다 넘겨서 저녁 늦게 마을에 도착했다. 이로써 마실 놀이는 덕천마을로 끝이 났으며 두 번 다시 정겨운 광경을 볼 수도, 없었고 하여지지도 않았다.

휘날리는 치마, 팔랑거리는 옷고름, 울긋불긋 줄지어 걸어가는 논둑길의 댕기머리, 벌 나비 춤추는 산야, 물소리 울림에 장단되어 박수 치며 부르는 노랫소리, 푸른 숲 바람 소리…. 티끌 하나 없이 맑고 높은 파란 고향하늘 그리고 논과 밭, 농부들, 언덕배기의 황소 울음소리….

군 입대를 앞둔 마지막 환송연이 되었다.

삼 년 뒤….

제대 후 고향에 돌아왔을 땐, 모두 짝을 찾아 제각기 멀리멀리 떠난 뒤였고 만나 보기는커녕 소식조차 전해지지 않는 세월의 무상함을 흘러가는 솜털 구름 속으로 젊은 날의 동화 같은 전설을 실어서 애틋하게 날려 보냈다.

이제는 두 번 다시 돌아갈 수 없는 추억으로 새겨져 세월과 함께 작은 그리움이 되어 가슴에 남는다.

머나먼 곳, 청송, 가을

장닭 한 마리가 솔갑 더미 위에 올라 목을 길게 뽑고는 목청 높이 소리 질렀다. 녀석은 노란 깃털이 겨우 자란 병아리를 거느리고 거름더미를 양발로 번갈아 파헤치는 암탉 무리를 향해 보란 듯이 자못 위용을 뽐냈다.

가끔 솔개가 하늘 높이 비행하는 위험천만한 경우가 있긴 하지만 그리 흔치 않다. '꼴에 수놈이라고, 흠흠….'

입영 날짜도 채 열흘이 안 남았다. 마음의 준비를 하고 기다리지만 무료했다. 엊그제 닭 한 마리 삶아 주어서 혼자 잘 먹었다. 몸보신하고 훈련 잘 받고 무사히 돌아오라며 할머니는 뒷다리 살점을 연신 두 손으로 뜯어 손자 입에다 넣어 주셨다.

가마솥에 국물이 남아 있을 것 같아 참새고기를 삶아 먹어봐야겠다고 생각했다.

밀양서 구워 먹어봤지만 삶아서 먹어도 닭고기 맛이 날 것 같았다. 고방으로 가서 싸리나무로 만든 키를 찾아 마당 한가운데 세우고 막대기를 살짝 받쳤다.

대청마루에 있는 뒤주를 뒤져 좁쌀과 쌀 몇 줌을 쥐고 나와 키 밑에다

뿌려두고 세월아 네월아 하고 기다렸다. 참새란 놈들이 날아와서 키 밑으로 들어가면 잽싸게 막대기에 묶어놓은 새끼줄을 잡아채면 날아가지 못하고 키 속에 갇히는 것이다.

몇 번 시도했는데 그때마다 실패했다. 참새란 놈도 생각보다 잽쌌다. 들어갈 듯 말 듯하면서 주변을 총총거린다. 내가 급한 건지 그놈들이 영리한 건지 턱을 괴고 씨름하고 있는데, "오빠, 언니가 왔어" 하는 소리에 고개를 들어보니 현주가 기지와 함께 이미 마당으로 들어서고 있었다.

'아, 기지가 왔구나….'

머나먼 산골 벽촌에 기지가 나타났다. 베이지색이 비치는 약간 흰색의 투피스를 입고서 함박미소를 지으며 내 앞에 서 있는 것이다. 정장을 입고 하이힐을 신고 있는 기지의 모습이 정녕 상상하지 못했던 아름다운 자태였다.

반가운 마음에 반색하며 조금 허둥거리다 우선 초당 방으로 안내했다. 몸을 조금은 외로 꼬고 다소곳하게 앉는다. 현주는 다시 온다 하고 둘이 마주 앉았다.

"먼 길인데 힘들었지요?"

"길이 엄청 험하네요" 하면서 깔끔하게 빗질이 되어있는 넓은 마당을 내다보고 말했다. 어른들은 모두 밖으로 나가고 어린 여동생들만 우르르 몰려와 호기심에 찬 눈망울을 때굴때굴 굴리며 방문 앞에 모여 있었다.

예쁜 언니가 웃으며 앉아 있으니 신기했던가 보다. 열 살도 안 되는 여동생들이지만, 아마도 '아… 우리 새언니인가 보다' 하는 생각을 하는 것 같은 시선으로 자꾸자꾸 쳐다보면서 가지 않고 문턱에서 맴돈다.

기지와 함께 웃으며 바라보며 조용히 어른들이 돌아오길 기다렸다. 흰둥이, 검둥이 마당개 두 마리가 꼬리를 흔들며 대문으로 가는가 싶은데 할머니와 작은어머님 이하 식구들이 돌아오셨다. 할아버지는 늦으실 것 같아 할머니와 어른들에게 인사를 드렸다. 할머니는 손을 잡고 반기시며 이뻐하셨다.

작은어머니도 방문 앞을 오가며 덕담 가득 찬 반가운 말씀을 하시며 이모조모 살피시는 것이다.

아마도 큰 조카를 찾아 먼 곳에서 처녀가 홀로 왔으니, 예삿일이 아니고 장차 큰집 질부가 될 터, 이는 불문가지이고 명명백백한 일임에 의심의 여지가 없는 것으로 여겼으리라.

옛날 새색시 시집오면 하루 종일 꼼짝하지 않고 조용히 앉아 있듯이 기지도 그런 모습과 자태로 흐트러짐 없이 앉아 있었다.

그사이 이웃에 사시는 막내 숙모님도 다녀가셨고 역시 덕담 섞인 인사말로 환영하셨다. 너무 오랫동안 앉은자세가 힘들 것 같아 어둡기 전에 현주에게 연락하여 기지와 같이 집으로 가고 낼 다시 오라고 했다.

나와 함께 같이 지내기엔 여러모로 불편하고 기지도 힘들어할 것이 뻔하기에 현주에게 부탁하고 현주집에서 머물도록 했다.

밀양에서 청송까지 거리는 요즈음은 반나절도 안 되는 서너 시간 정도면 족하지만, 당시에는 대구를 거쳐서 시외버스 갈아타고 여러 시간 한나절이 족히 걸리는 그야말로 하루 종일 차를 타야 하는 먼 곳이었다.

교통편이 정말 열악한 시골 도로는 맨땅에 돌자갈이 그득 깔린 신작로 길을 개울을 건너고 높은 재를 굽이굽이 몇 개나 넘어야 도착하는 산골이었다. 이런 곳에 처녀가 총각을 찾아 홀로 왔으니, 마을의 화젯거리였다. 그러나 기지야말로 밀양에서 한 고장의 집성촌 중농의 알찬 가문의 둘째 딸로 고등교육을 받고 졸업한 재녀로 시집갈 준비를 하는 조신한 처녀다. 그러한 처녀가 혼자 몸으로 불원천리 총각 만나러 왔으니, 기지야말로 당찬 여인이고 당시로서는 시대를 초월하는 여성인 것이다.

그러니 딸 부잣집에 엄한 부모님의 허락은커녕 몰래 여러 날을 바깥출입을 했으니, 훗날이 가히 짐작이 가고도 남음이렸다!

현주는 이튿날 아침 일찍 기지를 우리 집으로 데려다주고는 바삐 돌아갔다. 오늘은 할머니와 작은어머니가 밭으로 가시지 않고 기지와 함께 집안에서 지내셨다. 손님이기도 했지만, 손자의 친구를 옆에 두시고 싶으셨던 것이다. 작은어머니가 많이 신경을 써주셨다.

손님맞이 떡을 하여서 상을 차려 주시면서 "먹어봐요, 기지 떡이에요" 했다. 떡을 주면서 기지 보고 기지 떡이라고 하니 본인은 영문을 몰라 하며 어리둥절하며 떡을 받았다. 작은어머니는 기지의 이름을 모른다. 헌데, 기지 떡이라고 이름을 부르니 기지가 나를 쳐다보고 웃었다.

쌀가루나 밀가루를 반죽해서 막걸리로 발효하여 찐 떡인데 타지방에서는 술떡 또는 술빵이라고 했다. 내 고향에서는 기지 떡이라고 한다. 왜 기지 떡인지는 모르겠다. 간식으로 가끔 삼배 보자기를 깔고 무쇠솥에 쪄서 먹으면서 기지 떡이라고 불렸다.

작은어머니는 단지 떡을 쪄서 손님 대접으로 떡 이름을 말씀하셨고 받아 든 기지는 자신의 이름으로 떡을 해주신다고 생각하여 기뻐했다. 작은어머니의 호의를 감사하게 받고서 맛있게 먹으며 초당 방에서 지냈다.

저녁 무렵 어둑어둑해질 무렵에 현주가 와서 기지를 데리고 갔다. 여동생들이 많이 어려서 손님 상대가 되질 않으니 현주에게 부탁하고 믿었다.

기지가 현주와 함께 있는 것이 푸근한 마음에 안심이 되었다.

저녁을 먹고서 슬슬 시냇가로 씻으러 나갔다. 더위가 조금 꺾어지긴 했지만 그래도 후덥지근하다 달빛도 없는 어둠 속에 훌러덩 벗고 흐르는 시냇물에 몸을 담그고 시원함을 즐겼다. 시냇물이 넓게 펼쳐져서 수량이 풍부하게 흐르고 있었다.

엊그저께 폭우가 쏟아져 산골짝 계곡물이 모두 합쳐서 큰 시냇물을 이루었다. 어둠 속에 물소리가 앞산에 부딪쳐서 울림이 크다. 깊은 물길에는 커다란 웅덩이가 파여 검푸른 물결이 머물며 맴돌아 흐르고 넓게 펼쳐진 얕은 물길 위로 흐르는 은빛 물살이 수많은 물고기의 비늘처럼 파닥이는 장관이, 어둠의 빛 속에서 반짝반짝 튕기듯이 빛내면서, 시냇물 물길을 거슬리며 눈앞에서 흐르고 있었다.

'밤 풍경 속의 시냇가 모습이 환상적이고 운치가 있구나.'

벌거숭이 몸뚱이로 중얼거리며 웅덩이를 찾아 헤매는데 조금 아래서 장난치는 여자들의 목소리가 들렸다. 동네 처녀들이 밤 목욕을 나왔나보다 생각하는데 몇몇 들던 목소리가 들려오고 현주와 처녀들의 목소리도 들렸다. 보이지는 않고 목소리만 듣고, "현주야, 니들 목욕 나왔나?" 반갑게 소리쳤다.

"아이고, 뭐-꼬? 오빠야가?"

화들짝 놀랜다. 조용해진다.

"응, 내다, 오빠다."

아무렇지 않게 크게 대답했다.

"에고… 오, 오빠야! 저쪽 위로 좀 올라가그라."

"아재가 돌아삐릿나 보다. 호호…."

시끌버끌, 왁자지껄, 온통 호들갑이다.

"안 비이는데 뭐 어떻노? 호호…."

좀 짓궂게 놀리며 웃었다.

"안 비이도 싫다 아이가! 후딱, 올려가라. 어른들한테 일러줄끼다, 마!"

재촉이 보통이 넘어 숫제 아우성이다.

"내사 마 아무렇지도 않구만… 뭐, 신경 끄고 씻어라."

어두워서 옮겨 가기가 수월찮고 불편하여 그냥 버티고 웅덩이 속에 들어가는데 "여기, 새로 온 언니가 올라가라칸다. 퍼뜩, 가라 오빠야, 호호."

한 방에 정곡을 찌르며 일침을 놓는다.

'이크! 기지도 와 있나 보다.'

갑자기, 머쓱해졌다. 마치 앞에 서 있을 거 같은 느낌에 벗은 알몸이 괜히 보이는 것 같아서 뜨끔, 놀라워 당황스러움에 후다닥 깊은 웅덩이 물속으로 몸을 감추었다.

이내, "오빠야, 아직 거기 있나? …… 있나, 없나? 호호호… 우리 재미없다 아이가 호호… 개구쟁이다, 참말로 호호…."

"……."

목만 삐죽이 내밀고, "아이고, 알았다, 간다 가꾸마."

큰소리로 대꾸하고 살그머니 일어섰다.

'에이… 가스나들이 괜스리 유별나기는 원!'

중얼거리고 무릎걸음으로 멀리 자리를 옮겼다.

구름 속에 가려졌던 하얀 달님이 훤히 내려 비추며 나타났다. 휘황한 달빛이 시냇가 선녀들을 감싸안고 구름 배 타고서 빙긋이 흘러갔다.

초당 방에 불빛이 대낮같이 밝게 비친다. 초저녁 일찍이 할아버지께서 호야를 깨끗하게 닦아서 호야 불을 초당 방에 밝혀 놓으셨다.

손자 찾아 먼 곳에서 손님이 왔으니 잘 지내라고 석유를 잔뜩 넣고 미리 불을 밝혀 놓으신 것이다. 할아버지의 깊은 정을 어찌 잊으랴!

현주가 기지를 데려다주고는 돌아가고 기지와 둘이서 초당 방 불빛 아래 마주 앉았다.

황금색 빛깔 아래의 기지는 아름다웠다. 황토방 벽면이 진한 황금을 발라 놓은 듯 불빛이 황홀하게 두 사람을 물들여 주었다. 불빛 아래의 기지는 가히, 요염스러움의 극치였다. 맑게 흐르는 시냇물에 밤놀이 먹을 감은 머릿결이 부드럽게 곱게 빗겨져서 윤기가 흘렀다.

달빛 싣고 찾아드는 바람결에 은은하게 풍기는 여인의 향기가 주위를 아늑하게 드리우는데 잔잔하게 마주 보는 두 얼굴이 약간은 쑥스러워서 자꾸만 엇비슷이 비껴가면서 미소만 보낸다. 긴 시간, 말없이 보냈다.

깔끔하게 씌워진 호야 속의 심지에서 가느다란 검정 줄기 한 올이 꼬불거리며 그림자 예술을 벽 쪽으로 하고 있었다. 생각과 감정이 너무 깊어서 침묵으로 하고 싶은 말들을 조용히 미소로 전해 주고 있었다.

이 밤이 이대로 말없이 새어버린다. 해도 주고받는 마음은 짧기만 할 것 같았다.

팔월 타오름 달이 귀뚜라미 소리에 마당 가득 채우며 달빛은 시리도록 푸르다. 서서히 불빛을 줄이다가 이내 꺼버렸다. 달빛이 문지방을 넘어 방 안으로 냉큼 들어왔다. 어두움이 뒷문으로 달아나고 옥색 입은 달님이 찾아왔다.

팔월은 달빛도 타오름이듯 밝게 타고 있었다. 말이 없어도 즐겁고 마주 보며 함께만 앉아 있어도 정감이 느껴졌다. 말 없는 시간은 밤 깊이 이어지고 있지만, 정작 할 말은 많이도 하고 있었다. 그건 저 달님이 알고 있는지, 환하게 내려다보며 비춰주고 있지 않은가!

하고 싶은 말도 간직하고 있는 마음도 오늘 밤 저 달님에게도 전해 졌으리라. 잔별도 숨어버린 휑한 창공의 밤하늘에 도도히 빛나는 둥근달을 바라보며 밤을 새워가며 지켜보고 있었다.

한 마음으로….

# 과수원

　흐르는 시냇물 가를 끼고 길게 뻗어 있는 신작로 길에 우마차 한 대가 느릿느릿 앞서가며 딸랑거리는 워낭소리가 정겹다.
　돌자갈이 쇠바퀴에 튕겨 나가 빈 수레는 중심 없이 덜컹대며 비틀거린다. 고삐를 야무지게 훔쳐 쥐고 한 손에 채찍을 휘두르며 곰방대마저 입에 문 마부는 몸이 들썩대고 이리저리 흔들거리며 전신을 아예 수레에 내던지고 포리한(푸르스름한) 담배 연기를 콧김으로 내뿜으며 정신없이 어딘지를 가고 있었다.
　아침부터 가로수 나뭇등걸에 매미 소리가 극성스럽게 귀청 따갑게 울더니 인기척에 대뜸 조용해졌다. 지난밤 초당 방에서 꼬박 새우다시피 지내다가 새벽녘에 현주에게 돌아간 기지는 피곤한 기색이 전혀 보이지 않고 잘 걸어가고 있다.
　현주네 집에 고맙다는 인사를 드리고 떠날 채비를 하며 버스 정류장에 나왔지만, 오랫동안 기다려도 버스가 오질 않아 현주와 셋이서 가는 데까지 걸어가기로 했다.
　시골의 교통은 대충 이런 식이다. 기다리느니 걷고 걷다 보면 차가 온다. 이미 한낮이다. 말복을 지난 태양은 아직도 뜨겁게 작열하며 대지를 태운다. 신작로길 옆 시냇가에 포플러 숲 그늘에서 쉬었다. 동글 납작한 돌을 찾아 기지와 현주에게 받쳐주고 길게 다리 펴고 앉아 있으니 멀리서 뽀얀 흙먼지를 덮어쓰고 달려오는 버스가 보였다.

기지와 현주가 서로 헤어지는 정이 아쉬워 손을 잡고 석별의 인사를 하고 버스에 올랐다.

'현주야, 고맙다. 또 보자.'

나는 속으로 몇 번이고 속으로 말하고 손 흔들며 돌아섰다.

또 보기로 한 말은 이것으로 영영 이별이 되었고 더 이상 동생들과는 끝내 만나 지지가 않았다.

이십 대의 소꿉놀이 같은 순박했던 모습은 추억으로 평생 남겨졌다. 산굽이를 돌아가는 버스를 향해 바라보며 서 있는 현주의 모습이 사라졌어도 바람결에 휘날리는 치맛자락이 잔영이 되어 떠나지 않았다.

차편이 역시나 원활하게 연결이 되지 않아 오후 늦게 부모님이 계시는 과수원으로 기지와 함께 도착했다. 사과가 나무마다 주렁주렁 달려 붉은 색이 돌면서 익어 가고 있었다.

약 7, 8천 평 정도로 1만 평이 채 안 되는 과수원이 길안 동네에서도 제일 크고 넓게 자리 잡고 있다.

안동군 길안면의 소재지 중심부에서 약간 외곽으로 비켜 나와 길안천이 흐르는 제방 둑 안쪽에 많은 과수농가가 형성되어 있는 밀집된 곳 중의 한쪽에 위치한 과수원이었다. 철조망이 둘러쳐진 과수원 옆길을 좀 길게 걸어 들어갔다.

사과밭으로 나가셨는지 부모님은 보이지 않고 커다란 거위의 암놈과 수놈이 집을 지키고 있었다. 수놈이 기다란 모가지를 쭈~욱 빼고 날개를 퍼덕거리며 쪼을 듯이 꽥꽥거리며 달려들었다. 그 위용이 가히, 공포스럽다. 도망가니 대뜸 쫓아온다. 급하게 댓돌 위로 올라가서 피했다.

"허 참! 이건 개보다 더 무섭잖아!"

옆에 붙어서 있는 기지를 보며 웃었다.

"정말, 놀랍네요, 거위가 저런 줄은…."

처음 본다고 하면서 댓돌 위에 신을 나란히 벗어놓고 마루 위로 들어가 조용하게 앉았다. 입구자 형의 정사각형 집인데 양옆으로 안방과 사랑방이고 중간에 마루를 깔아 놓았다.

과수원 한가운데에 지어진 집에 마루방 앞뒤로 문을 활짝 열어 놓아 통풍이 잘되어 시원하다. 마당이 양면으로 널찍하게 깔리고 빙 둘러 과수원 밭이다.

거위는 제 할 일을 다 했는지 여유 있게 똥까지 싸지르며 긴 목을 흔들거리며 돌아다니고 강아지 한 마리 한쪽 귀퉁이에서 뒹굴고 있었다.

몇 조각의 흰 구름이 엷게 깔린 저녁 하늘을 노을빛이 묽게 물들이며 아쉬운 하루를 윙크할 즈음 아버지와 어머니가 머릿수건을 벗으시면서 들어섰다. 살포시 일어서서 인사를 드리는 기지를 뜻밖의 방문에 반색하며 맞이했다.

"길이 하도 멀제? 오느라 욕봤다."

엄마는 반가워하며 웃으시고 잘왔다고 아버지도 좋아하셨다. 달도 늦게 뜨는 어두운 밤하늘에 쏟아 놓은 별들이 우수수 떨어질 듯 보여 두 손에 가득 받아서 기지에게 전하고 싶은 과수원의 초저녁이었다.

쪽마루에 나란히 걸터앉아 노래를 부르며 놀았다. 흥얼흥얼 부르는 노래는 점점 더 감상에 젖어 자꾸만 이어져 갔고 마루에 누워있는 엄마와 기지는 함께 듣고 있었다.

"사랑을 하려거든 불같이 뜨겁게 하고, 이별을 하려거든 미련도 후회도 버려라…."

'사나이 블루스'를 구성지게 부르자 엄마는 잘 부른다고 하며 혼잣말로 칭찬을 쏟아냈다.

"우리 큰아들은 노래를 아주 잘 부른데이…."

기지더러 들으라는 듯이 말씀하셨다. 아버지는 마을에 나가셨고 엄마만 우리들 곁에 누워서 기지와 도란도란 얘기하며 노는 모습을 지켜보고 있었다. 군 입대를 앞두고 아들이 혼기 찬 처녀를 데리고 왔으니 무슨 생각을 하실지는 모르지만, 그냥 무심히 곁에서 자는 듯 마는 듯 지켜 보고만 있지는 않았을 것이다.

과수원 서리를 지키는 호각 소리가 길게 밤공기를 가르고 있었다. 길안천은 넓고 크다. 홍수라도 지면 수량은 엄청나며 폭포처럼 상류에서 굉음이 천지를 울리며 마을을 잡아먹듯이 달려 내려온다.

청송 골짜기에서 지류가 모여 이곳의 길안천으로 해서 안동까지 흐르고 낙동강으로 이어진다. 물살이 세니 군데군데 파이고 할퀴어져서 크고 작은 소(沼)들이 많다.

여름철 내내 멱도 감고 낚시에, 투망에, 천렵하며 군데군데 한 시절을 즐긴다. 삼복을 갓 벗어난 더위는 여전히 밤공기가 후덥지근하다. 부채를 손에 쥔 엄마는 마루에서 코를 골며 주무신다. 안방으로 기지를 안내해 주고 사랑방으로 갔다.

바람 한 점 없는 여름밤을 설치고 새벽녘 일찍 일어났다. 엄마는 부엌에서 조반 준비를 하고 아버지는 사과나무 사이로 일하는 모습이 보였다. 마루 건너 안방으로 가보니 기지가 보이질 않는다.

'어딜 갔나?' 하며 마당으로, 사과밭으로 찾아봐도 보이지 않고 어제

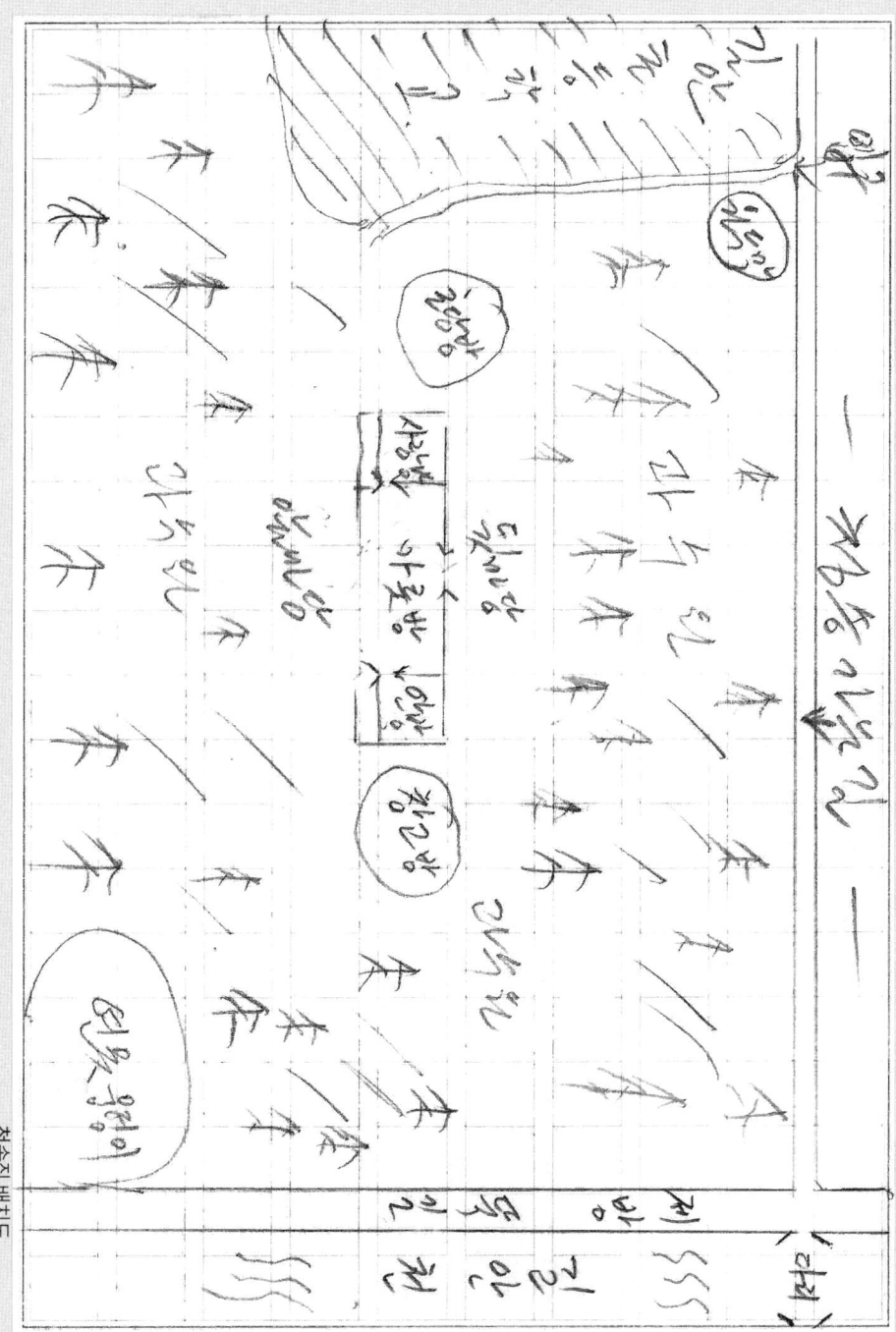

청송집 배치도

달려들던 거위 두 마리가 대가리를 땅바닥으로 내리깔고 또 덤벼들었다.

'이놈들이 아직도 내가 누군지 모르는갑다.'

뒷걸음 하면서 댓돌 위로 올라가서 신발을 챙겨 신고 제방 둑 위로 올라갔다. 과수원은 강둑 바로 옆으로 길게 끼고 넓게 자리잡고 있으며 한 가운데 거처하는 집이 있으며 과수원 안, 둑 밑으로 조그마한 연못이 있는데 수초가 우거지고 물풀이 크게 자라고, 버드나무도 한그루 있어 가지가 제법 길게 물속에 처박혀 있으며, 장구애비, 소금쟁이 물방개 등 수중 곤충들이 여름 땡볕에 서식하고 있다.

암놈을 매달고 날개를 떨며 풀잎에 앉아 있는 물잠자리도 한껏 짝짓기에 열중하여 손을 뻗쳐도 달아날 생각조차 없는 무료함이 느껴지는 물웅덩이가 있어 집 지킴이 거위란 놈도 뒤뚱거리며 이곳에 와서 목욕도 하고 헤엄도 치며 깃털을 다듬으며 놀기도 한다. 한쪽 귀퉁이 둑 밑에 파여 있어 바람 한 점 느껴지지 않는 더운 곳이었다.

아마 시원한 곳이었으면 원두막을 지어 놓았을 것이다. 원두막은 입구 쪽 바람이 잘 통하는 큰길가에 있었다. 십여 미터 높이의 강둑에 올라 보니 뚝 떨어져 앞산이 보이고 깎아지른 절벽 밑으로 느리게 시냇물이 웅덩이에 머물다 조금씩 밀어내고 있었다.

물 아지랑이가 운무처럼 엷게 깔려 퍼지는 여명의 새벽안개 속에 희미하게 기지가 보였다.

물이 얕게 흐르는 물가 가생이(가장자리)에서 치맛자락을 말아서 걷어 올리고 아침 세수를 하고 있었다. 산천을 배경 삼아 일렁거리며 몰려오는 물결 속에 서 있는 한 여인의 모습이 가슴이 서늘해지는 한 폭의 미인도를 보는 것 같았다.

자석에 끌려가는 쇳덩어리처럼 화폭 속의 여인을 찾아 돌자갈에 비틀거리며 미끄러지면서 기지 옆으로 가서 씻었다.

"늦게 잤는데 피곤하지 않았어요?" 물기를 털면서 얼굴에 튕겼다.

"경치가 참 좋아요. 물도 맑고, 공기 좋고 시야가 넓어 가슴이 탁 트여요."

대답 대신 마음으로 응수하는 기지의 속눈썹이 운무 속에 촉촉하게 젖어 있는 듯했다. 화장기 없는 모습이 오히려 풋풋한 매력으로 바람결에 풍겨왔다. 뚝방길(둑길)에 올라 나란히 걸어갔다. 먼 산과 흐르는 물줄기를 보면서 말없이 아침 산책을 하였다. 아침 햇살을 비스듬히 받으며 뚝방길을 걸어가는 아들의 모습을 사과나무 열매 사이로 부모님이 보셨다.

"쟤들 어때요, 생각해 보셨어요?"

엄마가 나뭇잎 사이로 아버지께 말했다.

"처녀가 조신하고 듬새가 알찬 양반 가문의 규수인가 봐요."

듣기만 한 아버지한테 재차 의중을 건넸다.

"곧 군에 가야 할낀데… 동갑내기 처녀이고 보니… 그기 마, 그렇구만은…."

선뜻 결정할 수 없는 사려 깊은 말씀에 엄마도 가만히 있었다.

"천천히 생각해 봅시다. 처녀 쪽 입장도 있을 테고…."

자식 군대 보내는 입장에서 먼저 혼담을 논하기는 경우가 아닌 것이기 때문이었다. 여기까지 찾아왔으니, 예삿일은 아닌 것 같지만 두고 볼 수밖에 없지 않으냐며 두 분은 말씀을 나누었다고 먼 후일에 엄마가 전해 주었다.

오늘 밤도 별빛을 보며 쪽마루에 걸터앉아 노래를 부르며 놀았다. 엄마도 여전히 마루에 누워서 둘의 노는 모습을 보시며 함께하신다.

늦게 뜬 달님이 장단 맞추며 이뻐해 주는 것 같다. 내가 즐거우니 달님도 즐겁다. 둘이 사랑하니 축복해 준다. 달님은 언제나 내 편이다. 달님은 언제나 곁에 있고 따라다닌다. 기지를 사랑하니 달님도 아낌없이 사랑을 준다. 예쁜 달님은 언제나 내 편이다. 언제나 내 마음이다….

"……."

엄마의 코 고는 소리가 장단이 되어 마루방 천장에 울림으로 퍼져 나직하게 마루 위로 내려앉는다.

이 밤이 이대로 샌다 해도 기지는 왔던 먼 길을 다시 돌아간다. 아쉬움은 밤새도록 남지만 새벽닭 울음에 잠자리로 갔다. 자리에 누웠지만 마음은 이미 멀리 달아나 정신만 또렷해져 온다.

어둠 속에 마음이 심란하다 날이 새면 기지와 헤어지는구나 지난 닷새 동안 기지는 나의 모든 것을 알고 보고 또 어떤 느낌을 가지고 돌아갈까?

생면부지 낯설고 먼 산골짝의 시골에 보고 싶은 사람을 찾아 홀연히 어떤 마음이 있었길래 이렇듯 왔더란 말인가! 나는 또 어떤 느낌을 기지에게 남겨 주었나!

온갖 상념으로 이리 뒤척 저리 뒤척이며 잠 못 이루고 적막강산 심연 속으로 자신을 몰아갔다. 엄마가 깊이 잠드셨는지 조용하다. 나는 살그머니 일어나 마루로 나와 엄마를 잠깐 내려다보다가 안방 문을 소리 없이 열고 들어갔다.

미동도 없이 누워있는 기지가 희미하게 저만치 보였다. 내가 들어오는 기척을 아는지 모르는지 꼼짝하지 않는다. 가슴이 뛴다. 마른침을 조용히 삼키며 어떻게 해야 할지를 도통 생각이 떠오르지 않고 귀에서 멍한 소리만 점점 크게 울리며 그림자처럼 서 있었다.

상황 판단이 안 되는 경우가 바로 이런 거구나 하고는 그냥 주저앉았다. 잠깐, 심호흡을 두어 번 하고는 살그머니 더듬어 가며 기지의 손가락 하나를 찾아서 만졌다. 거미줄 같은 미세한 파동이 손끝에 전해졌다. 이어서 두 개를 만지고 세 개, 네 개 그러다가 손을 쥐었다.

부드러움과 따뜻한 온기가 어두움에 감춰져서 전해 왔다. 고르게 쉬는 숨소리가 가늘게 들려오는 밤공기 아래 기지는 깊이 자고 있고 잡은 손을 살포시 가슴에 얹었다. 추운 눈밭에서 서로 떨다가 기지의 방으로 숨어들어 따뜻한 아랫목에 둘이서 몸을 녹였던 그 겨울밤이 생각났다.

부끄러움도 쑥스러운 마음도 없이 이불속에 발을 부비고 손을 잡고 녹였던 그 날밤엔 지금처럼 이렇게 긴장되진 않았다. 가슴에 얹은 손이 방앗간 발동기 소리만큼 고동이 커져서 자는 잠을 깨워 버렸다.

잡힌 손을 그냥 두고 기지는 가만히 누워 있었다. 손을 잡고 옆에 나란히 누워 팔을 건너서 반대편 한쪽 손을 잡고 기지와 마주 보게 누웠다. 조금씩 맞닿은 신체의 접촉이 거부하지 못할 유혹의 여름밤이었다.

말없이 솟구치는 감정을 격하게 표출하면서 사랑을 갈구하기 시작했다. 젊음이 충만한 청춘들이다. 물과 불을 구분하지 못하는 판단력이 망각 될 수밖에 없는 한창의 젊음이다.

짧은 옷, 얇은 여름 잠옷에 밀착되는 사랑의 느낌은 점차 이성이 소멸해 가고 더운 열기만 가득 채워지고 있었다.

맞잡은 손길은 조금씩 더 큰 욕망을 찾아 조심스럽게 움직였다. 손놀림이 급하게 막힘없는 행동에 겉옷이 벗겨지는 순간 가슴 쥐며 옷매무새 챙기고 막아서는 기지의 모습이 아직은 용납하지 못할 마지막 지킴이었다. 순간을 참지 못하는 남자와 순간을 슬기롭게 참아야 하는 여자. 두 사람의 실랑이가 오래도록 이어지는 욕망과 다독임이 연속되는 끝없는 사랑의 다툼이었다.

'내가 너무 이기적인가? 기지에게 무엇을 더 얻기를 바라며 확인하려하는가? 기지는 지금 여기에 있고, 흰색의 베이지색 옷을 곱게 차려입고 먼 길을 망설임 없이 찾아왔지 않았는가! 고향에 들러 어른들을 뵙고 친척들께 인사하고 부모님 만나려 여기까지 함께 왔지 않았는가! 이미 백색 순결을 보여주었거늘 꼭 이런 모습을 기지에게 보여야만 했나?'

열정에 함몰되었던 순간을 벗어나 이성으로 돌아왔다. 창피하고 부끄러웠다. 기지가 마지막 보루처럼 지켜야 했던 처녀의 몸가짐을 훗날의 선물로 행복하게 받아도 늦지 않다. 후회하는 마음을 전하며 손을 꼬옥 쥐었다. 안타까운 마음을 전해 주는 기지는 어두움 속에 묻힌 채 조용히 기대어 왔다.

마음속의 말을 손잡고 가슴에 품었다. 욕망과 열정을 한여름 밤의 열기 속에 후일을 기약하며 말없이 흐르고 있었다. 순간의 아픔이 영원한 기쁨이 되길….

문밖이 하얗게 밝아오며 동이 트려고 한다. 영원히 각인되어진 그 여름밤이 인생의 한 가닥 줄기로 새겨진 잊지 못할 애틋한 사연이 되었다.

이별?

　비포장 2차선 도로를 버스는 우스꽝스러울 정도로 뒤뚱거리며 돌자갈 길에 튕겨서 비틀대며 아예 정신마저 내팽개친 망나니마냥 냅다 달린다. 꽁무니에 달라붙어 따라오는 흙먼지를 온몸으로 덧칠을 하고 덜커덩거리는 차바퀴에 용수철이 되어 댓 시간을 타고 가면서 즐거웠다.

　5일간의 청송 방문은 뜻깊고 의미 있는 여행이었다고 차창 바람에 시원하게 머리카락을 쓸어올리며 기지가 속삭였다. 돌아가면 부모님의 노여움과 꾸중에 머리 깎일 일만 남아있을 터인데 숫제 잊어 버린 건지 한껏 웃으며 함께 타고 가는 길이 마냥 즐겁다.

　"사과 사이소. 사과…."

　의성을 지나 군위 정류소에 잠시 주차된 차창 옆으로 다섯 개씩 엮은 줄사과 꾸러미를 잔뜩 들고 서로 사라고 아우성이다. 사과 장수 아주머니들의 경쟁을 재미있게 쳐다보다가 한 줄 사서 먹었다.

　아직 풋냄새가 나지만 단물이 쭉- 나오는 맛이 시원했다. 덥고 목이 말라서 타고 오면서 다 먹었다.

　처음 만나 쑥스러웠던 논고랑 물속의 달빛 데이트. 눈밭의 소나무 밑의 눈사람, 몰래 숨어 들었던 방문 밖의 대나무 숲의 탈출구 한밤중의 닭서리 등등… 그리고 닷새 동안의 혼기 찬 처녀의 사랑 찾아 삼만리… 세월은 길었지만 만남이 짧았던 사연을 줄줄이 엮어 가면서 추억을 나누고, 헤어지는 공허한 마음에 아쉬움만 남겨져 섭섭한 가슴을 안고 버스는 대구에 도착하였다.

시외버스 터미널엔 한적하고 조용했다. 중절모를 쓰고 딱딱한 나무 의자에 앉아 있는 수염 덥수룩한 나이 든 아저씨 한 분만 대합실에서 담배를 피우며 기다리고 있었다. 어린아이 손을 잡고 머리에 보따리를 이고 젖먹이를 업은 채 매표소에 서성이는 아주머니도 보였다.

우선 밀양행 버스표를 한 장 구입하고 개찰구를 나와 밀양행 버스 팻말이 앞유리창에 써 붙인 버스를 찾아 함께 탔다. 출발 시간이 아직 한 시간쯤 족히 남아있는 차 안은 손님이 한 명도 보이지 않았다. 중간쯤 좌석에 기지와 나란히 앉아서 기다리기로 했다.

"오징어 땅콩 사이소."

"사과요, 맛 좋은 대구 사과 사세요."

잡상인 여러 명이 눈앞에 권하다가 사라지고 또 다른 품목의 잡상인이 들락날락했지만, 관심 밖이었다. 아무런 말도 없이 그냥 앞만 쳐다보고 있었다. 무슨 말이든, 뭔가를 얘기해야만 하는데 머릿속이 텅 빈 것 같이 아무런 생각이 나지 않았다. 이대로 헤어진다고 하니 허전하고 서운했다. 급히 차에서 내려 매점과 주변을 살폈다.

길 건너편에 여행 기념품 파는 곳으로 갔다. 이것저것 생각하다가 예쁜 브로치를 하나 골랐다. 다섯 잎의 꽃잎이 둥글게 모여있고 그 위에 덧붙어서 네 개의 꽃잎이 엇비슷 보이고 끝에다 한 송이 꽃이 예쁘게 박혀 있었다. 얼른 가지고 차에 와서 기지의 윗옷 가슴께에 달아 주었다.

옅은 베이지빛이 비치는 흰색 투피스 가슴에 진노란 꽃봉오리가 도드라지게 피어났다.

'고운 가슴에 안기어 사랑과 믿음으로 자라서 후일에 활짝 핀 웃음으로 반겨다오.'

마음으로 말하고 눈빛으로 전했다. 그러나, 그것이 처음이자 마지막 선물이 될 줄은 꿈에도 생각하지 못하고, "진정한 사랑은 멀리서 서로 그리워하며 만남을 기다리는 거야."

말하고 어깨를 감싸안았다.

아~ 그날의 그 말이 이별의 씨가 되었는가! 꽃은 가슴에 영원히 묻혀 만개함을 보지 못하고, 오랜 세월의 흐름 속에 멀리서 그리워하는 비련의 연인들이 되어 추억의 강물이 되어 흘러갔다.

구비구비 쌓은 추억 그리움만 남겨두고….
잊지 못할 사연을 고향의 강바닥에 묻었다.
깊이 묻었다.

학훈단 (회환)

백제의 얼이 숨 쉬는 천년의 황야! 황산벌의 얕은 구릉지와 밭은 온통 황톳빛이 나는 땅이었다. 마지막 사직이 끊어지는 나라의 운명을 오천 병사와 함께 한 서린 계백의 눈물이 붉게 물들어 산야를 적신 황토 땅, 영하 15도의 겨울 날씨에도 어김없이 훈련은 계속되었다.

국토방위의 신성한 의무는 훈련병에겐 극한 극서의 예외는 없었다. 입대한 지 벌써 6개월이 지났다. 입대 동기들은 모두 신병 교육이 끝나고 제 갈 길로 갔는데 나만 홀로 차출되어 강도 높은 훈련에 긴 시간을 이수해야 하는 이곳 황산벌로 왔다.

'동이 트는 새벽길에 고향을 보며 외투 입고 투구 쓰면 맘이 새로워—'
매일 아침 기상과 함께 확성기의 군가가 우렁차다.

빈틈없이 짜인 훈련 일정에 하루가 가고 정신없이 하루가 온다. 팔월의 더위와 동지섣달의 추위를 견디며 남자의 패기에 자신감을 키우며 간간이 기지 생각도 창공에 걸려있는 둥근 달을 보며 그리움을 전했다. 몇 차례 편지도 보냈지만, 훈련 기간이 긴 만큼 부대 이동도 잦았다. 답장을 받을 시간적 여유가 짧았다고 자위하며 잘 받아보긴 했을지 궁금 속에 연속되는 훈련병 생활을 이어나갔다.

더러는, 못 잊을 사랑 때문에 본분을 망각하는 돌출 행동을 감행하여 결국 신세를 망치는 훈련 동기들이 빈번히 속출하여 긴장 속에 단체 기합을 받기도 했지만 잘 견디어서 종내 하사 계급장을 받고 어깨에 견장도 붙였다.

충청권 중부의 후방으로 배치되어 우선 대전서 보충대에 열흘 정도 대기 했다. 하루하루 보내며 한 명씩 자대 복무지로 떠났지만 어쩐 일인지 나는 끝까지 혼자 보충대에서 남았다. 하긴 대전쯤에서 복무해도 괜찮을 거라고 생각을 굳히고 있을 즈음 야전 군용 지프차 한 대가 도착하더니 상사 한 분이 외쳤다.

"심인택 하사!"

즉각 부동자세를 취하며 관등성명과 함께 경례를 올려붙였다. 타라고 하는 손짓에 황급히 관물을 챙겨서 타고 달렸다. 고속도로를 빠져나와 어두운 밤길에 지방도로로 접어들었다. 주위를 살펴보니 가로수가 우거져 차량의 헤드라이트에 비친 나무 그늘이 긴 터널처럼 곧게 뻗어 끝없이 가로수 아치가 이어지는 아름다운 길이었다.

청주! 청주로 가고 있었다. 조치원에서 청주 사이의 지방도로는 플라타너스 가로수길로 유명하다. 편도 1차선 도로 양옆으로 수명이 오래된 플라타너스 숲길이 터널이 만들어져 환상적인 낭만의 가로수길이었다. 호기심과 신기한 기분은 뺨을 스치며 지나가는 바람결에 날리며 어느새 복무지에 도착했다.

충북대학교였다. 병영지가 없는 대학교 내의 ROTC 기간병으로 복무가 시작되었다. 교육 장교님의 교육 보조자료를 챙기고 군사 시범을 보여주는 일과였다. 일주일에 두 번이었고 그것도 오후 방과후 두 시간 정도였다.

　군의 간부를 양성하는 초급장교 ROTC 과정이었다. 병영생활이 없다 보니 군복무가 많이 편하고 수월했다. 이른바 집합, 점호, 사역이 없으면 최고의 복무지인 셈이다. 인원이래야 학훈단장님 이하 6, 7명이 전부였으니 가족 같은 분위기였고 상명하달이 느껴지지 않은 화기애애한 군 생활이었다. 시내에서 멀찍이 떨어진 주변이 논밭으로 둘러싸여 약간 구릉지 언덕에 듬성듬성 학관이 세워져 있었고 사이사이에 널찍하게 잔디밭과 학생들의 휴식 공간이 있어 조용하고 한적한 교정이었다.

　교문에서 양옆의 논을 끼고 길게 올라가면 본관 건물이 작은 숲속에 길게 세워져 있고 약간 언덕 아래에 배구코트가 세워진 널찍한 작은 운동장이 있어 오전 일찍 학생들 등교 전에 학훈단장님 이하 사병들 모두 함께 배구를 하며 몸을 풀고 일과를 시작했다.

　근무처는 본관 건물 한쪽에 조그마한 교실 한 곳에 위치하여 건물에 가정학과가 근무처 옆에 붙어있어서 매일같이 책을 옆에 끼고 머리띠 맨 지성의 여학생들이 쏟아져 나오는 모습을 지켜보는 오후의 시간도 크나큰 즐거움으로 자리매김하며 가슴속에 청춘을 불사르는 행복한 군복무였다.

　가끔은 제복에 호기심이 찬 동생 같은 여학생들이 기웃거리며 수줍게 말을 걸어 올 때면 얼굴이 붉어져 제대로 말도 못 전하고 뛰는 가슴을 숨기고 웃고만 있기를 몇 번 경험하기도 했다.

　생기발랄한 청춘들을 눈앞에 스치며 기지가 보고 싶어졌다. 이곳으로 온 것을 아직 알리지 못했다. 사월의 봄바람에 그리움을 실어 벌 나비 되어서 날려 보냈다. 산을 넘고 물을 건너 구름 타고 훨훨, 바람결에 내 마음을 솔솔 불어 보냈다.

종달새 서너 마리가 총총 뛰며 교정 풀밭에서 깡충거리다가 푸드덕 소리 내며 잽싸게 날아오른다.
　사월의 창공은 높고 푸르다. 봄볕 햇살에 데워진 훈풍이 풀잎을 간지럽히며 살랑살랑 찾아오는가 했더니 어느덧 봄빛으로 화장한 요정이 되어 청춘의 입술을 살포시 훔치고 저만큼 달아난다.
　일요일 오후의 학내 교정은 평화롭고 한가롭다. 모두 외출을 나가고 혼자 남아서 이곳저곳 넓은 교정을 구경 다녔다. 꽤나 넓고, 인적이 드물어 조용하다. 청주시 외곽에 뚝 떨어져 위치한 대학교는 다분히 목가적인 인상이 많이 풍겼다.
　도시개발이 이루기 한참 전이어서 공기도 맑고 경치도 좋았다. 잔디가 깔린 조그마한 휴식 공간이 비스듬히 구릉지를 배경으로 벤치가 있어 잠시 앉았다. 봄 나비가 풀꽃에 앉아 나풀거리며 날개깃의 뽐냄이 정겹다.
　아무 생각 없이 마음이 고요하다. 평온했다. 팔짱 끼고 멍- 한데….
　"아저씨, 안녕하세요?"
　"아! 예, 누구… 신지…?"
　아는 사람이라고는 결코 없는 충청도 땅이지 않은가! 얼결에 답례를 했다. 몇 권의 책이 가지런히 채워진 넓은 가방을 어깨에 가로질러 걸쳐 맨 긴 머리 여학생이 밝게 웃으며 서 있었다.
　"가정과 학생이에요. 아저씨, 많이 봤어요. 여긴 어쩐 일이세요?"
　"교정이 아름답고 풍경이 좋아 구경 다닙니다. 청주는 처음이거든요…."
　"어떠세요? 첫인상이….'
　"뭐랄까?… 잠자는 숲속의 공주? 누군가 깨워줘야 할 것 같은…"
　그랬다, 청주는! 충청도 깊은 곳에 조용하게 숨겨진 정글 속의 티 없이 맑은 호수 같은 학문의 도시였다.

"제복이 멋있어요. 아저씨는 더…."

"이쪽엔 어떻게? 학관하곤 먼데…."

"도서관에 왔어요. 뒷건물이…."

부미랑이라 했다. 적당한 키와 쭉 곧은 몸매에 보조개가 귀여운 똘망한 눈망울을 가진 예쁜 얼굴이었다.

"밝은 성격인가 봐… 몇 학년?"

"1학년! 새내기죠 뭐, 호호…."

"일요일인데, 친구들이랑… 공부를 열심히 하나 봐요. 도서관을 찾으니…."

"그건 아니에요. 그냥…."

입학한 지 엊그제라 캠퍼스 구경 다닌다고 했다. 함께 온 친구들은 먼저 가고 혼자 다닌다고 하며 활짝 웃었다. 생소한 성씨에 이름도 아름답다. 미랑! 부미랑! 누가 지어 줬는지… 여성스럽고 재미있다고 느끼며 일어섰다. 나란히 걸으니 뜻밖에 데이트가 된 셈이었다.

"아저씨는 어디서 오셨어요?"

"청송이라고… 아세요? 경북인데…."

"모르겠어요. 경상도 분은 처음이라서요"

"나도 그래요. 충청도는 처음이지요."

서로의 이질감과 호기심으로 대화를 나누며 즐겁고 유쾌하게 걸어갔다. 본관 학훈단 숙소까지 와서 헤어졌다.

"아저씨. 안녕."

손을 흔들고 돌아서며 다음엔 말씀 낮추라고 했다. 멋쩍게 웃으며, "난 아직 아저씨만큼 나이 많지 않은데…."

크게 말하고 손 흔들며 답례를 했다. 긴 머리카락이 좌우로 흔들리며 깡총 걸음으로 멀어지는 뒷모습을 한참 바라보며 돌아섰다. 잠시 행복한 시간을 가졌다가 학훈단 사무실에 오니 동헌이가 서울서 와 있었다.

"야, 우짠 일이고?"

"일요일이라 면회와 봤다. 근무지가 최상급이다. 편하겠구나."

반가움에 오고 가는 말들이 부산했다. 고속도로가 개통되어 서울서 청주까지 두 시간 정도의 거리로 좁혀졌다. 일일생활권이 도래한 셈이다. 대학교 교정도 구경시킬 겸 봄기운이 완연한 들판 길로 나왔다. 야트막한 구릉지에 올라서니 시야가 탁 트여 가슴이 시원해졌다.

"기지한테는 소식 자주 오나?"

사실 선뜻 대답을 하지 못했다. 군 입대를 앞두고 대구에서 헤어진 후 지금까지 아무런 소식이 없었기 때문이었다. 훈련 기간 내내 잦은 부대 이동도 있었지만, 이곳에 정착된 후 보낸 서신에 답신을 여태껏 받아보질 못한 것이었다.

"소식이 없네… 무슨 일인지…."

뜨악한 표정으로 걸음을 멈춘 동헌이가 의외라는 듯이 쳐다보고 있었다.

"필유곡절이라… 혼기 찬 처녀일진대…."

중얼거리듯 말하고 앞서 걸으며 친구의 시선을 슬그머니 외면 해 버렸다.

"참, 한범이 장가갔다. 청송 처녀에게…."

"홋홋, 청사초롱 밝히고 둘이 나란히 걸어가더니만… 참, 잘됐구먼…."

"마, 니는 우째 됐노?"

"그기 마, 그래 됐다. 할 말 없네…."

"에라이 짜슥아! 보물 놓쳤다."

마주 보며 싱겁게 너털웃음을 나누었다. 기지와 헤어질 때의 현주 모습이 희미하게 잔영이 되어 친구의 얼굴에 포개져 클로즈업되어 왔고 공허해진 마음을 함께 새기며 붉게 물드는 저녁노을에 지난 날들을 주황빛 석양 속으로 곱게 접어 추억 속에 묻었다.

저무는 서산마루가 하루를 작별한다. 쓸쓸하다. 나뭇잎이 흔들렸다. 이별의 시간이 가까워짐이 느껴왔다.

멀리서…

가슴에….

황혼에 물들어 가는 노을이 슬프다.

마지막 편지

 동편 하늘에 붉게 퍼지는 구름 사이로 밝은 태양이 유월의 산야를 더욱더 푸르게 보여 천지가 싱그럽다. 하루하루 보내는 군복무가 따분하지만, 시간은 금세 지나간다. 벌써 유월 하순이다.
 녹음이 점차 짙어졌다. 교정에서 바라보는 주변의 논과 밭에 농부들이 평화롭게 펼쳐져 있다. 학생들의 옷차림도 한결 생기발랄해 보인다. 본관 뒤편의 잔디밭에 한 무리의 여학생들이 앉아 쉬고 있는데 미랑이가 보였다. 단발머리로 변신해 있었다. 짧게 빗어진 머리가 예쁜 모습이 더 오똑해 보였다. 반갑게 마주 서서 손을 흔들고 인사를 했다.
 "안녕하세요 미랑… 학생!"
 "예? 누구신데요?…."
 역시 똘망한 눈으로 크게 뜨며 놀란 듯이 되물었다.
 "일전에 도서관 앞에서 만나서 얘기 나누었는데… 모르시겠어요?"
 잠시 머뭇머뭇하더니, "아하! 언니예요, 동생을 만났군요, 저는 미리고… 동생은 오후에 강의가 있어요."
 "아, 예 실례했습니다."

"아니에요. 우린 쌍둥이예요."

"너무, 똑같아서… 구분이 안 되네요."

"똑, 같죠? 그래서 머리로 구별한답니다. 옷도 가능한 다르게 하고요…."

"그러하겠습니다. 친구들도 헷갈리겠어요."

활짝 웃는다, 미랑이와 똑 닮았다.

"제복이 멋있다고. 미랑이가 말하더니. 바로 아저씨군요… 호호."

"과찬입니다. 동생이 좋게 봐준 거지요."

옆에 앉으라고 권하기에 잔디에 다리를 펴고 나란히 앉았다. 교통이 많이 두절된 시절이라 지역 간의 풍습과 문화가 새롭고 재미있었다. 특히 말씨와 어감이 흥미로워 오랜 시간 함께 놀았다. 딸만 내리 여섯 명을 출산한 딸부자 집 처녀들이었다. 미랑과 미리는 막내 겸 쌍둥이고 미비, 미주, 미옥, 미라 또 딸을 낳으면 미진이라고 '다할' 진 자로 이름을 지어 끝낸다고 부모님이 말씀했다며 꺄르륵 웃는다.

"그렇담, 7공주인데, 듣기 더 이쁜데…." 농을 건넸다.

참, 밝게 생활하는 가정이구나 생각했다.

"미랑이 만나면 아저씨 봤다고 말할게요. 또, 봐요."

자리에 발딱 일어서며 인사하고 잽싸게 걸어갔다. 잔풀을 툴툴 털며 일어나서 교정 뒤 숲길에 들어가서 천천히 오솔길을 걸어갔다.

'기지는 왜 소식이 없을까?'

생각이 깊어져 온다. 동헌이도 일간에 밀양을 갔다 온다고 했는데 다녀왔는지 연락도 없다. 봄밤의 숲길엔 바람이 인다. 새순 돋은 나뭇잎이 봄바람 먹으며 자라고 연한 빛의 애기 풀 속엔 새 생명의 벌레들이 한껏 나래를 거품처럼 부풀리며 탄생의 기쁨을 알리느라고 군무를 추며 숲 넘새를 흩트려 놓고 이곳저곳 어지럽게 날아다닌다.

  사뭇, 기지 생각이 떠나지 않는다. 풀뿌리에 채이면서 걸어도, 뻗어 내린 잔솔가지에 이마를 찔려도 끝내, 벗어나질 못하고 생각이 골똘해지면서 길 따라 걸었다.

  지금, 이 순간을 어떻게 해야 하나… 답답한 가슴이 미어져 왔다. 사려 깊은 여인이라 쉽게 행동하지 못하는 어떤 제약에 묶여서 고심하는 것인지… 나만의 생각일까? 아… 그렇다. 마음의 정리가 왔다.

    그대가, 진정, 내 갈비뼈의 한 부분이 아닐지라도
    아름답게 새겨진 추억과 사연들이…
    어이타, 이토록 무심하다 하리요,
    일후에, 깊은 심사를 전해오지 못한다면
    기필코 붓대를 꺾으리다!

짤막하게 적어서 우체통에 넣고 돌아섰다.
이별의 순간이 오고 있음을 알 듯하기에….
떨어지는 봉투 소리가 허허롭게 울림이 되어….
파장처럼 귓가에 맴돌았다.

"심 하사. 너 연애하남?"

느닷없이 김 중사가 윽박지르며 눈을 부라렸다.

"예???"

"짜슥아. 바른말 해여… 여학생 둘이 찾아왔당게…."

훈련 과제물을 챙기고 학훈단 행정실에 도착하니 모두 한마디씩 거든다.

"아무도 아는 사람 없심닷…."

무 자르듯 힘주어 답례하고 책상에 앉았다.

"그럼 뭐당가?"

박 중사가 실실 웃으며 놀린다. 못 본 척하고 밖으로 나와 잔디밭 교정의 벤치에 앉았다.

'미랑이와 미리가 찾아왔나 보다' 생각하고 유월의 푸른 하늘을 올려다보고 양팔을 벌리고 뒤로 젖혔다. 편지를 띄운 지 일주일이 지났으니, 지금쯤은 받았겠지 어림짐작을 하고 있는데 미랑과 미리가 저쪽에서 걸어왔다.

"아저씨, 여기 계시네요." 반갑게 웃는다.

"행정실에 찾아갔더니 안 보였어요. 여기 있는 줄 모르고…."

"그랬군요, 어디 갔다 와요?" 대답 대신 "우리 딸기 사 먹으러 가요."

"응? 딸기?"

"가까운 곳에 딸기밭이 있어요."

토요일 오후라 외출이 자유롭다.

학교 주변이 거의 야산 구릉지라 논과 밭이 있어 작물들이 다양하다.

날씨도 화창하고 하늘엔 구름 한 점 없이 맑고 높다랗게 머리 위에 떠서 넓은 자연을 둥글게 감싸고 있어 보여 자연과 인간이 함께 인형 놀이의 꼭두각시가 된 것 같이 느껴졌다.

두 자매를 따라 다소 쑥스러움을 감추고 밭 둑길로 걸어갔다.

"아저씨 고향에도 딸기밭 있어요?" 미랑이가 물었다.

"고추와 담배 농사를 많이 해요"

"충북대학교에는 연초학과가 있는데 오히려 이곳에는 담배 농사를 못 보겠네요. 좀 아이러니 한데요…"

"그래요, 저도 담배 농사는 못 봤어요."

팔짱 끼고 걷던 미리가 쳐다보며 대답하고 미소를 지었다.

머릿수건을 하고 열심히 딸기를 따고 있는 할머니에게 딸기 한 바가지를 사서 나무 그늘 밑의 밭둑가에 둘러 앉았다.

별말은 없지만 마주 앉아 있으니 멋쩍어서 꼭지 따먹는 딸기 한 바가지가 금세 동이 났다. 또 한 바가지를 샀다.

"자매분들의 이름이 예쁘고 참 재미있게 지었어요"

"누구 이름이 제일 예뻐요?"

"미비, 미주, 미옥, 미라, 미리, 미랑 글쎄요 다 예쁩니다. 하하."

"아니? 어떻게 다 아세요?"

미랑이가 깜짝 놀라며 쳐다보고는 언니를 바라보았다.

"일전에 내가 말했다. 호호."

"어떻게? 한번 듣고서…"

"비주옥라… 리랑! 도도솔솔라라…."

꺄르르 웃고 또 웃는다.

"도도솔솔라라, 비주옥라리랑…."

계속 장난치며 놀려주었다. 음률에 맞춰서 손으로 지휘봉 흉내를 내고 불러 주었다.

"이름이 예쁘니 모두 미인이겠습니다. 두 분을 보면 알만한데요…."

"우리 둘이가 젤 못났어요, 호호."

"젤 이쁜가 봅니다. 아마도… 하하."

다람쥐 한 마리가 툭 튀어나오더니 모둠발로 서서 두리번거렸다. 예쁘고 굵은 눈망울 굴리면서 쳐다본다.

"어마, 다람쥐 봐! 귀엽다."

미랑이가 놀란 듯이 웃으며 미리에게 손짓으로 가리키며 재미있게 바라본다.

"저 녀석이 우릴 구경 왔나 봅니다."

"그런가 봐요. 가질 않고 있네요."

밤색 바탕에 짙은 밤색 줄무늬가 있는 녀석이 잠시 머무르다 소나무 등걸을 타고는 훌쩍 사라졌다 바람이 휙 하고 일어 먼지바람을 만들고 지나갔다.

엉덩이를 털고 일어섰다. 밭 둑길을 요리조리 찾아가며 줄서기 하며 걸어 나왔다.

봄비가 촉촉이 내린 뒤끝의 논에 물이 가득 차 있다. 곧 써레질로 모심기가 시작될 것 같다.

갈림길에 서서 미랑과 미리가 인사를 했다.

"아저씨, 안녕. 또 봐요."

"오늘 잘 지냈어요. 덕분에…."

팔짱 끼고 돌아서 가는 자매의 짧은 머리, 긴 머리가
잘 어울려 보였다.

청주 시내 구경

무심천 다리를 걸으며 청주 시내를 구경 다녔다. 군복 바지에 줄을 곧게 세우고 군화도 광나게 닦아서 한껏 폼 잡고 이곳저곳 여유작작하게 어슬렁거렸다. 휴일이다.

근무지에서 석 달 만의 외출이었다. 낯선 고장 충청도는 난생처음인지라 호기심에 찬 마음은 은근히 들뜨는 기분이 되어서 모든 곳이 새롭게 느껴졌다. 눈에 띄는 건물이 금수장이라는 간판이 보였다.

관공서와 공공건물 빼고는 이곳에서 제일 돋보이는 것 같았다. 시내 구경이 반나절도 안 되는 조그마한 도시지만 그래도 충북 도청 소재지다. 공기 맑고 조용하며 짜임새가 있어 보여 깔끔하게 느껴졌다.

무심천이 시내 가운데로 흐르며 가장 자리엔 수풀이 냇가를 따라 길게 자라고 있었다. 꼬맹이들의 여름철 물놀이 장소이며 엄마들의 빨래터 노릇도 한몫하는 곳이었다. 고풍스러운 가로등에 불빛이 좌우로 환하게 비치는 겨울밤이면 다리 아래엔 얼음 스케이트장도 되는 것이었다.

아는 곳도 아는 사람도 없는 전무한 청주 시내를 빙 둘러 보고는 갈 곳 없는 나그네가 되어 비 맞은 중처럼 혼자 중얼거리며 무료하게 걸어 다녔다. 배가 출출하게 고파왔다. 새우깡을 한 봉지 사서 까먹으며 기웃거리며 어슬렁거렸는데 순찰 중인 헌병과 딱 마주쳤다.

경례를 척- 올려붙이고는 "하사님, 외출증 있습니까?"

"없는데… 우린 그런 거 없습니다."

학훈단은 군부대 근무지가 아니고 병영도 없는 별도의 파견된 군인이었다.

"잠시 헌병대로 연행해야겠습니다."

혁대 버클이 눈부시게 반짝이고 여러 겹 흰 줄의 어깨 견장이 치렁대는 헌병 두 명이 강압적이다. 근무지의 형편을 설명해도 오히려 고압적으로 들으려고 하지 않는다.

"내 상사에게 연락해 봅시다."

"헌병대로 갑시다, 우선."

실랑이가 길어지고 행인들도 둘러싸인다. 이래저래 말다툼 중에 "어마맛… 아저씨-잉!"

한 여학생이 급히 끼어들며 외쳤다.

"어? 미리야."

헌병이 놀라워하며 미리를 불렀다.

"응, 오빠! 왜 그래?"

"아는 사람이냐?"

"응 우리 학교 학훈단 군인 아저씨야."

헌병이 미리를 보고는 조금 누그러졌다.

"오빠 쬐끄만 봐주랴이잉!"

미리가 옆에 서면서 오빠의 팔짱을 낀다. 헌병들이 웃는다.

실실, 익살스럽게….

"음… 약간 곤란한 것인디야…."

미리가 애교스럽게 웃으며 아양을 떤다.

"오빠 우리 가도 되지? 간다아…."

"어, 어… 그래 뭐… 잘 가…!"

닭 쫓던 개 지붕 쳐다보는 행색의 두 헌병을 뒤로 하고 팔짱을 낀 채 나풀거리며 잽싸게 거리를 벗어났다.

"친척 오빠예요."

"아, 그렇군요. 근데…?"

"영화 보고 친구들과 헤어졌어요."

"무슨 영화?"

"로마의 휴일."

"어때요? 재미있었어요?"

"헵번과 펙이 끝까지 만났으면… 서로 사랑하고…."

"그럼 남는 것이 없지요."

"그래두… 좀… 알싸하잖아요."

한쪽 손을 낀 팔짱에 덧얹으며 깡총거리듯 윗몸을 흔들며 웃으며 걷는다. 즐겁다. 전에 보았던 미리의 모습이 사뭇 달랐다.

"동생은? 미랑 씨…."

"걘, 봤대요."

자르는 듯한 말투다. 더 말할 수 없는 미미한 느낌이 밀착된 팔짱으로 감지 되어왔다.

조금 멋쩍은 감정으로 잠시 말없이 걸어갔다. 흘겨본 미리의 모습은 대수롭지 않은 표정으로 앞만 보고 걷는다. 약간 끌려가는 듯한 걸음에

"뭘? 좀 먹을까?"

"아니…."

"배 안 고파요? 미리 씨."

"우리 그냥 걸어요, 아저씨…."

"어디까지?"

"가는 데까지…."

초록의 계절. 유월 하순 초여름의 해가 길게 그림자를 지우는 가로수 나무들이 키재기하고 있는 사직동 언덕길을 천천히 걸어갔다.

짧은 머릿결이 흔들리며 얼굴에 가려지는 모습이 마음을 헤집으며 자꾸만 일렁거리게 한다.

팔짱 낀 가벼운 접촉에도 괜스레 속마음을 알아차릴 것 같아 얼굴을 외로 돌리고 딴청을 부렸다.

"학교 앞 정문길이 보여요."

"어머! 여기까지 왔네…."

먼 곳 한쪽 편에 충북대학교의 문짝 없는 '교문의 돌기둥'이 넓은 풍경에 어울려져서 오도카니 서 있는 것이 보였다.

"쟤네들, 마주 서서 둘이 뭔 얘기할까?"

미리가 재미있다는 미소로 말했다.

"아마, 역사 얘기할 거예요."

"역사? 무슨 역사"

"음… 학교 역사, 청주 역사, 농사 얘기, 농부 얘기, 오가는 학생 얘기 그리고…."

"그리고는?"

"……"

잠시. 미리의 검은 눈동자 속에 맑게 비치고 있는 인택이의 모습이 즐겁게 웃고 있었다. 눈웃음 가득… 미리가 눈길을 살짝 피하면서 재촉이다.

"아이… 뭔데요?…"

"그건, 둘만이 쑥덕이는 얘기예요."

"쑥덕? 둘만이…?"

"소문나면 안 되는 얘기….."

"소문?"

"응! 비밀스러운….."

말해 보라고 옆구리를 꾹 찔렀다.

미리와 미랑이는 쌍둥이야!
깡총머리 미리, 나풀머리 미랑,
딸기밭에 놀러 갔어, 짧은 머리 총각!
누가 누가 더 이쁠까?
누가 누가 더 착할까?
다람쥐가 말했다, 똑! 같아!

동요 부르듯이 음률을 타면서 읊었다.

"호호호… 속았다."

재미있어 죽겠다고 까르륵거리며 연신 웃으며 쳐다본다. 그리고는…

"아저씨는… 누가 더 예뻐?"

"다람쥐가 말했잖아. 똑~ 같다고"

"에~잉! 거짓말…."

흘기는 눈매가 착하고 곱다.

레이스로 띠 돌린 흰 블라우스와 청바지를 타이트하게 받쳐입고 쭉 곧은 다리가 비너스 같다.

저녁 바람이 선선하게 불어와 걸음이 상쾌하다. 어디까지 갈 건지. 미리는 즐겁게 앞으로 걸어간다.

대학교 정문을 지나치며 엷게 웃는다.

"조용히 걸으세요… 하하 돌기둥한테 들켜요…."

"이미, 들켰잖아요… 호호… 소문내라고 하지 뭐…."

"아마 비밀을 지켜 줄 거예요. 돌같이 무거운 입이라…."

"그러든가… 마든가! 피…이…."

"집은 어디예요?"

"일루 쭉~ 계속 가면 돼요."

가로수길이 길게 펼쳐진 채 눈앞에 나타났다. 플라타너스 가로수가 양 옆으로 2열 종대로 잎이 무성하게 자라서 아치 지붕이 만들어져 깊은 터널이 만들어진 아름다운 도로였다.

사람들이 왕래가 거의 없는 한적한 숲 터널 길을 지는 해에 붉은 노을을 머리에 이고 미리와 함께 걷는 기분은 세상없는 즐거움이고 표현할 수 없는 기쁨이었다.

"곧장 가면 미호천이 나와요."

"그곳에 집이 있습니까"

"물이 맑고, 참 깨끗해요."

"물 수량도 많겠습니다."

"잔모래 깔린 냇가에 은빛 물결이 흘려 경치가 아름다워요."

"좋은 곳에 사시니 부럽네요"

"한번 가 볼래요?"

"좋아요… 언제든…"

노을빛에 흰 블라우스 미리의 얼굴이 붉게 타고 있었다.

이글거리는 화구의 불덩이처럼 젊음을 뜨겁게 태우고 있었다.

청춘이 이글거린다… 붉은 노을이 핏빛이 되어 흰 구름을 한 줌의 재로 만들어 가고 있다.

　두 가슴을 불태우며, 뜨겁게 태우며,

　플라타너스 터널 숲길을 걸어가고 있었다.

　끝없이, 오래, 오랫동안….

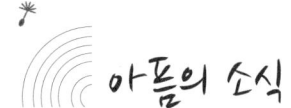
아픔의 소식

 굳은 비가 며칠 동안 흐렸다 개였다 하며 지루하게 내린다. 모심기가 끝난 벌판이 빗속에서 푸르름이 한층 진하게 보이고 뜸부기 한 쌍이 풀줄기를 입에 물고 기웃거리며 둥지 틀 자리를 찾아 돌아다니는 초여름으로 접어들었다. 결별을 통고한 서신을 띄운 지도 여러 날, 꺾어버린 붓대마저 망각 속에 묻혀 흘러가고 군복무에 차츰 익숙해질 무렵에 동헌이가 불쑥 찾아왔다.
 "야, 잘 지내고 있나…?"
 "어… 어서 와라. 반갑다."
 소중한 친구다. 더구나 이렇게 면회를 자주와 찾아주니 좋은 친구다. 저녁노을이 짙게 물드는 서편 하늘을 바라보며 교정으로 나와 천천히 걸었다. 앞만 보고 어슬렁거리는 모양을 흘깃 훔쳐보고는 조용히 알려준다.
 "기지… 시집갔다. 얼마 전에…."
 "아~ 그래…! 그렇게 됐었나?!"
 담담했다. 아무런 감정도 느낌도 마음속에 담기지 않은 평온함이 천천히 잔물결처럼 퍼져왔다.

"병색이 깊어지는 아버지와 밑으로 줄줄이 연이은 여동생들 게다가 혼기 꽉 찬 본인의 고심이 결심을 하게 되었을 거다. 또한 군복무를 3년이나 기다릴 수 없는 자신의 처지가 어렵지 않았겠나…."

친구는 마치 전하는 말처럼 차분하게 들려주었다. 본인이 된 듯이….

"인연이 아니었나 보구나…."

"……!"

바람이 후덥지근해진다. 우기 탓만 아닐 것이다. 폭풍 같은 폭우가 쏟아질 것 같다. 몸과 마음을 발가벗고 빗속을 뛰어들어 한바탕 휘젓고 싶다.

시원하게… 시원하게… 가슴에 비가 내린다.

내 가슴에… 앙금을 씻듯… 시원하게…

석양의 노을이 붉게 물들고 있었다.

아름답게 물드는 서산마루가 슬프다. 차라리, 폭풍우라도 몰아쳐 주었으면, 첫사랑의 아픔도 추억으로 씻으련만….

하얗게 지새우던 그 밤의 새벽이 무겁게 가슴속에 가라앉는다.

운명의 강물 앞에 마주 선 고삐를 순정의 믿음으로 놓아버린 불찰은 안타까운 사연이 되어 후회의 아픔으로 깊게 남겨지는 하얀 새벽 과수원의 밤이 되었다.

막차에 오르면서 친구가 말했다.

꼭, 전해 달라고 했다면서….

"인연의 붓대는 꺾일지라도 마음의 붓대는 꺾지 말자고…."

얼마 후 뜸북새 울음이 구성지던 날.

마지막 말을 전한 새색시는
쪽두머리(꼭두머리) 연지 찍고 초례청이 차려진
앞마당으로 업혀서 나갔다.

뜸북뜸북 뜸북새가 운다.
녹의홍상 떨쳐 입고
꽃가마 타고 새색시가
시집을 간다.
시집을 가네…
뜨음…북 뜨음…북
뜸북새 슬피 운다.
뜸북새가 운다
"……"
"……"

# 미리

군복을 잘 다려서 입고 군화와 버클도 광나게 잘 닦아서 폼을 잡았다. 토요일 오후의 외출증을 끊으려 행정반 박 중사에게 갔다.

"박 중사님. 외출증 하나 부탁합니다."

지난번 외출 시 헌병에게 당한 일로 아예 외출증을 준비하기로 했다. 시내버스를 타고 무심천 다리를 건너 금수장 앞에서 내렸다. 중앙극장까지 빠르게 걸어가서 입장권 두 장을 사서 서성거릴 즈음 밝은 미소를 지으면서 가까이서 미리가 나타났다. 청바지에 흰 셔츠를 입은 모습이 깔끔해 보였다.

짧은 머리에 뽀오얀 얼굴이 싱싱한 젊음의 광채가 나는 스무 살의 터질 것 같은 아름다움이 눈이 아플 정도였다. 똑바로 보지 못하고 눈길 피하며 "어서 오세요… 미리 씨."

"오래 기다리셨어요?"

"좀 전에 왔어요. 표 끊었어…" "

그럼 입장해요, 아저씨."

주저함이 없다. 활기차고 자신감이 넘쳐 보이는 미리를 보면서 입장했다.

'삼손과 데릴라' 고전 영화다. 사랑과 배신 후회와 뉘우침, 끝내 죽음으로 몰고 가는 데릴라의 참회의 눈물이 긴 여운으로 남았다.

"데릴라가 너무 나쁜 여자야!"

"삼손은 그럼, 너무 착한 거야?"

"호호, 아저씬 참, 재미있어…."

"사랑엔 답이 없는 거예요. 무엇이 옳고 무엇이 그른 건지…."

"경험자 같애… 연애 많이 했죠?"

"아니! 감상해 본 느낌이야."

"연애박사, 맞는 것 같애… 호호."

"에구 억울해…."

서로 재미있게 놀리면서 늦은 점심을 먹으러 갔다. 토요일의 식당은 손님들로 붐볐다. 순두부찌개가 유명하다는 '그집'으로 갔다.

간판이 '그집'이다.

"아저씨 이 집이 아주 유명해요…."

그러나 자리가 없어 돌아섰다.

"미리 씨, 다른 집 간판 찾아봐요…."

"다른 집? 그래요 다른 집으로 가요."

즐겁다, 마음이 즐거우니 배고픈 줄 모르게 이곳저곳 기웃거리며 중앙 거리를 돌아다녔다. 솜사탕을 두 개 사서 먹으며 나란히 걷고 있는데 앞에 헌병이 보였다. 자세히 보니 며칠 전에 만났던 헌병들이다. 헌병 한 사람이 실실 웃으면서 가까이 왔다. 전에 봤던 미리 오빠다.

"어! 미리구나, 데이트 하니?"

"아냐, 오빠 영화 한 편 봤어."

"하사님 잘 하드라고잉, 내가 오빠여."
은근히 폼 재며 오빠인 걸 자랑한다.
"우린 그런 사이가 아니야…."
"그럼 뭐 당겨? 둘이서 걷게?"
"우연히 만났엉. 괜히 그래…."
"뭐 우연히가 두 번씩이나 만나?"
못 들은 척하면서 미리가 먹던 솜사탕을 얼른 쥐여주고는 잽싸게 돌아섰다.
무심천 다리 위에 햇볕이 쏟아진다. 흐르는 물결을 바라보며 제방 둑길을 나란히 걸었다. 오후의 햇살에 어깨를 맞댄 두 그림자가 길게 비치는 모습을 감상하면서 끝없이 걸어갔다. 생동감 넘치는 미리… 물새들도 반겼다… 무심천 실개천에 저녁노을이 아름답다.

훔겨보는 미리의 아름다움에 가슴이 설렌다.
훔쳐보는 눈길마다 와락… 사랑이 솟구친다.
어떻게 하나… 어찌해야 하나…
눈을 감는다….

1년 만에 휴가를 갔다. 청송과 안동을 들러서 근 보름 만에 돌아왔다.

휴가 떡을 행정반에 돌리고 교정으로 나오는데 "아저씨, 어디 갔다 왔어요? 오랫동안 보이질 않았어요…"

미랑이가 반갑게 말하며 옆으로 왔다.

"휴가 갔다 왔어요, 언니는?"

"약속이 있어 먼저 갔어요."

잔디밭에 나란히 앉아서 휴가 갔다온 얘기를 하면서 고향 얘기 과수원 얘기 등을 들려주며 바람 부는 줄도 모르고 재미있게 시간을 보냈다.

'후드득' 하더니 하늘에서 비가 쏟아진다. 급기야 책을 머리에 받친 미랑이를 끌고 뛰었다. 가까운 교실 담벼락에 붙어 서서 내리는 빗줄기를 보며 함께 웃었다.

"아- 참나 이게 뭐람…!"

머리도 젖고 얇은 블라우스도 젖어 모양새가 구겨져 부끄러워했다. 잠시 기다리라고 하고는 행정실로 가서 검은 우산을 가져다가 젖은 옷을 가려 주었다. 금방 그칠 것 같았던 빗줄기가 점점 더 굵어지면서 바람에 흩뿌려진다.

"아저씨, 같이 써요" 하며 옆으로 와 살그머니 기대며 우산을 함께 씌워 준다. 약간 당황했지만, 미세하게 느껴보는 접촉이 싫지 않았고 젖은 몸에서 풍기는 풋풋한 살 내음이 좋았다.

이성에 대한 감정이 뭉클거리며 느껴졌다. 감정의 전달은 보이지는 않지만, 서로가 들켜버린 속마음에 이도 저도 못하고 돌바위같이 굳어져 있었다. 찰나 같은 순간이 영겁처럼 느껴질 만큼 길었던 감정의 교류가 이젠 속일 수 없는 청춘이 되었다.

이후… 미랑이는 자주 찾아왔고 함께하며 즐겁게 만났지만, 미리는… 다시는 만나 보지 못하고 언니에 대한 소식은 묻지도, 말하지도 못하는 금기가 되어 버렸다. 답답하고 안타깝지만 끝내 기다렸다. 활달한 젊음의 청춘이 한껏 부푼 미리. 주말마다 걸었던 플라타너스 가로수길이 가슴속에 맺히며 넘실거린다. 황혼에 물들던 매혹적인 붉은 보조개. 레이스 깃이 춤을 추는 흰색 블라우스.

나풀나풀 눈에 어리는 미리의 모습. 이젠 볼 수가 없다. 팔짱 낀 자매의 모습이 그립다. 용납하지 못하는 미랑… 생기발랄한 미모를 뽐내는 미랑이를 보면서 첫사랑의 추억도 희미한 그림자로 차츰차츰 흐려져 갔다. 때가 되면 계절도 바뀌고 사랑의 상처도 옅어진다. 수많은 이별의 사연도 어제, 오늘 또 내일, 다시 있을 인생의 굴러가는 수레바퀴다. 붉게 물드는 낙엽 지는 오솔길을 산토끼가 되어 미랑이와 함께 뛰어놀았다.

예쁜 이름 미랑, 부미랑….

잔디 깔린 교정에서 웃음 짖고, 작은 숲속 오솔길에 깔린 갈색의 계절을 소리 내어 밟히는 가을 소리를 들으며 잡은 손길에 청춘을 함께 구가하며 시간은 흘러갔다… 미랑이를 보면서….

운명의 짓궂음을 여신들의 질투심이런가! 늦가을 떨어지는 낙엽을 고운 마음 여심에 새기며 칼라(카라) 깃을 빳빳이 세운 교복 입은 어린 여고생이 소리 없이 살그머니 다가오고 있음을 그 누가 알았으리….

시리도록 아픈 사랑이 땅속 깊이 숨어서 새싹처럼 대지를 뚫고 나오듯이 서서히 고개 들고 싹을 틔울 줄을 꿈엔들 꾸었을까? 슬픈 사연을 가슴에 품고 나는 새가 되어 보금자리 찾아 헤매는 작은 새, 한 마리… 불새! 한 마리….

눈물을 머금고 시린 가슴을 아픔으로 피어나는 꽃이 된, 붉은 꽃 여고생이 평생의 반려자로 어느 날 조용히 나타날 줄 어찌 짐작이나 했겠는가!

목숨보다 귀한 사람, 일생을 다 함께 나눌 사랑이 낙엽 밟는 시를 읊으며 홀연히 앞에 나타날 줄이야….

성희!
훗날, 유영주로 다시 태어난
평생의 반려자가 가까이서
조금씩 다가오고 있었다.

재회	여린 순정	뒤안길 산책
종이학	출장	기장 바닷가
을숙도	송도 바다	얼음골
세월의 방아	엄궁 부두	이별

제2부

세월의 방아

재회

성장의 물줄기를 찾은 사회는 거침없이 발전해 나갔다. 속도감이 붙은 기관차처럼 제동장치가 풀린 채 멈출 줄 모르고 무서운 속도로 돌진하는 대한민국호.

노력 끝에 입사한 회사는 해마다 매출 상승을 올리며 재벌로 자리매김하고 있었다. 전자제품을 생산하며 브랜드를 자랑하는 ㈜○○사에서 근무한 지 벌써 십 년이 흘렀다. 삼십 대 초반의 직장인으로 이력이 붙을 때쯤 장기 출장이 떨어졌다.

사십여 개의 부품 방계회사에 서류 정리를 하기 위해서 오랫동안 출장 근무를 하러 부산으로 내려왔다. 오래전 떠날 때의 모습과는 너무나도 많이 발전되어 버린 모습에 경탄도 하고 신비롭기도 했다. 온천이 자리 잡혀 있던 동래는 옛 모습은 간데없고 복잡해진 도시와 거리에는 산업의 전사들이 수도 없이 북적거렸다.

직장 근처쯤 하숙을 정하고 출퇴근을 용이하게 하며 불편 없는 출장 근무를 해 나갔다. 맡은 업무가 그다지 복잡하거나 바쁘지도 않은 여유로운 장기 근무였다.

어느 날….

"심인택 씨 전화 받으세요."

사장실 비서인 미스 고가 조금 떨어진 책상 앞에서 수화기를 들고 기다리며 엷게 미소를 지으며 건네주었다.

"누군데요? 본사입니까?"

"몰라요, 받아보세요."

고개를 갸웃거리며 조용히 수화기를 받고는 "전화 바꿨습니다."

"……."

"심인택입니다! 여보세요?"

"저… 오랜만이에요."

목소리가 잔잔하게 들려왔다. 알 듯한 목소리, 많이 듣던 음성 전선을 타고 들려왔지만, 그것은 분명 그녀의 목소리였다. 기지… 기지의 음성, 이기지의 목소리가 틀림없었다. 전화기로 처음 듣는 음성이지만, 이내 알아듣고 있었다.

"기지입니다."

"아! 그렇군요, 기지 씨…."

순간 뒷목덜미에서 찌릿해지는 고압 전류가 등줄기를 타고 전신에 감전되듯 내리꽂혔다. 반가운 마음이 얼굴에 화끈함을 느끼며 잠시 멍해져 왔다.

"잘 지내시고 계셨지요? 인택 씨."

"예… 어떻게 아시고는 연락을…."

"지인을 통해 수소문했더니만… 시간이 많이 흘러갔습니다."

"그렇군요. 딱 십 년이 지나갔네요. 대구에서 헤어진 지가…."

"십 년 세월이 금방이네요."

"예, 물같이 흐르는 세월이라고 하더니만… 행복하시고 건강하지요?"

"여전히 존대 말씀을 하시네요."

"동갑내기라 그런가 봅니다…."

근무 중이라 간단한 안부를 서로 전하고 끊었다. 바쁜 나날 속에 시간은 정신없이 물같이 흘러갔구나! 강산도 변한다는 십 년의 길이가 한 통의 전화에 너무나 짧게 느껴지는 찰나 같음을 깨닫게 하는 일침이었다. 부산에 있다는 걸 어떻게 알았을까? 또한 이곳 근무지 전화번호도? 풀 수 없는 궁금증이 종일 떠나지 않았다.

"부곡동이 어디쯤입니까?"

아침상을 받아 놓으며 하숙집 아주머니에게 위치를 물었다.

"여기가 부곡동이에요."

"그렇군요. 그럼 ○○장 아시는지요?"

"걸어서 십 분쯤 가면 돼요, 물으면서…."

일요일이다. 느긋하게 오전을 하숙집에서 뒹굴다가 정오 무렵 찾아 나섰다. 일러준 약속된 장소를 찾아 서성거릴 즈음 길모퉁이를 돌아 들어서는 기지가 보였다. 바람결에 부대끼는 귀밑머리가 이마에 헝클어지고, 조용히 걸어와 말 없는 미소를 눈가에 번지면서 가까이 다가와 섰다.

"……."

"……."

너무나 뜻밖의 재회, 생각지 못했던 다시 만남이 이루어지는 순간의 설렘은 반가움을 표현하기에 너무나 벅찼다. 미묘한 감정의 변화가 일순간 스치고 나서 인사를 대신하듯 말한다.

"따라 오이소…."

환하게 웃으며 말하고는 뒤돌아 앞장서서 걸어간다. 십 년의 세월에 기지는 완숙미가 은은하게 배어나는 여성이 되어 있었다. 주택가를 조금 걸어서 기지의 안내를 받아 조그마한 방으로 들어갔다. 너댓살 되어 보이는 아이가 놀고 있는 방 한켠에 앉았다.

"여긴 동생 집이에요… 인택 씨 만난다고 하니 자리를 비켜 주었어요."

"댁은 어디에 있습니까?"

"좀 멀리… 서구 쪽에 있어요. 제부가 ○○사에 다닙니다. 부탁했어요. 찾고 싶은 사람이 있다고…."

"○○사에 다니는 건 어떻게 알고…."

"친정에 들러서 알았어요. 인택 씨는 우리 친정 쪽에 친구가 많잖아요."

"직장이 대기업이라 찾기 힘들 텐데…."

"제부가 인사과에 근무해서… 서울 본사 인사과에 조회하니 부산에 출장 와있다고… 그렇게 해서 연락처도 알게 되었습니다."

"어렵게 찾으셨네요." 방안은 잘 정돈되어 있었고 단출해 보였다. 신혼인 듯 보인 동생은 언니에게 자리를 마련하고는 오랫동안 나타나지 않았다. 약간의 거리를 두고 마주 앉아 서로를 바라보았다. 오랜 세월에 단절된 인연에 서먹한 분위기가 이어졌지만 평온한 마음을 잔잔히 전하며 미소를 짓고서 재회의 만남을 반기고 있었다.

"부인은?"

"청주 사람입니다." "군 복무지가 청주였습니다."

"연애결혼인가 봐요…."

"부군께서는? 중매인 줄 압니다만…."

"가까운 곳에 시가가 있었습니다…."

언행이 여유롭게 보였다. 생활의 풍족 함에서 배어있는 모습은 구김살이 전혀 느껴지지 않는 자태였다.

"고향에는 자주 갑니까?"

"객지 생활의 연속이라 자주는…"

"청송의 어른들과 부모님도 잘 계시지요?"

"예 무탈하시고 편안하십니다…"

"……."

"……."

찻잔을 앞에 두고 말없이 마주 보고 앉아 있었다. 침묵은 길게 이어졌고 찻잔 소리만 고요한 방안에서 모든 대화를 대신하고 있었다.

말을 해도… 말을 안 해도… 듣고 싶은 많은 사연은 이미 흘러간 추억으로 묻혔기에, 바라보는 눈빛, 느껴지는 감정으로 서로에게 전해 지고 있었다.

맺혀진 가슴에 안으며… "이만 일어나겠습니다…."

"가실려고예?"

"예, 시간도 많이 됐고, 동생분도…."

자리를 털고 밖을 나오니 오후도 많이 기울고 있었다. 조용히 배웅하는 기지를 뒤로하고 골목길을 빠져나왔다. 공허한 가슴은 도시의 소음 속으로 빠르게 스며들며 다양한 군상들 틈에 끼어들어갔다. 아무런 생각이 나지 않았다. 그저 빠르게 빠르게 무턱대고 앞을 걸어 나갔다. 멍… 한 채…

'만날 운명이던가? 출장지에서의 재회!'

반가운 마음은 미소로 대신하고, 잔잔한 물결의 파장 같은 분위기를 함께 하며 조용하고 말 없었다. 그리움이 컸던 것일까….

헤어짐을 알리지 못했던 아픔, 오랫동안 가슴에 묻어둔 세월의 흐름에….

서로가 선뜻 자연스럽지 못한 채 손 한번 맞잡지 못하고 마주 앉아 웃음만 짓고 바라보다가 반가운 마음을 감추고 일어서고 말았다.

청춘 남녀들이 오가는 번화가를 뒤로하고 하숙집으로 돌아왔다.

쌀쌀한 날씨가 이어진다.

삼월 하순이지만 봄은 아직 시샘하는 시샘 달이었다.

　　삼월의 시샘 달이
　　파아란 창공에 가늘게 떨고 있었다.

종이학

출근을 하니 책상 위에 서류가 깔끔히 정리되어 꽂이 철에 나란히 배열되어 꽂혀 있었다.

'비서실 미스 고의 친절이 고맙군.' 생각하고 출근 시간이 아직 일러서 조간을 펼치고 의자에 앉았다. 아침 공기에 진한 커피 향이 코끝에 스며 들어 눈을 들어 보니 커피잔을 받쳐 든 미스 고가 인사를 했다.

"어제 재미 좋았어요?"

커피잔을 얌전하게 내려놓고 살짝 웃는다.

"뭐… 재미?" 말끔히 쳐다보고는 대뜸 말한다.

"데이트했잖아요."

"아니!"

"피이… 거짓말!"

"진짜야…^^"

엊그제 통화가 비서실로 와서 받았더니 다 들었나보다 생각하고 웃었다.

"첫사랑과의 재회 십 년 만에… 멋있어요…."

야릇하게 미소를 던지고는 가버렸다.

"……."

미스 고는 영양학과 출신이다. 졸업과 동시에 영양사로 취직이 되어 비서실에 겸직으로 근무한다. 성격이 명랑하고 재치도 많으며 성실하다. 특유의 부산 사투리가 여과 없이 말해서 재미있다.

나도 부산 출신이지만 오랜만에 들으니, 타지방에 온 이방인 같았다. 따끈한 아침 커피. 한잔에 상쾌한 기분으로 음미하며 서류를 펼쳤다.

박정희 대통령의 갑작스러운 유고로 사회가 어수선하고 흉흉한 분위기가 심상치 않아 보이지만 경제는 날개 달린 천마인 양 급속하게 발전을 거듭해 나가고 있었다.

○○사도 날로 번창해지면서 기존 간단한 가전제품도 여러형태로 분리 분산되었고 OEM 생산이 생겨나기 시작하였다. 이곳도 회사의 자회사로 이어져 오다가 상황에 따라 관계 정리를 하고 있는 중이었다. 그로 인한 업무차 출장 왔으니 조만간 본사로 복귀할 것이기에 근무 환경도 서먹했다. 오후에 본사 직원이 연락 차 왔기에 퇴근 후 회식하고 하숙집에 돌아갔다.

"저녁 식사는… 늦었네요."

하숙집 아주머니의 친절이 고맙다.

"예 회식하고 왔습니다."

술 냄새를 풍기며 돌아서는 등 뒤로 "일전에 왔던 여자분이 기다리다 좀 전에 돌아갔어요."

말해 주고는 부엌으로 사라졌다. 미스 고와 퇴근 후 영화 감상 하기로 한 약속을 까맣게 잊고 있었다. 갑작스런 회식에 일찍 퇴근하는 것을 알리지 못했던 것이었다. 미안했다.

하숙집이 회사 근처라 아마 기다리다 돌아갔나 보다. 방문을 열고 들어서니 종이학 한 마리 방 가운데 날고 있었다. 예쁜 글귀를 양 날개에 신고서… 꽃무늬 쪽지에 글씨가 아름답다.

술을 드셨겠지만,
저녁 식사 꼭 챙겨 드세요
기다리다 그냥 갑니다…
　　　　　-정미-

을숙도

 삼월 초순. 바람이 기분 좋을 정도로 차게 뺨을 스치고 달아난다. 조그마한 통통배 뱃머리에 앉아 마주치는 강바람을 가르며 휘날리는 머릿결이 아름다운 여인, 미스 고의 자태가 표현할 수 없는 느낌의 고혹적인 모습이다. 갈매기 떼들이 뱃전에 날아 들며 반기고 건너편 갈대숲에도 많은 철새 무리들이 비행하고 있었다.
 "인택 씨 을숙도엔 처음이지예?"
 "응 처음이야…."
 "부산에 있을 때 안 와봤어예?"
 "그땐 교통편이 열악했어요. 당시엔 부산시가 아니었거던…."
 갈매기들이 뱃전에 무리 지어 날아들며 따라온다. 갈대숲 사이의 물오리들이 통통배 소리에 정신없이 줄행랑을 치고 물길 따라 멀리 달아난다. 바람 소리 철새들의 울음소리 갈매기들의 부산한 군무와 함께 통통배 소리에 주변이 웅장하게 시야에 펼쳐진다.
 덩달아 미스 고의 목소리도 저절로 커지고 마주치는 얼굴도 뺨을 스치듯 귓속 가까이 소리치며 말한다. 시원하게 트인 강변의 풍경에 한껏 들뜬 기분에 젖어 미스고는 연신 감탄하며 바람 소리에 버무려 귓속에다 자신의 감정을 뿜어 넣었다. 하루에 두 번씩 왕복하는 을숙도 선착장의 통통배를 타고 강변 경치를 즐기며 돌아다니며 구경하였다.

흐르는 낙동강 물결에 반짝이는 비늘 같은 잔물결이 햇빛에 눈이 부셨고 햇살은 따뜻하게 봄바람을 훈훈하게 했다. 우거진 갈대 수풀이 무성한 사잇길로 파고 들어가 철새들을 놀래키기도 하고 갈댓잎을 눕혀서 방석처럼 깔고 앉아 갈대에 묻혀서 뒹굴고, 숨고, 즐거워하며 합창도 했다.

처녀의 수줍음은 어디 가고 깔깔거리며 웃는 모습의 미스고는 철없이 나뒹구는 어린 소녀의 개구쟁이였다.

완만하게 흐르는 하구에는 토사가 많이 퇴적되어서 갈대는 물론이고 강둑에 수초도 무성히 자라 어패류가 많이 잡혔다. 동양 최대의 철새 도래지다. 활달한 성격은 부산 사람들의 매력!

젊음이 훈장처럼 반짝이는 청춘을 갈매기 떼에 실어서 훨훨 날아다니는 부산 아가씨. 고정미의 매력이었다. 황혼빛에 곱게 물드는 매혹적인 젊음을 갈대숲에 남기고 석양을 앞둔 노을빛을 뒤로하며 물길 따라 걸어 나왔다.

"정말! 좋은 곳이에요 이곳이…."
"자연이 만들어준 공원이야 이대로 보존되어 주면 보물이 될 거야"
"좀 더 있고 싶어… 천천히 가요…."
"시간 없어. 늦었어… 막배가 딱 하나 있어."
"막배? 시간 알아요?"
"응, 탈 때 미리 알아보았어."

정미는 아쉬운 표정이 역력했다. 돌아가는 발걸음이 신명이 나지 않았지만, 팔짱 끼고 따라오며 두리번거리면서 연신 감탄한다. 저 멀리서 통통거리는 뱃소리가 들려왔다. 걸음을 재촉하며 손을 잡고 뛰다시피 달려갔다.

"우리 담에, 또 와요"

"응, 그러자 그렇게 좋아?"

"또 오고 싶어요 함께…."

달려가면서 손을 잡고 말한다. 닻을 걷어 올린 통통배는 떠날 준비를 마치고 뛰오르는 마지막 손님을 기다렸다. 가쁜 숨을 겨우 진정시키고 멀어지는 을숙도의 갈대숲을 바라보며 손 흔들면서 정미는 즐거워했다. 선착장에 도착하여 조금 걸어 나오니 이미 해는 지고 어스름이 깔리기 시작했다. 갈 길이 멀다.

"나, 배고파…."

조금 처져서 오던 정미가 힘없이 말했다. 돌아보고 "뭐 좀 먹을까?"

주위의 식당들이 마땅찮았다. 작은 어촌의 선착장이라 기대할 것이 못 되었다. 큰길가 동리까지 걸어 나오니 조금 엉성한 간판이 걸려있는 호프집이 보였다.

간단하게 빵과 마른안주를 시키고 맥주도 두 잔 주문했다.

실내가 훈훈해 자연 움츠렸던 몸도 스르륵 풀렸다. 음악이 잔잔히 흐르며 분위기가 감미롭다. 빵과 맥주를 더 주문하고 허기를 채우고 잠시 시간을 보냈다.

'뷰티풀 선데이….'

경쾌한 리듬을 타고 실내에 음악이 조용히 깔리며 들려왔다. 맥주 몇 잔에 취기가 오른 정미의 양 볼이 잘 익은 복숭앗빛이 되어 발그레 물들어지고 있었다. 턱을 괴고 바라보는 눈빛이 조명 아래서 그윽하다.

"우리 언제 또 와?"

목소리가 깔리며 뇌리끼리하게 들린다.

"글쎄… 시간이 있을지…."

"다음 주 또 와요…"

대답 대신 미소 짓고 끄덕이었다.

즐거운 담소로 시간을 잊은 채 오랫동안 호프 잔을 부딪치며 여유롭게 보냈다. 화덕 난로에 주전자 물이 끓는 물소리로 뚜껑이 들썩거리며 요란을 떨고 뚫린 콧구멍에는 하얀 수증기가 증기기관차 김 빼는 소리처럼 폭폭… 거리며 몽실몽실 뭉쳐서 천장을 보고 올라간다. 음악과 분위기에 자신들을 묻어 버렸다.

영업 종료를 알리는 종업원의 통보로 정신을 차리고 황급히 나서니 밤이 깊었다. 동래까지 가야 한다는 것을 깜빡 잊었다. 택시를 찾아보니 보이지 않았다. 조용한 시골 선착장엔 가로등도 없었다. 그나마 몇몇 집 있던 상가도 하나둘씩 소등하였고 셔터 내리는 소리만 요란하게 들려왔다. 어쩔 줄 몰라 하는 미스고를 옆에 두고 사방으로 헤매고 뛰어다녔다. 다리에 힘이 빠지고 숨이 턱에 찼다.

주저앉아 낭패스러움에 낙담하는데 도로 끝 저편에 노오란 불빛이 가까이 오고 있는 것이 보였다. 꼭지에 훤히 불을 밝힌 택시였다. 양팔을 벌리고 필사적으로 막아섰다. 급정거의 소음이 귀청에 날린다. 부탁했다.

"아저씨 동래까지 태워주세요."

머리가 희끗희끗한 중년의 기사였다.

"시간이 임박하여 거기까진 못 가요."

"예? 지금 몇 시예요?"

"밤 11시 10분 전입니다. 통금에 걸려요, 젊은이…."

"그럼 이 차는?"

"차고지가 송도라 거긴 못 갑니다."

김해까지 갔다가 돌아가는 부산 택시였다. 요금을 두 배 준다 해도 소용없고 빌어도 통할 일이 아니었다. 시간을 잊은 건 불찰이지만 통행금지 시간조차 깜빡했으니 둘 다 할 말이 없었다. 우물쭈물거릴 형편이 아니었다. 어쨌든 이 적막한 선착장 근방에 있을 수가 없었고 가까운 도시 근처로 가고 볼 일이었다.

"그럼 김해 근방이라도…."

"안 됩니다 나도 급해요."

앞뒤 볼 것 없이 똥줄이 타왔다.

"아저씨 가시는 곳까지라도 태워 주이소."

"허… 참 더는 안 됩니데이…."

"예 고맙습니더…."

총알 택시다. 어두움이 칠흑같이 짙은 도로를 튕겨 나간 총알처럼 냅다 달린다. 옆으로 늘어선 가로수가 순식간에 꽁무니를 빼고 달아난다. 운전하는 기사도 제 정신이 다 빠져나간 듯이 보인다. 속도감에 두려움을 느낀 정미가 두 손을 꼬옥 잡고 바짝 붙어 앉아 가볍게 떨고 있었다. 이젠 제발 무사히 도착하길 바라고 있었다.

그 와중에도 '밤하늘의 트럼펫' 연주곡이 긴장된 차 속에서 울리며 고운 음색의 소리가 애잔하게 퍼져왔다. 히터에 열기가 차 안을 훈훈하게 몸을 녹여 준다. 꼬옥 잡고 있던 정미의 손이 차츰 풀리더니 스르륵 몸을 기댄 채 고개를 어깨에 떨구고 잠이 들고 있었다. 안도감에서 오는 평온함이 심신을 녹이며 소금기 먹은 배추처럼 자신도 모르게 무너지면서 꿀잠 속으로 떨어져 버렸다.

귓가에 맴도는 조용한 숨소리는 믿음의 호흡으로 자신을 맡기고 흔들리는 차 속에서 꼬옥 붙어 잠이 들고 있었다. 즐거웠던 하루가 몽롱해진다. 달리는 속도감에 취해지면서 팝송 음악에 묻혀 어느새 양 눈꺼풀도 가뭇가뭇 풀어지며 졸음이 쏟아졌다.

통금에 쫓기는 택시는 미친개 천둥 속에 날뛰듯이 사정없이 달려간다.
'아, 이대로 가서 어떻게 하나? 송도에 도착하면 어디로 가야 하나?'
차창에 비치는 밤 바닷가 파도가 비몽사몽간에 어른거렸다. 하얗게 밀려오는 송도 바닷가의 파도 소리가 가물거리는 의식마저 희미한 그림자로 지워지고 있었다. 도착을 알리는 기사의 알림 소리가 꿈을 꾸는 것처럼 어렴풋이 들려왔다.

'어떻게 하나?
어디로 가나?'
밤비가 부슬부슬 내리고 있었다. 비에 젖는 해변을 바라보며
갈 곳 잃은 나그네가 되어
오랫동안 망연히 서 있었다.
등대 불만 비에 젖는 송도 바닷가에…

세월의 방아

비가 내린다, 봄비다, 솔잎 끝에 영롱한 빗물 방울이 물 송이처럼 하얗게 대롱대롱 매달려 있다가 방울방울 떨어진다. 비에 젖은 꽃가지가 봄빛마저 선명한데 보는 가슴은 꽃망울이 되어 가지마다 무수히 터트리며 환희의 소리를 봄비 맞으며 소리친다.

겨우내 메말랐던 대지에 하루 종일 보슬보슬 춤추는 듯 내려 적셔주고 있었다. 가루비가 바람에 휘날리어 우산 없이 바바리를 챙겨입고 나섰다. 서면 근방에서 기지를 만나기로 했다. 인테리어가 조화롭게 잘 짜인 조그마한 경양식 집이었다. 붉은 융단 카펫이 깔린 계단을 밟고 천천히 올라가니 창가에 기지가 먼저 와서 자리 잡고 앉아 있었다.

"일찍… 먼저 오셨군요."

"못 찾으실까 봐…."

코트를 벗어 옆에 두고 마주 앉았다.

"바바리코트의 모습이 멋지네요"

"가루비가 오는 듯 마는 듯해서…."

"자주색이 소화하기 힘든데… 참 잘 어울립니다"

"정말로! 멋있습니까?"

웃으며 고개를 숙이고 인사를 했다.

"인택 씨, 센스가 보통이 넘어요…."

조명등이 은은한 불빛 아래의 갈색 머리가 찰랑거렸다. 정장을 곱게 차려입고 쳐다보는 긴 속눈썹의 가는 떨림이 눈가에 웃음을 담뿍 지우고 있었다.

"실내가 우아하고 고급스러워요"

"근방엔 이름 있어요, 좀 비싸지만…."

"비싼 것 먹읍시다 반가우니깐…."

음식과 와인 한 잔씩 앞에 놓고 손놀림도 조용하며 가끔 건배를 하고 잔을 부딪쳤다. 처음 재회 때의 서먹했던 마음도 약간의 부끄러움은 있었지만, 예의만큼은 잊지 않았다. 지켜야 할 첫사랑의 가치였고 간직한 아름다운 추억을 아끼는 배려였다.

기지는 언제나 조용하다. 마음으로 말한다. 느낌으로 전한다. 가벼운 침묵이 음악에 묻혀 잔잔하다.

"무슨… 생각을 하십니까?"

눈을 들어 웃으면서 살짝이 말했다.

"옛날 생각요, 많은 것!"

대답하는 기지의 속눈썹이 추억 속에 묻혀 일렁이는 것이 검고 깊게 보였다.

"어떤 것을?"

"모든 것이…!" 주고받는 대화에 많은 사연이 우러난다.

"어떠세요? 옛날이…"

"아련해요…아프게!"

"시리도록?"

"멍 들어… 동백처럼!"

마주 보는 좌석이 자못 즐겁다. 엷게 번지는 미소는 농 속에 숨겨져서 추억이 전해지는 마음이 서로 알끈하다. 마주 앉아 바라보는 이 순간은 어떤 대화로도 대변하지 못할 최상의 표현으로 조용히 시간을 흘려보낸다.

세월의 방아는 돌고 돌아갔다.
추억의 물길에 쉼 없이 감겨서
세월이, 세월이, 세월이…
잊을 수 없는 사연을 풀면서 돌아갔다.
뜸북새는 울었지…
논에서 구성지게…
흘러가는 세월의 방아가 슬퍼서…
물레방아 돌아 돌아. 세월만 갔네!

창가에 어리는 물레방아,
네온 불에 그리움 품고 슬프게 비춰 준다.
가늘게 흔들리는 목선의 펜던트.
추억을 안고 아프게 떨고 있었다.

여린 순정

사월의 해풍이 훈풍이다. 6개월의 출장을 마무리하고 서울로 복귀를 앞두고 마지막으로 해운대 백사장을 찾았다. 하얀 포말을 이루며 밀려드는 파도 위로 푸른 하늘에 흰 구름이 두둥실 흘러간다. 맞받아쳐 불어오는 바닷바람이 훈훈하게 느껴오는 백사장을 길게 걸었다.

본시 부산서 자랐지만, 떠난 지 오래이라 도시에 대한 살뜰한 정은 없었다. 이번 출장을 계기로 잊혔던 유년시절의 추억이 고스란히 묻혀 있었음을 뒤늦게 발견하는 6개월의 생활이었다.

어린 시절의 충무동 바닷가. 그리고 등대 아래의 방파제에 부딪히는 파도 속에 뛰어놀던 개구쟁이들. 중고등학교의 하숙집 생활에 얽혀 있던 수많은 에피소드와 부끄럼 많은 사춘기의 재미있는 추억들과 첫사랑을 만나게 해준 도시. 부산을 새롭게 조명해 보는 계기가 되었다.

'그렇구나! 내 인생의 뿌리는 바로 이곳. 부산이었구나.'

느끼지 못했던 마음의 고향이 있었다고 생각하며 물기 먹은 모래톱을 한 발짝씩 밟으면서 천천히 걸어갔다. 이제껏 떠돌던 부평초가 마음에 뿌리를 내리고 있는 순간이었다.

내일이면 돌아간다고 생각하니 감회가 새삼스럽다. 자주 찾고 싶다고 마음에 새기며 멀리 가로로 그어진 수평선을 뒤로하고 백사장을 돌아섰다. 출근하여 마무리 서류철을 정리하고 마지막 퇴근을 하며 회사를 나섰다.
　네온이 하나둘 밝혀지는 거리를 바라보며 찻집을 찾아가니 정미가 먼저 와서 기다리고 있었다. 일어서서 반기는 표정이 어둡다. 헬쑥하다.
　"경주에 갔다 온 것이 힘들었나 보다."
　며칠 전 함께 경주에 여행 갔었다. 좀 먼 거리였지만 아침 일찍 출발하여 이곳저곳 고적지를 관광하고 늦은 막차로 밤늦게 돌아왔다. 위로 겸 인사를 하고 마주 앉았다. 괜찮다고 하며 웃는다.
　"떠나실 준비는 다 마무리했어예?" "어제 모두 수화물로 부쳤어…."
　"그렇게도… 빠르게?" "내일 바로 근무처로 출근해야 해…."
　서운해하는 마음이 진한 커피 향에 실려서 꼬물꼬물 피어오르며 가슴에 스며든다. 가늘게 내쉬는 소리 없는 숨결에 실낱같이 가는 한숨이 되어 안타까운 심정을 고스란히 빈 찻잔 속으로 섭섭함을 담고 있었다.
　처음 마주치며 흔들렸던 눈빛이 달콤한 향기였기에 돌아서는 모습은 한 잔의 진한 커피 맛이었다.
　"자주 보러 내려올게…."
　그럴 수 없다는 것을 정미는 알고 있다. 뻔한 빈말을 할 수밖에 없는 작별이 괴롭힌다. 말없이 고개 돌려 듣고 있는 가녀린 모습이 조명 불빛 아래서 흐르는 슬픔이 물안개처럼 번져온다.
　"따라가고 싶어… 안 되지예?"
　툭, 던지며 쓸쓸하게 웃는다.
　의미 없는 응석이 진실처럼 들려와, 아픔을 준다.

돌아가는 시간은 정해졌기에…
잊지 말라고 울먹이는 눈망울이…
일어설 수 없는 앉은뱅이 석고상이 되어 갔다.
이슬처럼 젖어드는 정미,
잊지 못해 일어서질 못하고!

돌아서는 마음을 애써 못 전하는구나
짧은 만남은 추억으로 남는
스쳐 가는 인연이었기에…
마음속에 가만히 묻어 버리는
슬픈 그림자가 눈물겹다.
여린 순정을 못내 끊지 못하는
애석한 사연이 되었다.

출장

한 뼘 넓이의 쪽마루가 창틀을 끼고 길게 이어진 선반 위로 갖가지 화초들이 짙은 선팅 아래 진열되어 있었다. 은은한 분위기에 바라보는 시선이 한결 부드러워져 마음이 평온해진다. 음악 소리 없는 시골 다방의 편안함이다.

커피를 주문하고 쪽마루에 진열된 다양한 식물을 감상하며 상대방의 의중을 기다렸다. 깊이 생각하는 표정이다. 유통업을 시작한 지 세월이 많이 흘렀다.

사업에 이력이 붙고 경험도 쌓여 나갔다. 해마다 철 따라 지방에 섭외차 출장을 한다. 특히 부산 경남 지방에 거래선이 밀집되어 있어 자주 방문한다.

이 지역에 생산되는 품목은 다양하다 과채류가 대량으로 출하되어 전국적으로 잘 알려진 농작물 생산지인 것이다. 사시사철 바쁜 일과지만 며칠씩 시간을 내어 섭외하러 출장을 다닌다. 오늘은 청도에 내려와 섭외를 했다.

"그럼, 거래를 한번 해 봅시다."

커피잔을 훌쩍 비우며 최 사장이 흔쾌히 거래를 성사시킨다. 함께 일어나 청도역 앞 조그마한 식당에서 우렁된장국을 함께 나누고 일어섰다.

먼 곳으로 시간 내어 출장 왔으니 또 다른 거래처도 방문하고 섭외를 했다.

밀양을 거치고 창녕 쪽으로 돌아다녔다. 남부, 경남 지역이 온통 하우스 생산지다. 낙동강 하굿둑의 생산지를 방문하여 섭외를 하기로 하고 행선지를 정했다. 부산 쪽 김해 근방이다. 기지가 떠 올랐다. 세월이 흘렀다. 오랫동안 소식 없이 지냈기에 궁금했다. 수첩에 나열되어 있는 인명을 검색하니 빛바랜 종이에 고스란히 적혀 있었다.

이기지. 새삼, 반가움에 미소가 진다. 갑자기 사업에 의욕이 불타오른다. 출장지의 섭외가 자신감에 충만하다.

사업에 매진하는 정열과, 욕망이 솟구치는 자신의 가슴속에, 그리운 추억도 함께 간직하고 있다면 그것은 인생을 영위하는 축복받은 삶일 것이다. 아울러 자신에게 선사하는 행복이며, 가슴에 흐르는 감로수가 아니겠는가!

한결 즐거운 마음에 잰걸음으로, 역을 향해 급히 걸어갔다.

항도 부산!

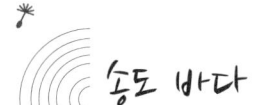
송도 바다

홀가분한 마음에 발걸음이 가볍다. 성사된 섭외가 사업을 한껏 고조시키며 들뜬 기분을 가라앉히면서 청도역으로 갔다 유월 하지를 앞둔 하루 해가 중천에 이글거리며 뜨거운 열기를 대지에 내리쬔다. 한산한 역 개찰구를 미리 걸어 나와서 부산행 보통열차를 기다렸다. 재회를 하고 헤어진 지 벌써 10년이나 되었다.

출장을 마치고 돌아와 사표를 제출하고 곧장 사업을 시작하며 생활 전선에서 그야말로 동분서주. 노심초사 세월도 잊은 채 삼십 대가 흘러갔다. 눈 한번 껌뻑하는 10년 세월. 꿈인 줄도 모르는 꿈결 같은 인생이 삶이라는 고초 속에 찰나같이 녹여 버렸다.

'무상이로구나.'

사십 초반의 기지도 나도 많이 변해버린 모습이 서로 세월을 느끼겠지. 긴 상념 속에 부산역에 도착해서는 곧장 공중전화 부스를 찾아 한쪽 귀퉁이에 들어섰다. 신호음이 길게 이어지고 반가운 목소리가 귓속으로 녹아든다.

"여보세요…."

낮은 목소리가 조용하고 잔잔하게 들렸다.

"심인택입니다. 오랜만입니다."

조심스럽게 말했다. 혹여, 통화하기에 불편한 상황이 있을 수가 있기 때문에 주부의 입장을 배려 했다.

"어머, 오랜만이에요 어디신데요?"

뒷말 없이 위치부터 물었다.

"부산역입니다. 지금 막 내렸어요"

"우짠 일로…? 오랜만입니다."

"만날 수 있을까… 해서 왔습니다."

"예, 그럼 어디가 좋을까요?"

"기지 씨가 말씀하세요, 어디든….”

"여긴 엄궁 쪽인데… 중간쯤에… 송도가 어떠세요?"

"예, 좋습니다. 그리로 가지요."

짧은 통화를 끝내고 택시를 불러서 타고 약 한 시간 정도의 거리를 달려서 파도치는 모래사장이 펼쳐진 해변 길옆에 내렸다. 약속한 장소에 찾아가니 입맛을 유혹하는 근사한 간판이 네온 빛을 발하는 횟집이 있었다. 왜색풍의 입구를 걸어 들어가 한쪽에 반듯하게 앉아서 기다렸다.

홀 안은 깔끔하고 이른 저녁 시간이라 조용했다. 잠깐 주위를 살피는 눈머리에 기지가 단아한 복장으로 들어서고 있었다. 긴 속눈썹이 눈에 들어온다. 한번 껌벅이는데, 뇌쇄적이다.

'눈썹도 자라는 걸까? 아님 붙인 건가?'

궁금증이 유발하지만, 물어볼 용기가 겸연쩍었다. 기지를 만나면 아직도 예전 그대로의 숫기 없는 어린 총각이 된다.

속마음이 들킨 것 같아 큰소리로 "많이 이뻐졌습니다. 처녀처럼…" 웃으며 덕담으로 맞이했다.

"오랜만이에요. 잘 계셨지요?"

반갑게 미소 지으며 마주 앉았다.

"출장을 언제 끝내고 돌아갔는지… 소식 주지 않아, 궁금했어요."

"사월 말경에… 경양식 집에서 본 후 한 달쯤 뒤에 돌아갔습니다."

술을 한 잔씩 하고 다시금 붓고 권했다. 시집살이를 하기에 많이 못 마신다고 사양하며 안주를 집어서 맛있게 먹는다.

"아직, 직장에 다니십니까?"

"사표 냈습니다. 그 즉시…"

"그럼 지금은 무슨 일하시는데예?"

"농산물 유통업입니다."

"농산물?"

"예 청과물 도매업입니다. 뭐… 과일장사꾼이죠. 그래서 밀양에도 자주 들락거렸습니다. 오늘은 청도에 볼일 겸…."

"청도에서 무슨 과일이 나는데예."

"그곳이 복숭아 산지입니다."

"밀양에 자주 왔으면 우리 친정 쪽에도 가보셨겠네요."

"하우스 작물 재배지만 방문하고 섭외하지요. 딸기 작목반을 찾아다닙니다. 무안면 쪽엔 없는 것 같아서…."

"친정 쪽에 토마토 농사를 많이 짓는다고 하던데요… 내진에도 하우스 농사를 한답니다. 토마토 농사를…."

"내진에도? 토마토 하우스를?"

"가보진 안 했어도 그렇다고 하네요."

뜻밖의 소식을 듣고 불현듯 영헌이가 떠올랐다.

'그 친구도 하우스를 하고 있을까?'

생각하며 술잔을 들었다. 벌써 두 병째 비어가고 있었다. 마흔을 넘긴 기지는 차분함이 묻어나는 말씨와 행동이 마주하는 분위기를 평온하게 이끌고 있었다. 흐트러짐이 없는 자세로 조용히 웃으며, 바라보는 눈길에 부딪히는 서로의 감정이, 채워진 술잔 속에 녹아들어 옛 추억들이 아롱거리며 서서히 취해 가고 있었다.

'아. 옛날이여~'

어느 가수의 노래 가사처럼 그 옛날의 추억이 그립지만, 지금의 순간에도 그리움으로 맞이하는 인연이 되어 끝없이 합쳐지지 않는 두 가닥의 철길을 취몽사몽 속에 걸어가고 있는 것이다.

"너무 많이 드시는 것 같아요…."

"취한 것 같습니까?"

대답하는 말꼬리가 약간 꼬부라진다. 아련한 추억의 그림자가 흐려지는 기억 속으로 사그라져 갔다. 세 병째다. 흔들리는 자세를 바로잡고 담배 한 개비를 물었다. 내내 줄담배를 피우며 마시는 술이 한계를 넘었다. 저녁 갈매기들이 파도 위로 비행하는 수평선에 붉은 태양이 곱게 물들고 있었다. 서서히 스며드는 어두움이 주부의 마음을 점차 힘들게 하고 있는 것이다.

"아이구 많이 취하네요. 일어날까요?"

"괜찮겠습니까? 혼자 많이 마셨어요."

"예, 술 힘을 빌리다 보니…."

"모습이 재미있어요, 철없이…."

약간 휘청거리는 자세를 가볍게 부축하며 살짝 놀린다.

"기지 씨만 보면 철이 없어지나 봅니다."

"우짜겠습니꺼! 누난데…."

"홋홋… 딱!…한 달 앞인데도?"

"호호… 그럼요. 누나지…."

토닥토닥 즐거운 농을 주고받으며 해변으로 나왔다. 길어진 하루해가 석양을 물들이며 수평선 아래로 숨어들고 있었다. 작별에 가려진 마음이 발길을 머뭇거리게 한다. 고무줄 같은 인연이다. 세월의 시간만큼 길게 늘어지다가 한순간에 줄어지며 제자리로 돌아와 옛 추억 속에 반긴다. 그리움에 묶여서.

    인연의 고무줄… 추억의 고무줄…
        늘어졌다가 일순간 줄어들고
    줄었다가 어느덧 늘어진다.
        운명의 장난인가!
    인연의 심술이다.

엄궁 부두

작은 쪽배들이 나란히 정박해 있는 한적한 부둣가, 통통배 고깃배들이 오고 가는 소리만 울려 퍼지는 갯마을, 선창 바다 위에 갈매기 울음소리가 귓가를 어지럽힌다.

어촌의 풍경이 포근하게 가슴에 젖어 드는 선창에 통통거리며 소리 뿜는 작은 고깃배가 막 닻줄을 내리고 있었다.

"잡어, 있습니까?"

나란히 선창길을 걷던 기지가 어부 겸 선장에게 선뜻 물으며 다가섰다. 여러 가지 잡생선을 말한다. 평소 쉽게 먹어 볼 수 없는 잡다한 생선회다. 갯마을 어촌이나 선창가 부두에서나 맛볼 수 있는 색다른 맛인 것이다.

"예, 배에 올라타이소."

선장이 말하며 손을 뻗어 배에 타도록 잡아준다.

"여러 가지, 뼈째 회를 떠주이소."

뼈째 먹어야 고소하고 씹는 맛이 좋다고 기지가 엷게 웃으며 알려주었다. 통통배 뒤편 난간에 자리를 펴고 앉게 한 후 회칼을 집어 든 선장이 선실로 사라졌다. 목수건을 옆에 놓으며….

"사업은 어떠하세요?"

"세월이 많이 흘러서 이력이 붙었습니다. 계절 따라 바뀌는 상품이라 품목을 따라가다 보면 어느새 일 년이 후딱 가네요. 정신없이…."

"재미있습니까? 자신감이 넘쳐 보여서 보기 좋네요. 씩씩하고요…."

마주 보고 웃으며 시원한 갯바람을 즐겼다. 이젠 사십도 중반을 지나간다.

"기지 씨 일상은 어떠합니까? 궁금해요, 언행에 틈이 없으니…."

사실 그랬다. 조용하고 말수가 적다. 긴 속눈썹에 감춰진 검은 눈동자에 가늠할 수 없는 심연 속으로 빨려 들어간다.

"어느 누구나 다 같은 주부 생활이고 별것 있겠습니까?"

선선히 대답하는 모습이 여유와 풍족한 마음이 전해왔다.

"지난번 송도에서 돌아갈 때 많이 늦지는 않았습니까?"

"시어른을 항상 모시고 있기에 신경이 좀 쓰였지만… 괜찮았어요."

"연세가 많으시지요?"

"예 팔십이 넘었습니다."

선장이 야채와 된장 초고추장 종지를 탁자에 내려놓고 칼솜씨를 뽐내는 회 접시를 눈앞에 보였다. 잡다한 생선회가 뼈째 썰었고 무슨 무슨 고기라고 알려주었는데 알 수 없고 또 새겨듣지도 않았다.

맛을 보니 약간 억센 것 같은데 씹는 맛이 고소하다. 술잔을 권하며 "학창 시절에 엄궁 바닷가에 한 번 와본 적이 있었는데 지금 보니 많이 변했습니다. 정말 조그만 어촌이었는데…."

"이제는 부산시입니다. 그래도 아직은 옛 모습이 많이 남아있어요."

"그런가요? 하단, 다대포, 엄궁… 한참 시골이었는데."

여름 바닷가의 해풍이 솔솔 불어와 머리카락을 어지럽히고 더위를 식혀주며 갈매기 소리와 함께 뱃전을 스쳐 간다.

통통거리는 뱃고동 소리가 취중에 흥겨운 리듬이 되어 콧노래도 불렸다. 비릿한 갯내에 두툼하게 썬 안줏감을 오독오독 씹으며 꽤 마셨다.

"인택 씨는 노래도 잘 부르십니다."

"그렇습니까? 난 흥얼흥얼 잘 놉니다. 언제나 기분이 좋으면….""

"옛날이나 지금이나 여전하네요."

"그 성격 어디 갑니까, 훗훗."

뱃전 난간에 갈매기 한 마리가 날라와서 흰색 날개를 접고 바라본다. 고기 한 점을 집어 던저 주며 환하게 웃더니 "인택 씨 노래방 가까예?"

"노래방? 아! 좋지요 갑시다."

출렁거리는 뱃머리에 겨우 중심을 잡고 걸어 나와 근처의 작은 노래방에 들어갔다. 오후 시간이라 손님이 없는 텅 빈 공간에서 떠나갈 듯이 소리치며 합창을 했다.

둘이서 애창하는 노래를 서로 권하고 흥을 돋워주며 신명 나게 한 시간가량 흘러간 뒤 술이 조금 깨는 것 같았다.

"기념품입니다."

노래방 주인이 카세트테이프를 건네주었다. 관광지나 유흥지의 노래방에서 노래를 부르면 주인이 서비스로 녹음을 해서 테이프를 선물했다.

길었던 여름 해가 일렁거리는 바닷물결에 춤을 추며 긴 수평선에 입맞춤하고 있는 노을빛 배경에 선원들의 그물 거두는 선창가를 나란히 걸으며, 저무는 부두길에서 말 없는 작별을 나누었다.

기약은 없지만 또 보게 되리라…

기념으로 남겨진 녹음테이프는 가끔 혼자 있을 때 듣곤 했는데…
어딘가 잘 보관한다고 한 것이 그만 영영 잃어버렸다.
찾을 수 없는 추억이 오랜 시간 서운하게 남아있었다.
가슴에 달랑 브로치 하나 꽂아준 것 외엔
테이프 하나가 남겨진…
정표였는데….

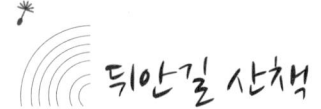
뒤안길 산책

조금 늦은 오후에 부산행 통일호에 몸을 실었다. 완행열차의 속도만큼이나 느릿느릿한 늦여름의 햇살이 열차 안으로 들어와 차창 가에 앉아서 함께 달린다. 햇살이 따갑다. 끝까지 따라온다. 열차의 천장에 달라붙은 선풍기 바람에 머리를 디밀고 기지를 만남을 생각하며 젖은 머리카락을 흔들었다.

즐거운 기분은 시간도 잘 간다. 숫제 급행열차다. 부산역에서 하단까지는 꽤 먼 거리다. 이삼십 년 전만 해도 도심에서 훌쩍 떨어진 조그마한 시골 어촌 마을이었는데 이젠 경천동지할 만큼 크게 발전되어 있었다. 을숙도가 지근거리에 자연경관을 이루어 잘 조성되어 있고 낙동강 하굿둑 또한 주변 풍광에 위용을 자랑하는 구조물에 관광객들의 탄성을 외치게 했다. 늦가을의 짧은 해는 어두움을 남기고 낙동강 물속으로 잠을 자려고 붉은 몸을 감추었다. 네온의 불빛이 휘황한 으스름 저 멀리서 가로등 불빛을 세는 듯 천천히 걸어오는 기지의 모습이 점점 가까워지고 있었다. 또다시 세월이 흘렀다. 5년이란 긴 시간이 진정 눈 깜박이란 말인가! 엄궁 부둣가의 황혼빛이 뇌리를 스친다. 선창가의 작별….

"저녁 시간인데 나오셨네요."

걱정과 반가움이 섞인 인사를 했다. 그윽하고 정숙한 품행에서 조용히 미소를 지으며 쳐다보며 답례를 한다.

"예…건강하게 잘 지내셨지요?"

"예 여전합니다. 기지 씨도…?"

편도 1차선의 뒷골목엔 왕래하는 차량도 드문드문하였고 팔짱 낀 청춘 남녀들의 데이트족만이 간간이 오고 갔다. 왜색풍의 작은 술집과 음식점엔 삼삼오오 머리 맞댄 젊은이들이 청춘을 구가하며 인생을 즐기고 있었다. 잘 정비된 보도 블럭을 나란히 밟으며 말없이 걸었다. 늦가을 뒤안길에 불어오는 바람이 소슬하다. 기분 좋은 찬바람이다.

"댁이 이 근처인가 봅니다."

"하굿둑이 보이는 곳에 있어요. 경치도 좋고 공기가 맑아요."

"아~ 그렇군요."

흔들림이 없는 걸음으로 조용히 담소하며 조금 걸어가니 리듬 박자가 크게 소리 나는 곳이 나타났다. 디스코장이다.

"한번 들어가 봅시다."

마주 보며 말하고 지하 계단을 밟고 내려갔다. 넓은 홀엔 밴드가 울리고 많은 군상이 현란한 조명 불빛 아래서 몽롱한 눈빛으로 전신을 흐느적거리고 있었다. 끈적거리는 모습이 잡아 놓은 장어들의 미끈거리는 액체를 보는 듯이 느끼하게 느껴져서 바로 나왔다.

"요즈음 젊은이들은 우리 때완 다른가 봅니다. 춤인지… 비비 꼬는 건지."

"그땐 트위스트가 유행이었잖아요."

"트위스트 김 유명하지요… 기지 씨도 트위스트 춤 잘춥니까?"

"안 춰봤어요. 못 춰요, 춤을…."

밤이 깊어 오는 네온의 물결 속에 정담을 나누며 마음을 함께 걸었다.

"시간이 많이 되었네요, 늦었습니다."

주부의 생활에 신경이 쓰였다.

"괜찮습니다. 집 근방에 왔어요, 이제 그만 갈까요?"

"잘 들어가세요. 난 이 근처 여관에서 하룻밤 묵겠습니다."

"예 잘 주무시고 낼 만나요."

그리웠던 정이 깊이 묻어나는 인사를 하며 기지가 돌아섰다. 가로등 불빛을 밤공기 속에 은은히 머리 위에 받치고 돌아가는 긴 그림자가 잠시 가까이 왔다가 서서히 멀어져 갔다.

오랜만에 깊은 잠을 잤다.

여독도 있었지만, 긴장 속에 모든 일이 순조롭게 잘 풀려나갔고 즐거웠던 밤 데이트도 마음을 평온하게 해준 결과였다.

오전도 이젠 지났고 이미 정오를 알리고 있었다. 늦잠을 잤던 것이다. 급히 몸가짐을 추스르고 담배 한 개비에 불을 붙이는 순간 조용히 '똑 똑… 똑' 노크 소리와 함께 문이 열리면서 짙은 코발트색의 정장을 한 기지가 방문 안으로 들어왔다.

옷을 세련되게 잘 입는다고 생각했지만, 오늘의 복장은 한층 더 자리 잡힌 여성미가 돋보였다.

"잘 주무셨습니까?"

"예 덕분에 한숨 푹 잤습니다."

"불편하지는 않았습니까?"

"외지에 나왔으니, 불편쯤은 감수해야지요, 뭐 어쩌겠습니까?"

"식사하러 가입시다."

대답 대신 마주 보며 일어섰다. 가을 날씨가 화창하다. 낙동강이 만나는 남해 바다가 지척인지라 솔솔 부는 바람이 비릿한 것같이 느껴졌다. 일식집 이층의 조그마한 칸막이 방으로 안내를 받고 마주 앉았다. 다다미가 깔린 바닥이 포근하게 자신의 온기에 데워지고 있었다.

"대낮인데 술은 안 되겠지예?"

"안주가 좋은데 술이 없으면 되겠소?"

"그라모 한잔 하이소."

"그랍시다. 뭐 또 자고 가지요."

"쫓겨나면 우얄라고 그랍니까?"

"아, 사업차 출장 왔는데 누가 뭐라 카겠습니까? 기지 씨 만나는 것도 사업에 보탬이 됐잖습니까."

"아이고 참, 무슨 보탬이…."

"아, 지난번 영헌이도 토마토 농사짓는다고 알려주지 않았습니까?"

"영헌이도 만났습니까?"

"하모요. 이번에 만났고 내년부터 밀양 토마토 위탁 많이 받을낍니다."

"친정 내진에도 농사 많이 합띠까?"

"아직 못 갔습니다. 내년 출하 시기에 다시 내진을 방문할까 합니다."

"시골도 많이 변했어요. 어릴 적 친정 동네가 아닌 것 같아요."

"세월이 근 삼십 년 전인데 그냥 있으면 이상한 거지요."

"시간이 흘러도 인생만 안 늙고 그대로면 바랄 것이 없겠는데…."

"가시덤풀로 문짝을 막아도 솔솔 구멍 찾아 들어온답니다"

"인택 씨는 정말 늙지 않는 것 같습니다."

"뭐! 그러시는 기지 씨도 여전합니다."

"마음만 젊은 것 같아요."

"마음이 젊으면 다 젊어집니다, 하하⋯."

술이 조금씩 취해왔다. 헤어질 시간이 자꾸만 가까이 오는데 술맛이 좋다.

"오늘 올라가셔야 하는데 조금만 드세요. 사업이 바쁘시잖아요⋯!"

"쫓겨나고 싶은데요⋯ 후훗."

"나, 책임 못 져요. 호호⋯."

재미있고 편한 만남이다. 예의와 존중을 갖춰서 하는 농담에 믿음이 깃든다. 오랜 시간 속에 그리움이 삭혀진 추억의 만남이다. 누구든지 추억은 역사다. 인연이 만들어지는 뿌리인 것이다. 뽑을 수도, 뽑힐 수도 없는 뿌리 깊이 박혀있는 영원히 숨 쉬고 있는 인생의 기록인 것이다.

추억은 언제나 그리움을 잉태하며,
흐르는 세월에 간간이 젖어온다.

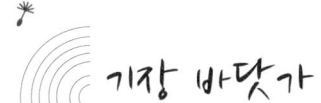

기장 바닷가

향어. 자연산 잉어를 인위적으로 품종을 개량하여 식용으로 양식한 민물고기다.

이스라엘 향어라고도 한다. 이놈을 잘게 무채 썰 듯이 썰어 초고추장에 다진 마늘과 각종 양념으로 무쳐서 먹으면 술안주 깜으로는 제격이었다.

밀양의 남천강으로 합류하는 작은 지류의 물가 옆에 경치 좋은 민물횟집에 모여 앉았다. 영헌이와 내진 동네 토마토 작목반원들과 만남의 자리를 만들었다.

"여러분 오랜만입니다. 매년 잊지 않고 토마토를 위탁해 주셔서 감사드립니다. 부평서 술 한잔한 후 벌써 삼 년이나 흘렀군요. 자주 찾아오지 못한 점 양해와 더불어 오늘 많이 드시기 바랍니다."

인사말과 함께 건배를 외쳤다.

"영헌아, 고맙다. 한잔해라."

"고맙기는… 친구아이가."

잔을 받으며 너털웃음을 지었다. 친구의 말술은 예전이나 지금이나 변함이 없다. 아무리 먹어도 자세 한번 흐트러지지 않고 꼿꼿이 앉아 책상다리로 홀짝거리는데, 따라갈 재간이 없다.

허긴, 부평서의 술자리에서도 모두 제방 둑 허물어지듯 무너져도 끄떡 없던 친구의 주량이었다. 대인관계도 원만해서 사업에 많은 도움을 주는 고마운 친구다. 덕분에 남부 경남 지역과 밀양 일대의 위탁물도 많이 소개받았다.

"오늘 올러갈끼가?…"

쓴 소주 한잔 입에 붓고는 잔을 건넨다.

"아니 부산에 볼일도 있고 해서"

"……."

별말이 없다. 웃으면서 딴청이다.

"청도에 인사도 하고 낼 갈까 싶다."

고개를 끄덕이며 술잔을 기울고 있었다. 분명 기지에 대해서 물어봄 직도 한데 전혀 내색도 하지 않고 표정도 감추는 심성 깊은 친구였다.

해운대를 지나 동쪽 바닷길을 따라 쭈욱 올려가면 조금 한적한 어촌이 나온다.

미역으로 잘 알려진 기장 바닷가. 남해를 끼고 있는 감천, 엄궁, 다대포는 포구의 물결이 완만했지만, 거친 파도의 물결이 밀쳐 드는 기장 바닷가는 그만큼 역동적이다. 하얀 포말을 일으키며 달려드는 힘센 파도는 푸른 하늘을 배경으로 보는 이의 가슴을 통쾌하게 만든다.

"바닷바람이 상쾌해요, 비릿한 것 같고" 아름답게 채색된 머릿결을 해풍에 흐트러지며 상기된 표정으로 말한다.

"동해는 언제나 사람들을 흥분시켜요."

맞장구를 치며 마주 앉았다. 바닷가가 시원스럽게 내려다보이는 비탈진 기슭에 천막과 평상이 놓여있는 노천 음식점이었다. 구부러진 해송이 주변에 둘러서 있어 운치가 한결 더 감미롭게 풍겨졌다.

"몇 년이 지났는데도 여전히 예쁩니다."

"덕담이시군요. 이젠 중년인데…."

"중년의 아름다움이 더 원숙하지요."

"인택 씨는 아직도 청년의 모습이에요."

가늘게 떠는 긴 속눈썹이 휘날리는 머릿결 속에서 감추어져 미소를 짓는다. 길게 그어진 수평선 위로 햇살 머금은 물결이 일렁거리며 갈매기 울음소리에 너울너울 춤을 추고 있었다.

"코팅하셨나 봐요."

갈색빛이 짙은 윤기 흐르는 모습은 정녕 가슴을 설레게 하는 첫 만남의 여인 같았다.

"어때요? 색상이…"

"분위기 있게 잘 어울립니다."

"그럼, 프러포즈 한번 해봐요."

"그럴까요? ㅎㅎ"

술 한잔을 권하며 마주 들었다.

갈매기들이 주변에 낮게 비행하면서 떠나지 않는다, 감시하는 파수꾼처럼 보여 고기를 몇 점 던져주니 물고 날아가 버린다. 소주 한잔을 기분 좋게 마시면서 '에이, 키스를 할까 부다.'

짓궂은 생각에 마음은 즐거웠지만 행동은 되레 굳어졌다. 막상 장난스러운 몸짓과 느낌이 괜스레 서먹한 분위기로 이어질까 봐 두려웠고, 하얗게 지새우던 과수원의 여름밤에 애태우며 떨리던 안타까운 사연이 불현듯 떠 올라왔다.

　언제나 허물어 버리지 못하는 벽 같은 힘든 표현이 오랜 시간 평행선으로 되어 마음으로만 바라보는 잊지 못하는 그리움의 속에 세월과 함께 굳어져 갔다.

　"옛날 옛적 생각이 많이 납니다."
　약간의 침묵을 흩트리며 말을 이었다.
　"재미있고 아름다운 추억이에요."
　언덕 위로 치올라 부는 바람에 귀밑머리 매만지며 공감하는 화답을 한다.
　"추억의 앨범이 엄청 두꺼워서 한번 펼치면 시간 가는 줄 모르겠습니다."
　"순간순간 사연이 꿈속같아요."
　솔잎 향이 깔리는 노천에서 마시는 술이 취하지 않는 것 같다. 바닷가 언덕배기에 마주 앉아 불어오는 해풍을 술잔에 담겨서 마셨다.
　솔향기를 마시고 추억을 마셨다. 말없이 바라보고만 있어도 많은 얘기를 한다. 꿈결같이 흘러간 시간 속의 재미있는 사연들이 바람에 얹어져 술잔으로 말없이 서로가 전해 주었다.
　"기지 씨 주량이 많이 세졌습니다."
　"분위기에 젖어서… 경치가 좋아요."
　"좀 취합니다만 기분좋네요, 하하."
　"어떻게…가실 수 있겠습니까?"
　"밤차 타고 눈감고 있으면 도착하겠지요."
　"피곤할 터인데…."
　"밤차에 만난 여인이란 노래도 있지 않습니까? 혹시라도…."

"기대하면 이루어져요 응원할게요"
"그냥 눈 꼭감고 자고 갈게요"
"피-이…^^"

소나무 가지에 걸린 스피커에서 잔잔한 음악이 두 사람의 주변에 감싸든다. 부딪치는 파도 소리가 취중에 멍하게 들려왔다. 너울거리는 파도 속에 작은 고깃배가 애처롭다.

   간들간들… 보였다가 숨었다가,
     떠올랐다, 가라앉았다.
   고깃배가 취했나? 내가 취했나?
     통통배가 파도와 숨바꼭질한다.
   드넓은 바다가 술잔 속에 너울너울
     갈매기 한 마리가
   추억을 싣고 날아간다.

부산발 열차가 도착하려면 아직 시간이 많이 남아있었다. 널따란 역전 광장이 한적하고 고요하다.

소도시의 자그마한 역사가 단조로움에 졸고 있고 정오의 맑은 하늘 아래에 역광장이 빛바랜 태양 빛으로 하얗게 눈을 부시게 만든다.

나뭇등걸 위의 매미울음이 애가 탄다. 아직은 뜨거운 늦여름 오후의 기다림이었다. 도심에서 훌쩍 벗어나서 조용한 외각에 자리 잡은 밀양역은 언제나 여유로운 풍경이었다.

시골 간이역 같은 아담한 역사를 앞에 두고 펼쳐진 광장은 주변에는 간단한 식당 두어 군데와 조그마한 다방이 음악 소리도 없이 손님을 기다리고, 차량 소음 소리도 들리지 않는 정감이 묻어나는 그림 같은 역이다.

매미 소리가 따갑게 온정신을 쥐어박는 나무 그늘에서 손부채를 부치며 역 개찰구를 응시하며 늦더위를 느끼고 있었다. 정시에 도착한 기지가 떠나가는 기관차의 기적 소리를 허공에 날려 보내며 역사를 배경으로 둥근 광장을 가로질려서 살풋살풋 율동이 가미된 걸음으로 점점 클로즈업되면서 다가왔다.

"어서 오십시오, 기지 씨."

"많이 기다리셨지예…?"

베이지색의 투피스에 약간의 굽이 높은 하이힐을 신고, 크림색 블라우스다.

"볼일을 일찍 끝나고 시간적인 여유가 있어 한가로웠습니다."

"먼 거리에 피곤하실 텐데…."

"사업차 출장 오니 보람차고 즐겁고 힘 드는 줄 모릅니다."

"인택 씨 덕분에 기차여행을 했으니 감사해야겠어요."

"너무 먼 거리인 것 같습니다, 미안합니다."

익살스럽게 웃으며 목례를 했다.

"한 시간 거리예요. 이젠 바로 옆 동네처럼 가깝게 느껴집니다."

"교통이 많이 좋아졌습니다. 삼십여 년이나 흐른 세월에서…."

무심코 했던 말속에 불현듯이 가버린 시간이 너무 빨라 잠시 두 얼굴을 마주 보며 어이없고 허무한 심사가 되었다.

"얼음골에 한번 가보실래요?"

잠시 생각하던 기지가 말했다. 흔쾌히 응하고 차창 바람 맞으며 얼음골로 향했다. 천황산 중턱쯤에 위치한 바위 동굴인데 여름에는 시원한 바람이 불고 겨울에는 따뜻한 바람이 부는 신기한 골짜기다. 오래전에 천연기념물로 지정되어 있지만 전혀 개발되지 않아 자연경관은 원시 환경이 그대로 보존되어 있었다.

바위 틈새에 생긴 커다란 동굴 속에서 시원한 바람이 불어나 왔다.

주변을 천천히 살피니 바위 사이사이로 찬바람이 더운 땀을 씻어준다.

"정말 시원한 바람이 붑니다. 여름철인데도…."

"겨울에는 따듯한 바람이 분답니다"

"그것참! 자연의 오묘한 조화네요."

얼음골에서 흘러내리는 계곡물은 메말라 있었다. 비가 오면 큰물이 흐르지만, 평소엔 계곡 바닥이 드러나서 바위와 돌자갈만 모습을 나타낸다. 계곡 바닥을 거슬러 올라가면서 다니다가 크고 넓적한 바윗돌이 보였다.

"기지 씨 여기 올라가서 좀 쉴까요?"

"예… 쉬기가 딱 알맞네요."

작은 방 한 칸 정도의 넓은 바윗돌이다. 한낮의 태양 아래서 달구어진 바윗돌은 군불을 잔뜩 땐 구들장이 되어있었다.

"어머나! 뜨끈뜨끈합니다."

먼저 올라가서 자리 잡은 기지가 말했다.

"이열치열, 엉덩이 한번 지져봅시다."

즐겁게 웃으며 말하고 훌쩍 올라가서 신발을 벗고는 양반 자세로 앉았다.

"와… 몸이 스르륵 녹아요."

"피로를 푸세요, 앉아서…."

몸이 노골노골해지면서 힘이 풀렸다. 찜질방처럼 피곤함이 풀어진다.

"앉아 있기가 힘듭니다."

말과 동시에 윗도리를 벗고 길게 누웠다. 기지개를 쭉 펴고 몸을 한번 뒤틀고 나니 전신이 시원해 왔다.

"기지 씨 누워보세요. 온돌방 같아요."

옆에 앉아 있는 기지에게 힘차게 권했다. 미소를 지으며 조용히 옆에 서 앉아 있었다.

'마실 것이라도 사올 걸…'

주변을 보니 아무것도 없다. 인가는 저 멀리 띄엄띄엄 몇 채 있고 상가도 없고 (전혀 보이지 않고) 들판에도 사람의 그림자도 없는 산골짝의 계곡 바닥이었다. 누워서 올려다보이는 하늘이 한 손바닥에 들어온다.

주변 산세가 협소하니 밝은 태양만이 푸른 창공에 걸려있었다. 선녀를 옆에 두고 천상의 바위에서 누워있는 착한 나무꾼이 된 것 같았다.

"인택 씨는 감수성이 참 많아요."

조용하던 기지가 빤히 내려다보며 말했다.

"그렇게 보입니까?"

팔을 머리 뒤에 받치고 올려다보며 말했다.

"언제나 봐도 구김이 없어요."

"몇 년 만에 한 번씩 보는데도…?"

"암튼 근심 걱정 없는 즐거운 사람 같아요."

"뭐 둥글둥글 맘 편히 사는 거죠. 억지로 산다고 잘 살아집니까?"

"맘이 편하면 세상살이도 편하겠지요."

"기지 씨도 부족함이 없이 행복한 생활을 이어가는 것 같아 보기 좋습니다."

"그렇게 보이세요?"

"속이고 감추려고 해도 언행에서 나타나고 품위에서 느껴집니다."

"과찬이세요. 좋게만 보시기 때문에…."

"과찬 안 합니다. 느끼는 그대로… 본 그대도 말합니다."

"그럼 나도 그대로 말합니다."

하이힐을 벗어 나란히 옆에 두고 살그머니 기지가 비스듬히 목을 괴며 누웠다. 얼음골 골짜기의 계곡바닥에 덩그러니 놓여있는 큰 둥근 바위에 높다랗게 두 사람은 누워 있었다. 살짝 기울어져 간 태양은 뜨거운 열기를 구름 속에 감추고 서산 봉우리로 흘러간다.

 산새마저 숨었다. 두 사람을 위해서 산천도 숨을 죽이며 고요히 지켜본다. 절벽 같은 암석 바위가 병풍이 되어 아늑한 분위기로 감싸안으며 설렘을 다독이고 있다. 바람이 지나가며 속삭인다.

 '그리움은 행복이고… 사랑은 아픔이야…'

 얼음골 시원한 바람이 계곡을 따라 불어와 두 사람의 얼굴을 마사지하며 함께 어울린다. 오랜 시간을 자연 속에 묻었다.

 "피로가 좀 풀렸어예?"

 부드러운 눈길로 입가에 미소를 지으며 기지가 말하며 내려다보았다.

 "일어나기 싫습니더."

 찜질방같이 잘 달구어진 바윗돌에 전신을 맡기고 누워서 흘러간 세월을 보았다. 거진, 삼십 년의 시간이 주마등처럼 번개같이 왔다가 저 멀리 달아났다.

 "기지 씨, 세월이 참 빠릅니다. 이젠 오십이 바로 앞이니… 생각하면 끔찍해요."

 "이십 대는 멋모르고 가고 삼사십 때는 열심히 사느라고 정신을 빼앗기고… 여자가 먼저 늙나 봅니다."

 "원숙한 중년의 멋이 있잖습니까!"

 "인택 씨는 청년 같아요, 몸매가…."

 "기지 씨는 처녀 같고, 훗훗…."

 해가 기울고 있었다. 산자락의 기슭이 그늘이 짙다. 어둠이 오고 있었다. 산골짝의 시간은 바쁘다. 갑자기 조급해진다.

 "그만 일어납시다."

"갈라고예?"

덥혀진 바윗돌에 누워서 즐기던 기지가 시간의 흐름에 놀라워하며 일어났다.

"돌아갈 길이 멀고 해가 기울었어요"

"우째! 시간이 참 빨리 가네요"

"산천에서 신선놀음했나 봅니다. 나뭇꾼과 선녀처럼? 계곡에 물도 없고 돌자갈과 바위뿐인데…."

"요즈음 선녀는 목욕 안 해요. 찜질방에서 땀을 빼요… 하하하."

"그럼, 나뭇꾼은? 호호."

"사업을 하지요 농산물… 핫하핫."

"말솜씨가 여간합니다…."

"두레박도 안 타고 자가용을 탑니다."

"호호홋… 재미있어…."

"그리고 천사가 날개가 없어요…"

"그럼? 어떻게 날아다녀요?"

"세련된 매너와 품위 있는 인품으로 잘 갖춘 교양의 옷을 입고 다닌답니다."

"천사 노릇도 어렵네요…"

"목욕만 하고 나무만 하면 될 것을… 호호…,"

"옛날이 훨씬 낭만스러워…,"

"상상 속에 남겨지는 정답고 아름다움이 피어나는 전설입니다."

농담과 위트를 유쾌하게 즐기며 얼음골을 급히 빠져나왔다가 어두워진 국도가 자동차 불빛에 길게 길게 펼쳐진다.

굽이진 산천이 눈앞에서 달려들다가 손쌀같이 뒤로 밀어낸다. 속도를 높여 갈 길을 재촉하며 운전에만 온통 신경을 썼다. 잔잔히 흐르는 경음악을 귓가에 담으며 부산으로 질주했다. 길이 어둡고 초행길이라 주변을 분간하기가 힘들다. 고속도로를 이용하면 걱정이 없겠지만 불행히도 밀양에는 고속도로가 통과되어 있지 않았다.

수산과 김해 구포길을 찾아 달렸지만, 자꾸만 길이 어긋나기만 했다. 방향 감각이 상실된 채 헤매었지만 무작정 남쪽으로만 내려갔다. 밤은 깊어 깜깜한데 오가는 차들도 없고 왕래하는 행인도 뚝 끊어져서 막막 강산만이 나타날 뿐이었다. 답답한 심사를 감추고 바라본 기지의 모습이 걱정하는 표정이 말없이 느껴져 왔다.

'너무 늦게 일어났어… 일찍 정신을 차렸어야 했어….'
미리 챙기지 못한 실수가 후회가 되어 자꾸만 머리에 떠나지 않았다.
"너무 늦었네요, 걱정되지요?"
앞만 응시하며 말 없는 기지에게 조용히 말을 했다.
"시어른의 저녁이 걱정되네요."
"연세가 많으시지요?"
"여든이 훨씬 넘었는데… 일찍 상처하시고 혼자 계십니다."
"정말 너무 늦어 낭패군요."
"너무 서두르지 말고 차분하게… 어차피 늦었어요."
"부군께서도 많이 걱정하고 계실 건데 미안합니다."
"이해심이 깊으신 분들이에요."
"훌륭한 가문과 혼인하셨군요… 기쁘겠습니다."
"집안 간의 중매라… 조심스럽지요."
"부덕이 잘 갖추신 여인이시라 아낌과 사랑을 많이 받겠습니다."
덕담과 걱정을 함께하는 대화를 간간이 이어가면서 어두움 속을 헤매며 차를 몰고 내려갔다. 가까스로 부산 가는 길목을 찾았다.

안도와 함께 미소를 지었고 비록 늦어진 시간이었지만 자정 무렵에 부산에 도착하였다. 서두르지 않는 인사를 나누고 가정으로 돌아가는 기지의 모습이 가로등 불빛 아래 밝게 보이며 발걸음이 가볍다. 멀어져 가는 기지의 그림자가 잊을 수 없는 추억으로 새겨진다.

    기지와의 오랜 인연이 얼음골의 전설처럼 각인되어
    선녀바위 위에 아름다운 사연을 남겼다….

이별

    코발트 빛의 파란 하늘이 둥근 쟁반같이 머리 위에 펼쳐진 한쪽 가장자리에 하얀 목화송이처럼 흰 구름 한 조각이 고물고물 기어가듯 한가롭게 흘러간다.
    티 없이 고운 얼굴에 살짝 박힌 애교점처럼 보이는 청도의 맑은 하늘 아래서 상행열차를 기다리는 정오의 한낮 풍경이었다.
    선로 작업으로 약간 지연된다는 역무원의 이야기를 듣고 콜라 한 병을 마시며 몇 해 전에 만났던 얼음골의 기억을 새삼 생각하며 기지를 기다렸다.
    이젠 쉰 살이 되었다. 불혹의 나이 오십 살이다. 서로 중년의 고갯마루에 마주 서서 흘러간 세월을 바라보며 설렘과 두근거렸던 가슴으로 만났던 솜털 같은 청춘을 삼십 년 동안 그리운 사연만 새긴 채 긴 세월을 꿈결처럼 흘려보냈다.
    정녕! 꿈을 꾸었던 것인가. 딱딱한 대기실의 긴 의자에 앉아 세월의 무상에 젖어 있었다.
    "오시는 동안 여행은 즐거웠는지요?"

"예 재미있어요, 기차여행⋯."

맨 마지막으로 개찰구를 빠져나오는 기지를 마중하며 환히 웃으며 말했다.

"중간에 멈춰 서지 않았으면 좀더 빨리 왔을 텐데⋯ 지루했지예?"

"기지 씨 생각하면 즐겁습니다"

"호호⋯ 경치 보며 인택 씨 생각하며 달리니 금방 오네요"

"그라모 다음 만날 역도 정하지요."

"그라입시더고마⋯."

만나러 오는 기차여행이 즐거웠던 기지가 응대하는 말솜씨가 밝고 유쾌하다. 청도역 앞의 식당에서 늦은 점심을 먹었다. 두 사람은 언제나 기다렸고 어디서든 달려왔고 반가워했다.

오랫동안 서로 소식을 전하지 않고 지내지만, 가끔씩 만나보는 이성의 친구이며, 추억 속에 묻혀있는 잊히지 않는 그리움이었고, 오랜 시간 점철된 숱한 사연들이, 있을 수 없는 긴 인연으로, 함께 나누어가며 삼십 년이란 세월의 물결 따라 소리없이 흘려왔다.

흐트림 없는 정숙한 언행은 언제나 서로가 존중하는 마음이었다.

"드라이브하러 갑시다."

식사를 마치고 천천히 걸어 나오며 말했다.

"어디? 좋은 곳이 있습니까?"

"청도엔 운문사가 유명하지요?"

"참! 그곳이 좋습니더⋯."

"잘 찾아갈 수 있을는지⋯ 초행이라⋯."

"뭐! 드라이브 아입니꺼? 쉬엄쉬엄 물어물어 경치 구경하면서⋯ 하하."

"그래요, 가볼까예?"

작은 소도시의 차도를 금방 빠져나오며 천천히 시야가 확 트인 쭉 뻗은 벌판길을 달려갔다. 훈훈한 차창 바람이 마음을 즐겁게 한다. 시골 동네 길옆에 조그마한 가게에 들렀다. 맥주 두어 병과 마른안주를 사서 뒷좌석에 실었다.

"경치 좋은 곳 있으면 쉬었다 가입시더."

"오면서 보니깐 몇 군데 있던데예."

"또 있을낍니더. 날씨가 하- 좋네예."

얼음골에서 아무것도 못 먹었던 기억에 혹시나 해서 미리 준비했다. 산굽이 오름길의 초입에 실개천이 보였다. 노송나무 그늘이 시원해 보이는 푸른 잡초 언덕이었다. 조망권도 훌륭했다.

"여기가 명승지인가 봅니다."

약간의 감탄사를 표하며 일회용 자리를 펼치고 기지를 앉히고 준비된 음식물을 내려놓으며 옆에 나란히 앉았다.

"목마르지요? 한잔합시다" 맥주 한 병을 따서 기지에게 건넸다. 부딪치는 잔 속에 정감이 오고 간다. 먼 곳 개천가에 흰 새 몇 마리가 날아다녔다. 잔가지 나무처럼 꺾어질 것 같은 긴 다리가 위태로운데 하얀 몸통 위에 쭈욱 고추 세운 대가리가 연신 좌우로 살피며 조심스럽게 한 발짝씩 앞으로 걸어나간다. 먹이 사냥이 한가롭다.

"저 새는 무슨 새입니까?"

"두루미? 황새? 왜가리?"

"뭐… 암튼 우아합니다."

"친정 쪽 내진에서는 못 봤습니다."

"뜸북새가 울었담시롱. 하하…."

"뭐… 그러타카데예… 호호."

"시집갈 때 울었다고 구~성지게… 카더라 방송에서…"

"호호호…"

햇볕이 가려지며 바람이 일었다. 건너편 산등선에 먹구름이 몰려오고 있었다. 비구름이다. 아마도 비가 쏟아질 것 같다. 서둘러서 자리에서 일어났다. 빗방울이 떨어진다. 그새 얇은 옷이 조금 젖어 후줄근했다. 급히 차에 타자마자 소낙비가 대지에 창살같이 내려꽂힌다. 지나가는 비라 하기엔 하늘이 너무 어둡다. 쉽게 그칠 비가 아닌 것 같았다. 빗방울이 콩 볶듯이 튕기는 도로를 조심조심해서 운전하며 길 따라 천천히 갔다. 포플러나무 가로수길에 광풍이 몰아치며 무성한 잎사귀의 가지들이 꺾어질 듯이 휘어진다. 변덕스러운 날씨였다.

'이거. 드라이브하긴 틀렸구나….'

운문사 관광은 포기해야만 했다. 왕복하긴 거리도 멀지만, 날씨가 미덥지 못했다. 돌아갈 길을 찾으며 두리번거리면서 산모퉁이를 돌아서니 낮은 언덕배기 위에 한 채의 건물이 오똑하게 보였다. 흐린 시야에 나타난 모텔이었다.

"기지 씨, 잠시 피했다가 가입시더. 금방 그칠 것 같진 않네요."

"참 날씨도 얄궂다!"

동의도 구하지 못한 채 좁은 산골짝 길로 찾아서 핸들을 꺾었다. 유럽풍의 아담한 3층 건물 앞 주차장에 차를 세우고 마시던 맥주와 안주를 챙겨서 쫓기듯 비를 피하며 들어갔다. 잘 정돈된 깔끔한 온돌방에 마주 앉았다. 예기치 않았던 주변 상황에 약간의 주저스러움이 있었지만 이내 자리를 정리하고 맥주와 안주를 펼쳐서 잔을 채웠다.

"건배! 망친 드라이브를 위하여."

"건배! 변덕쟁이 날씨…."

"추억의 한 페이지를 남기게 되었군요."

"그래요. 또 추억이 되겠네요."

술맛이 좋다. 잘도 넘어간다. 풍경은 없지만 포근하고 조용하며 편안하다. 부딪치는 한 잔의 술잔에 옛이야기가 즐겁다. 흑백의 필름은 끝없이 되감겨서 돌리고 돌아갔다. 그리움이었다.

따뜻한 온돌방의 열기가 비에 젖은 몸과 마음을 녹여주며 술은 취해갔다. 취기 오른 기지의 얼굴이 옛날 청송집 초당 방에서 보았던 호얏 불빛 아래의 황금빛 모습으로 발그스레 하게 물들어 갔다. 매력이 풍기는 느낌이 무척 요염하게 가슴에 스민다.

스쳐 가는 눈길에 솟구치는 힘의 원천을 깨달으며 두근거리는 욕망을 감추기가 힘이 든다.

이성은 점점 무디어져 가면서 주체하기 어려운 뜨거운 감정이 온 육신에 몰려왔고, 제어할 길 없는 남자는 본능 앞에서 스스로 무너져 갔다. 정신없이 자신에 충실히 몰입하는 한 마리의 야수, 포효하는 외침 앞에 희열 속의 떨림으로 이어지며, 끝없이 맺혔던 그리움이… 영원히 승화되는 기쁨을 함께 누릴 수 있기를 기다리며, 순응하는 여인은 가만히 고개 숙여 가슴에 안겼다.

포근히 엉켜지는 사랑은 흘러가 버린 세월이 애틋해서 거칠고 서툴렀다. 자신있게 분출하던 욕망이 두서없이 헤매다 갑자기 제풀에 주저앉기 시작했다. 순간, 당황스러움에 안간힘을 써보지만 그럴수록 더 힘이 빠져왔다.

'어찌 된 일인가?' 머리가 텅 비며 속이 탄다. 잔뜩 충만했던 용솟음은 어디로 가고, 자신감은 점점 침몰하는 난파선처럼 육신은 무참하게 구겨

지고 있었다. 이런 낭패가 있나….'

 욕망이 너무 깊어 마음만 앞섰기에 전혀 준비되지 못한 사랑의 행위가 무의식 속에 스스로 경직되어 버린 모양이다. 참담한 심정은 점점 할 말조차 잃어버리고 서먹한 침묵만이 방안을 채우며 남자의 자신감은 여지없이 허물어져 버린 채 여인의 사랑 앞에 고개 숙이고 있는 것이었다.

 "……."

 공허해진 마음은 허탈해진 숨소리와 함께 식어버린 순간을 모면할 길 없어 눈길조차 마주 볼 수 없이 힘들어했다. 긴 세월의 그리움은 오랜 시간 속에 굳어져서 단단한 호두 껍질이 되어 한 번의 사랑으론 결코 깨트릴 수가 없었다. 그것은 앞을 막고선 그리움이란 이름의 천 길 단애(斷崖)같이 높이 솟은 오를 수 없는 절벽이었다. 오랜 세월을 함께했던 존중감은 넘지 못할 순결로 각인되어 불타는 정열마저 스스로 녹아져 버리는 마음의 아픔이 되었다.

***

 비 갠 하늘이 가슴이 시리듯이 푸르고 맑다. 폭우가 지나간 산천이 싱그럽고 상쾌하다 달리는 차 안에서 올려다보는 파란 창공에 흰 솜털 같은 뭉게구름이 두둥실 떠서 흘러간다.

 우울했던 마음은 결코 즐거울 수만 없었지만, 쑥스러운 감정을 애써 미소 짓고 무언으로 전하면서 비에 젖은 가로수길을 천천히 가르며 달려갔다.

 해가 기우는 청도역은 한산했다. 부산행 열차표를 한 장 끊어서 역무원이 보이지 않는 개찰구를 빠져나와 긴 플랫폼을 나란히 걸어 나갔다.

 새들이 후드득 날아가고 근처의 동네 개 짖는 소리가 풍경을 평화롭게 한다. 조용한 시골 역 플랫폼에 말없이 서성이며 돌아갈 기차를 기다렸다. 작별의 인사말이 도무지 떠 오르지 않았다. 가슴이 먹먹해서 어떤 인사말로 전하며 헤어져야 할지 몰라서 미소 짓는 얼굴로, 눈으로만 인사를 대신하고 조용히 마주 서 있었다.

잠시 후… 굽이 돌아 들어오는 기차가 보였다. 역무원의 안내방송이 듣는 마음은 구성진 울림이 되어 가슴에 스며든다.

소음이 진동하며 기차가 플랫폼으로 서서히 진입하며 들어오기 시작했다. 진한 카키색 양복의 옷깃을 한 손으로 가볍게 매만져 주며 기지가 인사를 한다.

"잘… 가이소."

물기 젖은 고운 음색의 목소리가 고요하게 들려왔다. 바라보는 눈길이 애틋하게 전해지며 뒷말을 감춘다.

"건강하게 잘 지내시소, 기지 씨…"

전하는 인사말이 서로가 살뜰하다. 쓸쓸해져 왔다. 난간을 잡고 기차에 오르는 기지의 모습을 담담하게 바라보며 멀어져 가는 기차를 지켜보고 있었다. 떠나버린 플랫폼엔 흘러간 세월의 자취만 추억으로 남는다.

마음속에 깊이 자리잡던 젊은 시절의 고향 같은 사람, 언제나 즐겁고 반갑던 사람, 그러나, 이제는 그 사람을 다시는 만날 수가 없을 것 같다.

사랑하지 못한 과수원의 마지막 밤을 지새운 안타깝던 사연이 기필코 허물지 못하는 높은 벽으로 남아 지울 수 없는 마음의 트라우마가 되었기에 기지를 다시 만날 용기가 없을 것 같았다. 마음이 처연하다.

으스름이 내리는 플랫폼에 어둠이 조용히 깔린다. 텅 빈 철로가 길게 나열되어서 사라져 가버린 기차의 뒷모습이 환영처럼 아른거렸다 사라진다.

마음이 허탈하고, 공허했다. 망연히 바라보며 오랫동안 움직일 줄 모르고 서 있었다.
　애써 채워질 수 없는 허허로운 마음을 먼 하늘 잔별들을 쳐다보며 마지막 이별의 종착역이 되어버린 청도역에 아픈 상처를 새기며 조용히 돌아섰다.
　잊지 못해 찾아보던 오랜 인연은 삼십 년의 긴 세월 속에 깊이 묻었다.

　그러나
　운명은 반드시 찾아오는 피해 갈 수 없는
　정해진 과정이었나보다. 끊어질 수 없는 질긴 인연의 끈은
　먼 후일에….
　이십 년의 세월이 흐른 뒤에 또다시 재회하는 뜻밖의 순간이 기다리고 있을 줄은 꿈엔들 생각했으랴!
　인연…
　운무처럼 피어나는 추억의 만남은
　정해진 운명이었다….

나비의 꿈 2	야생화 정원	크루즈 여행담
기쁨	산골의 별장	봄바람 꽃바람
회상	청황산 숲길	외로운 여로
다짐	노을 속으로	석남사
팔공산	저수지 산책	달빛 연서
색소폰 연주	마중	인연의 끈
야영	까투리	청보리밭
오솔길 산책	천축사	여심의 바다
상념	연정	인생은? 꿈!
유람 산천	항아의 월궁	
마음의 행로	남천강 산책	

제3부

인연의 끈

나비의 꿈 2

강아지풀 잎사귀에 일렁이는 바람,
솔향기 가득한 산천에 산새 울음소리,
숲속의 요정이 노래를 부른다.
"나비야, 날 따라오렴."
졸졸 흐르는 계곡물 소리, 요정의 소리다.
"나비야, 나비야, 이리로 와—"
아름다운 요정이 손짓하며 노래한다. 바람 소리, 물소리, 산새 소리 환상의 계곡에서 요정들이 유혹한다. 흰나비 한 마리 나풀나풀 춤을 추며 요정 따라 계곡으로 날아든다. 사랑의 분가루를 날리면서 요정들의 노래 속에 짝을 찾는 날개 춤이 화려하다.
"물속의 그림이 아름다운 곳이야."
꽃들이 피어있는 계곡에서 물의 요정이 손짓하며 말한다. 물길 따라 흰나비가 춤을 추며 따라간다. 맑은 물이 흐르는 계곡의 언덕 위로 물의 요정이 구슬 같은 물소리로 울린다.
"나비야, 어서 올라오렴."

"아~ 너무 높아요. 오를 수가 없어."

흰나비는 외쳤다. 거긴 천 길 단애 같은 절벽이 앞을 가로막고 서 있는 것이었다.

"오를 수가, 오를 수가 없어."

나비의 안타까운 날갯짓은 힘을 잃었다.

"나비야. 걱정하지 마!"

바람의 요정이 가까이 와서 말했다.

"내가 도와줄게. 어서 날아 봐!"

요정의 입술이 둥근 하트가 되어 오므려졌다. 바람이 분다. 꽃들이 춤을 춘다. 물결이 어깨동무하며 줄줄이 행진한다. 숲속의 나무들도 가지를 부비며 정다운 인사를 나눈다. 푸른 하늘에 흩어진 조각구름들이 머리를 맞대고 붉게 물든 해님을 포근히 감싸안는다.

나비는 날았다. 바람 타고 힘차게 훨훨 날아 올랐다. 언덕 위에서 행복한 분가루를 날리며 짝을 찾아 유희하며 이리저리 날아다닌다. 아름다운 동산에 짝을 찾았다. 꽃잎에 숨은 고운 날개…, 빛의 꽃동산에서 춤을 추는 흰나비 한 쌍. 울음의 요정들이 모여서 합창한다. 구슬 같은 목소리가 천지에 울린다. 물소리, 바람 소리, 새들의 노래가 산천에 널리 널리 퍼져 나간다. 요정들의 축복에 천지가 깨어난다.

고운 나비가 깨어났다.

"아~ 기지… 기지 씨…."

눈이 부셔왔다. 신선한 공기가 콧속에 스민다. 눈을 떴다. 꿈, 꿈이었다. 아침 햇살이 창틀 너머로 비집고 들어와 어둠을 삼키고 자신을 방 안 가득히 채우며 눈꺼풀 위에 앉아 눈 부시게 했다. 하품과 함께 기분 좋은 기지개를 켜고 일어나서 보니 기지는 보이지 않았다. 널찍한 거실 창 넘어 정원 한쪽 모서리의 채전밭에 쪼그리고 앉아 무언가 뜯어 손에 쥐고는 이리저리 앉은걸음으로 살피는 그녀를 보았다. 멀리서 보이는 기지의 모습이 꼭 조그마한 여자아이의 앙증스러움이 느껴져 한참을 바라보다가 정원 잔디밭으로 나갔다.

"상쾌하다."

이른 아침 공기는 맑고 푸른 하늘에 몽실몽실 덩어리진 흰 구름이 둥둥 떠간다. 산새들도 이리저리 후루룩 머리 위에 비행하며 손님 방문을 축하해 주듯 요란을 떨며 날아다녔다. 아침 이슬에 촉촉한 잔디를 발끝을 젖히며 살금거리는 걸음으로 구경 다녔다. 작은 연못의 꼬마 붕어가 꼬리치기를 하며 수초 사이로 숨바꼭질하고 주변의 야생화들은 이른 아침을 한껏 청초롭게 꽃가지를 산들산들 흔들며 맞이한다.

사철나무로 빙 둘러쳐진 넓은 정원 넘어 담장 밖의 아늑한 들판이 확 트여있어 앞산 기슭이 고즈넉하게 시야에 들어왔다.

먼 곳 산밑 아래의 목장에서 황소 울음이 아침 운무에 실리어 산천에 젖어든다. 옹기종기 엎드려진 건넛마을, 흐르는 운무 속에 가물가물 흐린 시야에 순박한 정이 묻혀 있는 농가의 모습, 포근한 평화로움이 가만히 가슴에 정겹게 스며왔다. 보약 같은 맑은 산천을 한껏 들어 마시며 잔디 정원을 이리저리 어슬렁거렸다. 이슬방울이 알알이 박혀 있는 잔디풀을 맨발로 톡톡 차며 물기 젖은 발바닥에 느껴오는 차가운 감촉에 전신을 타고 흐르는 야릇한 순간이 이루 말할 수 없는 상쾌한 기분으로 하루를 열어준다. 목가적인 이른 아침 한때의 조용한 풍경이었다. 까치 소리 머리에 이고 돌아섰다.

"재첩국입니다. 잠쉬 보셨지요?."

밑반찬이 정갈하게 차려진 상머리에 국과 밥을 챙겨 놓으며 기지가 웃었다.

"부산서 가끔 먹어 보았습니다."

한 스푼을 살그머니 떠서 입김을 불면서 호호거리며 먹어 보았다. 시원하고 끝맛이 개운하다. 시집 생활에 어른들을 봉양해서인지 갖가지 음식 맛이 깊은 정서가 배어 있어 감칠맛 나고 풍미로웠다. 눈으로 먹어 보는 즐거움과 솜씨 있는 손맛의 반찬을 요모조모 구분하며 수저를 번갈아 국과 밥을 뜨고 집고 천천히 식사를 마치는 동안 마주 앉아 바라보는 기지의 얼굴엔 엷은 미소가 번진다.

"새벽 일찍 일어나셨나 봅니다."

수저를 반듯하게 놓으며 감사를 표했다.

"새벽잠이 엷어졌어요. 일찍도 자지만…."

"주변 풍경이 포근해서 정신과 마음이 맑아집니다. 그림같애."

마주 앉은 두 사람은 빙긋이 웃었다.

"채전밭에서 일하는 모습이 그림 속의 여인을 보는 것 같이 아름답게 보입니다."

아침 풍경이 눈에서 사라지지 않는다. 그림 솜씨가 있었다면 후딱 스케치라도 했을 거다. 옛 선인의 풍속도가 실체 모습인 양 눈앞에서 전개되는 그야말로 아름다운 풍경이었다.

새벽이슬을 맞고 뜨거운 태양 아래 버텨온 싱싱한 야채 버무림의 겉절이를 한입 가득 물고 염소 풀 먹듯이 오물거리며 조금 전 채전밭의 앙증맞던 그녀의 광경을 다시 그려보며 식사를 마쳤다. 열 시 출근에 맞추어 잘 단장된 모습으로 현관을 나서기에 앞서 점심 채비를 부엌에 마련해 두었다고 하면서 혼자 계시기 심심하지 않겠냐며 신경을 쓴다.

걱정 말라고 손사래를 치며 마당까지 배웅하고 철문을 열어 출근하기 편하게 배려하고 거실로 들어왔다. 거실 미닫이 큰 창문 넘어 확 트인 정원이 가슴에 안기는 소파에 비슷이 걸쳐 누워 어저께의 재회를 동영상처럼 되감아서 풀어 나갔다. 반가운 하루의 일상이 순간순간 느껴오는 기쁨과 놀라움은 감당하기 어려운 시간의 즐거움이었다. 뜻이 있으면 길이 있듯이 마음에 심어 싹을 틔우니 그리움의 꽃은 활짝 핀다.

오랜 세월 속에 묻혀 있던 동화 같은 사연과 꿈속처럼 흐려지는 애틋한 추억… 별 하나, 나 하나 세어보며 깊어지는 아름다운 밤이었다. 그리웠던 세월을 조각 배에 실어서 은하수를 건너며 노 저어 갔다. 환희의 노랫소리를 들으며….

앞 들녘 넘어 벌판에서 황소가 울었다. 한가하고 고요한 전원의 풍경이 새롭다. 누워서 쳐다보는 여름 한낮의 창공은 맑고 구름 한 점 없이 깨끗하고 높아 보여 뜨거운 태양이 더욱더 붉게 타는 아궁이의 장작더미 같은 이글거림이 피부를 태울 것 같았다.

바람이 커튼을 살랑살랑 흔들고 간지럽힘에 나른함을 즐기며 스르륵 곤한 잠이 들었다. 깜빡 든 잠에서 깨어보니 이미 두 시를 알리는 부엉이 울음소리에 급히 일어나 부엌으로 갔다. 세 시쯤이면 기지가 돌아온다기에 점심을 먹어 놓아야 했다.

그녀의 정성이 서려 있는 상차림이 사각 무늬 조각이 모자이크된 보자기에 덮어져 쟁반 위에 차려져 있었다. 아침에 먹던 재첩국을 떠서 거실 탁자에 앉아 배불리 먹고 깔끔히 치웠다.

손을 씻고 돌아서는 순간 기지가 환한 모습으로 들어섰다. 손님이 갑자기 왔다고 하고 조금 일찍 퇴근했다는 것이다.

차 한 잔의 여유를 즐기며 담소하다가 정원으로 나갔다. 손 장갑을 끼고 호미를 챙겨서 잔디 정원 가장자리부터 잡초를 뽑기 시작했다. 알 수 없는 풀들, 그야말로 잡초가 많이 섞여 자라고 있었다.

주로 클로버 풀이 많이 섞여 있었다. 클로버 줄기를 찾아서 살짝살짝 젖먹이 아이 엉덩이 조물조물하듯 당기면 고구마 줄기처럼 줄줄이 뿌리가 뽑히어 잔디 속에서 떨어져 나온다. 꽤 넓은 잔디의 정원을 여인 혼자서 가꾸고 관리했다니 도시 믿기 어렵지만 그녀의 부지런함이 여실히 증명되어 놀랍기도 하기에 속으로 감탄했다.

어둠살이 내릴 무렵 기지는 저녁 준비하러 들어갔고 좀 더 뽑고 마무리하며 연못 옆 수돗가에 손발을 씻고 일을 마쳤다. 저녁상 겸 술자리가 마련되었다.

삼겹살을 솔잎에 얹어 만두처럼 쪄서 안주로 하고 막걸리를 먹었다. 시골 막걸리는 통이 좀 크다. 둘이서 세 병을 내리 마셨다. 참 술맛 좋다 얼큰히 취하는데 술이 떨어졌다. 담금주를 가져왔는데 붉은빛이 오묘하게 비친다.

"양귀비 술입니다."

향이 좋다며 한잔 술을 따른다.

"아! 양귀비주, 최음 된다는데…."

호탕하게 웃으며 마시니 달고 부드럽다. 천하절색의 미인을 느끼는 술빛에 빠져드는 몽롱한 술잔… 건배의 밤은 깊어만 갔다.

늦은 밤. 오래도록 간직된 추억과 잊힌 기억들, 희미해진 사연들을 애써 찾아내며 끊임없이 얘기했다. 어느덧 시간도 많이 흐르고 밤은 깊어지는데, 좀체 잘 수가 없는 아쉬운 짧은 여름밤의 낭만이었다. 만났다 헤어지기를 세 번씩이나 하는 잊지 못할 기이한 인연은 어떻게 설명이 될까. 오십 년의 세월의 흐름에 이토록 긴 인연의 연속이 꼭 추억 때문만은 아닐 것이다.

사랑은 움직이고 변하지만, 기지와의 이어진 인연은 순수한 그리움이었던 것이었다. 서로가 존중과 배려에 언어의 높임이 긴 세월 흐트러지지 않는 품격의 근본일 것이다. 지난 늦은 밤 한잔 술에 그리움의 벽이 허물어지는 옛 추억의 만찬이 되었다. 두 번과 세 번의 만남이 너무나 극적이지만 그리움에 찾는 인연으로 마음속에 심어진 옛 추억이었다. 어린 날 기지가 물었다.

"참된 사랑은 어떤 것입니까?."

"믿음이 크겠지요. 영원히 진실한 사랑은 그리움이지요. 멀리서나 가까이서나 그리워하며 언제나 보고 싶어 하는 순수한 마음과 굳은 믿음입니다."

그 답변에 그리움의 씨가 되었을까…. 오랜 세월 그립고 보고 싶어 하는 마음으로만 각인 되어버린 잊지 못할 인연이었다.

붉은빛의 양귀비가 술잔 속에서 흘려간 세월에 붉게 녹는다.

술 향기에 오묘하게 녹아내린다.

노오란 꽃 한 송이. 깊은 계곡 우거진 숲속에서 유랑한다. 맑은 창공에 부는 바람 따라 흘러 다닌다. 아름답게 피어난 보금자리를 찾아서 이곳 저곳 기웃기웃 산천에서 떠돈다. 양지바른 언덕배기 길섶에서…

졸졸 소리 정겨운 시냇가 풀밭에도…

벌 나비 춤을 추며 날아드는 꽃밭 속에 둥실둥실 바람에 실리어 강산에 헤맨다.

그리움이 너무 짙어서 꽃잎조차 노랗게 물들었을까? 세월의 깊이만큼 채색된 노오란 꽃 한 송이가 시간의 공간에 묻혔다가 베이지 빛 가슴에 포근히 안겼다. 여인의 가슴에 노오란 꽃잎이 활짝 웃으며 피어났다. 그리움이 피어났다.

"오… 오십 년 만에 피었어."

꽃이 말했다. 환희에 가득 젖어서… 이별이란 말도 모르는 순간이…

추억이 심어진 가슴에 꽃. 밤새 피었다.

한식경 잤을까. 동창에 햇살이 눈부시다. 고개를 들고 부신 눈으로 돌아다 보니 가지런히 벽면에 배열되어 있는 장식대 위에 간단한 소품들이 단아하게 질서정연하게 키재기하는 꼬마병정처럼 줄지어 놓여 있었다.

'엉?'

놀라움에 잠시 멍하게 일어나 앉았다.

'이거! 거실에서 잤구나….'

당황스런 마음이 스쳐 지나갔지만, 지난밤에 나누었던 추억의 그리움에 마신 술자리가 길었던 만큼 기쁨과 함께 긴장으로 심신이 피로했었나 보다. 운동으로 다져진 육신을 이리저리 뒹굴거리며 기지개 한번 팔 벌려 힘껏 용틀임하고 가뿐하게 일어나 앉았다.

만취였다. 편안하고 자신감에 찬 술자리가 꿈속처럼 제 집인 양 거실 바닥에 쓰러져 버렸다. 취중이라고 변명이 생각났지만 좀 염치없는 행동이 된 것 같아 무안했다. 새벽 일찍 기지는 채전밭으로 나갔고 세상없이 곤한 잠에 홀로 남겨져 있었다. 머쓱한 심정에 정신을 가다듬는데, 작은 소반에 음료수를 챙겨 들고 온 기지가 살포시 옆에 앉아서 마셔라 했다.

"한약재 음료수예요."

"……."

주섬주섬 챙겨 입고 주변을 살피니 이미 조반은 정갈하게 상차림이 되어 있었고 기지는 보이지 않았다. 갈치구이, 명란젓버무림과 무채 장조림 그리고 멸치고추조림 기타 밑반찬이 수저를 중심으로 배열되어 있었다. 얼른 소세(梳洗)를 하고 단정히 앉아 그녀가 와서 함께 앉기를 기다렸다. 새벽 밭에서 뜯은 신선한 야채를 무쳐서 밥과 국을 가져와 뚜껑을 열어 놓으며 조용히 마주 앉으며 웃는다. 재첩국인가? 했더니 다슬기 국이었다.

"어? 언제!" 하면서 저어보니 밀가루인지 쌀풀인지 정구지와 함께 걸쭉한 것이 맛있는 냄새에 입맛이 돌아 군침이 돌았다. 한 스푼 가벼이 떠서 먹으며 "영혼이 오락가락하는 맛입니다."

진심 가득 담고 칭찬하니 함박 웃는다. 음식 맛의 진가는 여인의 가슴에서 일렁이는 감춰진 사랑의 깊은 물결이다.

"나란히 앉으면 친구! 마주 보고 앉으면 손님!"

놀리면서 말하니 눈웃음으로 옆에 왔다

"식사가 참 양반스럽습니다."

수저를 번갈아 쥐고 먹으니, 기지가 말했다.

"따로따로, 국과 밥, 반찬, 맛을 음미하는 식사입니다. 비비거나 말지 않습니다."

가만히 바라보던 기지가 말한다.

"천천히 여유로워 보입니다."

"태평스런 성격 탓이지요."

어릴 적 고향 할아버지의 가르침이 내내 버릇처럼 습관으로 굳어졌다. 아버지 형제가 많으셨는데 맏손자인 나만 할아버지가 겸상을 시키셨다.

젓가락질도 생선 가시 발라 먹는 것도 겸상 머리에서 훈계하시며 살뜰히 가르쳤다. 지금은 내가 할아버지가 되어 손자들에게 은근히 교육시키는 완고함이 내력이 되었지만, 맏손자로서 집안의 기대에 부응하지 못했으니 불효막심이 되어 조상에 대한 송구스러움이 그지없다.

돌이켜 보면 조부모님의 사랑은 물론이거니와 삼촌들과 숙모님의 각별한 정이 맏조카에 대한 집안의 기대가 컸으리란 것을 새삼 일러 무엇하랴. 이제금 고인이 되어버린 집안 어른들의 깊은 심중을 헤아려 보지만 변모하는 세태의 흐름에 자신 마저 고향을 잊고 사는 현실이 자못 애잔스럽다. 후식과 차를 마시며 말을 아끼고 시간을 조금씩 흘려보내고 있었다.

"두 시쯤 가겠습니다."

갑자기 간다고 일어서면 예의가 아닌 것 같고 또 마음의 준비도 있어야겠기에 미리 말해 두는 것이 올바른 처사이기에 속마음을 전했다.

"곧 점심시간이 되는데요."

"아닙니다. 배가 많이 부릅니다."

늦은 아침을 너무 잘 먹고 긴 식사를 해서 포만감이 많이 남아 있기에 사양하였다.

일순간 '괜한 말을 했나? 낼 간다고 미뤄둘 걸 그랬나?' 후회스러움이 스쳤으나 이내 잘 했다고 하는 생각이 굳혀졌다. 다슬기를 한 바가지 가득 담아와서 마주 앉았다. 조그마한 탁자에 얹어놓고 함께 까기 시작했다. 바늘을 다슬기 입구에 찔러 살살 돌려가며 빼면 포리한 알갱이가 뱅그르 꼬인 채 빠져나온다. 둘만의 시간에 마주 보며 까는 재미가 쏠쏠하다. 금세 금세 소복이 쌓인다.

'이걸 먹고 갈까? 아니야, 그럼 너무 늦어!'

머릿속이 점점 복잡해져 왔다.

'기지는 우짜자꼬(어쩌자고) 다슬기를 항그(가득) 담아와서 같이 까자고 하나!'

속웃음을 살짝 감추고 부엉이를 쳐다봤다.

'아저씨 두 시야!'

부엉 시계가 눈총을 주듯 굵은 눈알을 두 번 떼굴떼굴 굴리며 왔다 갔다 한다.

'저놈은 빨리 가라고 하는구나.'

살그머니 입맛을 다시며 곁눈질에 기지를 슬쩍 훔쳐보았다. 서로의 마음을 아는지 모르는지 표정 없는 속내를 다슬기에 묻고는 말없이 침묵만 흐르고 있었다. 무슨 말이든 해야겠는데 가슴만 멍해져서 손놀림만 부지런히 바늘을 찔러대고 다슬기 껍질을 뱅글뱅글 돌리고 있었다.

두 시 넘어 세 시로 시간은 흐르는데, 가야 할 사람 보낼 사람 모두 말이 없다. 짧은 순간의 침묵 속에 다슬기 알갱이만 피라미드가 되어 높이 쌓여간다.

'안 간다고 말할까? 낼 간다고 할까!'

일어서긴 해야 하는데 일어서지도 못하고 그렇다고 어떤 말도 못하고 그저 앉은 자리에서 엉거주춤하고 있는 것이다.

'삼 일 내내 힘들었을 거고 갑작스러운 방문에 신경도 많이 쓰였을 텐데… 심신이 피곤해 있을 거야….'

시계는 이미 네 시를 알려주고 있었다. 금세 하던 손짓을 멈추고… "이젠 가 보겠습니다" 말하면서 일어설 채비를 하였다.

"안 늦겠습니까?"

"괜찮습니다."

"곧 해가 지고 저물겠는데….”

"숙식이 편리한 데로 이동할 수 있게 캠핑카로 개조되어 있습니다."

"가실 곳은 있습니까예?"

"동가식서가숙 정해진 곳 없이 여행하니 들고 남에 시간 제약을 받지 않아서 맘 편하고 좋습니다."

마주 서는 기지를 바라보며 흔쾌히 말했다. 오후의 저녁 바람이 서늘하다. 진한 초록빛이 눈에 박히는 잔디 정원의 차고에서 목례하며 차에 오르니 한양 가는 선비님 같은 기분이 든다.

잘 있으시라는 말도 무사히 잘 가시라는 말도… 작별의 인사말조차 삼키며 언제라는 기약 또한 없는 무언 속에 흔들리는 눈빛만 먼 하늘 푸른 창공에 띄워 보낸다. 거북이 엉금거리는 속도보다 더 느리게 출발하며 뒤를 보니 백미러에 비치는 그녀의 형상이 쓸쓸함과 외로움이 저무는 노을빛에 물들어져 검게 그림자가 되어서 천천히 따라온다.

끝내 가던 차를 서서히 후진하여서 기지 옆에 바짝 붙여 세웠다. 붙잡으면 붙잡기라도 한다면, 마음을 돌리고 싶었다. 하지만 그 마음은 찰나였고 다짐하듯…

"또 올게요, 건강히 잘 지내요."

기지의 얼굴을 다시 한번 바라보며 작별의 인사를 했다. 활기찬 마음으로 다시 출발하며 힘차게 앞으로 달렸다. 마음속에 기약하면서….

회상

골목길 돌아 뒷모습이 시야에서 멀어질 때까지 조용히 서 있었다. 잘 가시라는 말 한마디 제대로 건네지도 못하고 사라지는 영상을 흐려지는 눈동자에 새기며 멍- 하니 바라보고 있었다. 허탈스런 심정으로 돌아와 거실 소파에 기대앉아 요 며칠 사이의 일어난 갑작스러움에 가만히 되새겨 보았다.

언제부터인지 인택 씨가 보고 싶어지기 시작하였다. 단 한 번만이라도 그 사람을 만나 봤으면 원이 없겠다고 작은 바람으로 갈구하며 지내왔다.

헤어진 지 20년 청도역에서 마지막 보았던 인택 씨의 모습이 새삼 떠오르며 차츰… 클로즈업되어 왔다. 그날의 참담함을 애써 감추고 안타까운 미소가 면면히 흐르는 나를 배웅해 주며 돌아서는 그가 애틋해 보였던 그날이… 그가 나타난 것이다.

정원의 자갈밭을 밟는 소리에 현관문 앞에 선 동시에 그가 나타날 줄은 꿈에도 생각지 못했다. 놀라움과 함께 부끄러움이 확 솟구쳤다.

새벽 내내 땀에 젖도록 채마밭에 나가 일한 모습을 씻지도 못하고 그대로 보여주게 되어 얼마나 당황했던가!

　황망스러운 가운데 맞이한 사람 아직도 청년 같은 모습을 하고 반가운 웃음을 가득 안고 서 있었다. 인택 씨가 서 있는 것이 아닌가! 바라면 이루어진다고 했던가?

　지난 50여 년간 인생의 황금기를 바쁘게 살아오며 모든 것이 한순간에 지나버린 일상들 이젠 다 정리하고 마무리하며 조용한 전원의 삶을 이어감에 작은 만족 속에 행복에 젖고 있었다. 순간순간 지난 세월의 잊지 못할 기억도 점차 봄 동산의 새싹마냥 새록새록 가슴에 돋아나곤 했다.

　보고 싶은 사람, 그가 몹시 궁금했었다. 그런 그가 아직도 옛 모습을 고스란히 간직한 채 꿈을 꾸듯 불현듯 나타난 것이다.

　아마도 영헌이가 선약 때문에 일찍 자리를 먼저 뜨지 않았다면 둘만의 시간이 처음이나 뒤나 결코 함께 나눌 수가 없었을 것이다. 그는 영헌이와 함께 갔을 것이고 또 한편 산마루턱 주점에서 집으로 올 수밖에 없는 부지불식간의 상황이 전개되지 않았을 것이다. 흘러간 옛 추억에 아무런 제약도 생각지 못한 채 한마음으로 같이 왔었다.

　세월의 깊이만큼 마주 보기가 어려워 평온을 찾기에는 역부족의 분위기 속에서 권하는 술잔마다 자재 없이 마신 술이 몹시 취했지만, 곧은 마음과 의식을 흐트러지지 않고 늦게까지 버틴 것이 무리였었나보다.

　만취된 인택 씨를 평안하게 살펴주고 가늠할 수 없는 취기를 느끼며 뜻밖의 조우에 즐거움을 안고 잠자리에 돌아왔다.

　꽃들이 만개한 동산에 함께 뛰어다닌다. 따스한 손의 온기가 가슴에 안기어 많이 보고 싶었다고.

　열기에 가득한 숨소리가 꿈결같이 들리고 온몸은 나른함에 의식은 점점 더 무의식 속으로 빠져갔다. 어두움에 쌓여 전해지는 따뜻한 숨결이 비몽사몽 속에서 춤을 추는 한 쌍의 나비가 비행한다. 요정들의 노랫소리 들려오는 그리움에 손을 잡고 춤을 추는 나비의 춤… 애틋하던 과수원의 사연을 안고서 한 쌍의 나비는 팔랑팔랑 추억의 분가루를 싣고서 그리움의 산천에서 춤을 춘다.

오십여 년 세월의 추억 속에 묻혀서 잊지 못할 그리움이 나비가 되어서 날았다. 아름다운 흰나비가 꿈속에서 날았다.

팔월 한밤의 무더위는 빗물처럼 흘러 자신을 적시고 부여잡는 꿈길은 꽃잎같이 촉촉하였다. 어둠에 감긴 숨결마저 뜨거운 열기에 녹인 희열을 안고 깊은 심연으로 고요히 가라앉았다.

기쁨에 춤을 추는 나비는 마음 깊이. 떨림으로 전해지고 고른 숨결에 아늑함을 느끼며 꿈길 속으로 날아 들어간다. 아름다운 꽃동산에 고운 날개를 접는다.

'꿈? 꿈을 꾸었구나….'

불현듯 꿈에 깨어 주위를 보니 안방이 아니었다. 짐작건대 안방인 줄 착각하고 지난밤 취중에 쓰러졌나 보다.

황당한 상황에 정신 차려 일어나 보니 인택 씨는 거실 바닥에서 쓰러져 곤한 잠을 자고 있었다. 삼배 홑이불을 가만히 덮어주고 꿈속에 있는 그를 바라보다가 정원으로 나왔다.

새벽이슬이 촉촉이 잔디잎에 내려서 푸르름에 싱그럽다. 들녘에 불어오는 새벽 공기가 상쾌하다. 붉게 물드는 동녘의 산마루가 그리움인 양 가슴에 품고 살그머니 채마밭으로 걸어 나갔다.

인택 씨의 식성이 어떤지 생각하며 이모저모 궁금했다. 며칠 전 시장을 봐놓은 것도 있고 채마밭에서 야채도 뜯으니 푸짐했다. 인택 씨는 식사를 조용하면서도 아주 천천히 먹는다.

'그전에도 그랬던가? 기억엔 없다.'

과일과 차를 후식으로 가져갔다. 포도를 씨와 껍질까지 뽀삭거리며 줄기만 남기고 다 먹어 치운다. 남은 접시엔 줄기만 앙상하게 남아 접시가 깔끔하다 식탁의 앉은 자세도 반듯하고 꼿꼿했다. 인택 씨의 면모가 새롭게 조명 되어왔다.

점심까지 준비해 예쁘게 차려놓고 왔지만, 도시(아무리 해도) 마음이 끝 간 데 없이 신경 쓰여 일찍 직장을 나섰다. 식사도 그러하거니와 여태껏 외부 사람이 머물고 간 적이 없는 여인 혼자 사는 외딴집이라 주변의 눈들도 신경 쓰이는 건 그 역시 당연했다.

넓은 마당에 큰 차량이 덜렁 어느 날 주차해 있으니 지나가는 길목에 사람들 눈에 띄기 십상인지라… 곰곰이 생각이 깊게 파고들었다.

혹여 나쁜 소문이라도 퍼진다면 그것이 낭패스러운 생활을 안겨주는 못난 여인이 될 것 같아 두려웠다. 시골의 소문은 빠르고 무섭다. 더군다나, 친정이 지척이지 않은가! 불안스러운 마음에 급히 돌아왔지만, 한낮 기우였다고 잊어 버렸다.

정원에 나와 잔디 손질하며 잡풀을 뽑는 모습이 꼼꼼하기도 하거니와 세심함도 보였다. 농촌 일은 전혀 하지 않았을 터인데 처음 솜씨 같지 않았다.

막걸리를 좋아한다기에 오는 길에 몇 병 사 왔지만, 금세 동이 나고 작년에 담겨서 아껴먹던 양귀비 술을 자랑하며 내놓고 마시고 취했다.

맨정신으로는 그를 마주보기가 아직 쑥스러움이 남겨져 괜스레 술 힘에 의존하는 바보가 되어 버린 듯했다. 지난밤 못다 푼 사연들이 줄줄이 이어지며 앞뒤 순서 없이 생각나는 대로 회상하며 얘기하고 즐거운 시간을 만들어갔고 밤 깊은 줄 모르게 마셨다.

인택 씨는 노래도 흥얼거리며 잘 부르고 논다. 우리 가요의 가사가 이별과 사랑이 태반이지만 오늘 밤만큼은 모든 가사가 둘만의 사연인 것처럼 잘 맞아떨어진 듯했다. 그리고 공감이 되니 더 마셔 버렸다.

잠자리로 돌아간 그는 감사하는 마음을 표시했지만 이내 호기스러움을 보였다.

새로 바꿔 끼운 삼베 홑청의 이부자리가 산뜻한 기분을 느끼게 하며 여름밤의 더위를 식혀준다. 지난밤보다 안정된 마음과 여유로운 분위기를 밤하늘의 별들과 함께했다. 서로가 그리워했던 오랜 추억을 가슴으로 새기고 행복과 평온함에 마음도 잔설처럼 녹아내렸다. 밤 부엉이 소리가 아늑히 귓가에 맴돌고 있는….

늦여름 밤에….

다짐

　두 시쯤 출발하겠다고 인택 씨가 말했지만, 더 있다가 가시라고는 말하지 못했다.
　지난 이틀 밤과 사흘 한낮을 함께한 시간이 너무나 강열하였고 갑작스런 재회에 심신이 몹시 피로했었다.
　무엇보다도 주변의 신경이 더욱 힘들게 느껴졌다. 가는 사람 있는 사람 동념(動念)에는 별반 차이가 없겠지만, 애써 문기를 뒤에 두고 묵묵히 다슬기 껍질만 까고 또 까는 반복되는 행동만 이어졌다.
　'내가 여기서 붙잡으면… 그는 틀림없이 그냥 있을 것이야…'
　눈을 내리고 마음속으로 그를 보았다.
　'이렇듯 말없이 일어서지 못하고 그냥 있는 것이 그러하기 때문일 거야.'
　허나 그런 말은 할 수가 없었다. 심신의 피로가 너무 힘들어서 지금은 오직 쉬고 싶은 마음이 더 컸다.
　꼭 한번 보고 싶다고 생각했던 사람. 뜻밖의 당황 속에 그를 만난 후 각본 없이 이어진 재회의 연출이 너무도 급박하게 흘러간 짧은 순간의 시간들이었다.

긴 세월의 추억들을 3일 동안에 함축시켜 버렸기에 마치 꿈을 꾸고 있는 것처럼 심신이 무너지고 있었다. 마당 앞에서 작별 인사를 하며 길모퉁이를 돌아 나갈 때까지 말없이 배웅하고 돌아와서 누웠지만 허전한 마음과 공허한 분위기만 점점 심신을 감싸고 돈다.

인택 씨가 남기고 간 잔영이 새삼스럽게 떠 올라와서 눈앞에서 번져 나간다. 언제 다시 볼 수 있을지 기약 없이 돌아섰지만, 이별이라 생각지 않았다. 그도 나도 또 만날 것을 숨겨진 눈빛에 확신이 있었기에 마음 가벼이 작별할 수 있었다. 멀어지는 모습을 새기며….

해는 이미 많이 기울고 있어 저녁 바람이 선선해지는 늦여름 풍경에 앞산 머리의 잔솔들이 산등성이에서 가지런하다.

'꿈이었나? 꿈이 아니야! 꿈만 같애…'

한 무리의 산새들이 저녁 보금자리를 찾아 뒷산 수풀 속으로 날아가고 있었다.

'다시 올 거야….'

꼭 올 거라는 다짐을 마음에 새기며 거실 창문에 비치는 자신을 바라봤다.

# 팔공산

바람이 점차 거세어졌다 달리는 속도에 맞부딪치는 소리가 예사롭지가 않다. 좀 더 여행하기로 하고 팔공산으로 방향을 잡았다.

갓 바위가 유명하다고 하니 오늘은 거기서 숙박하고 내일 관광을 해야겠다고 일정을 정했다. 이미 해는 저물었고 차츰 어두움이 내리는 시간에 관광지 주차장 근방에 도착하였다. 이내, 차에서 식사 준비를 했다. 밑반찬을 진열하고 밥도 안치고 삼겹살을 몇 점 구웠다. 캠핑 생활에 이력이 붙은 터라 야영 생활의 불편함은 전혀 느껴지지 않고 익숙한 솜씨로 저녁상을 차렸다. 막걸리 한 병을 비우며 바깥 경치에 자신을 던지고, 불어 오는 강한 바람에 시원함을 즐겼다. 취기가 조금 아쉬워 또 한 병의 마개를 따는 순간, '어디쯤 가시고 있습니까?'

기지로부터 문자가 왔다.

태풍이 올라온다고 하면서 걱정되어 연락했다고 한다.

"예, 팔공산 갓바위 밑에 있습니다."

많은 비와 바람이 거세게 분다고 걱정이 되어 연락했다며 조심해서 가시라는 인사를 주고받으며 두 병째 병을 비웠다.

혼밥 혼술에 편하게 배불리 먹었으니, 육신이 나른해 차 문도 닫지 못한 채 그대로 벌렁 누워 버렸다. 산골짝의 저녁 찬 공기에 모기도 없었고 서늘한 기운만이 주위에 깔려왔다.

먹구름이 잔뜩 낀 밤하늘에 차츰 바람 소리 거세어지고 있었다.

비 냄새가 바람결에 진하게 풍기더니 슬슬 비가 뿌려지며 드디어 천둥과 번개가 깊은 산골에 천지가 진동하는 듯 요란을 치고 있었다. 급히 차 문을 닫고 누으니 굵은 빗발이 금세 차창 문을 후려치며 공포의 도가니 속으로 점차 밀어넣고 있었다.

'에쿠, 이거 출발을 미룰 걸 그랬나.'

아무리 차 속이지만 산속 깊이 혼자 고립되었으니 은근히 후회와 함께 걱정되기 시작했다. 나름대로 안전한 곳으로 차를 이동시켜 놓고 길게 뻗어 눕고는 휘몰아치는 광풍과 빗줄기를 스릴과 함께 즐기며 잠이 오기를 기다렸다.

'그래 맞아, 자장가로 들으며 자는 거야.'

눈을 감고 순한 태풍이 오기를 바라며 잠을 청했다. 내일은 또 내일로 새롭게 맞이하는 하루가 될 거야. 기대하는 마음은 언제나 행복한 거야. 폭우로 변한 비가 캠핑차 지붕을 콩 볶는 소리로 마구 두들겨 패고 있었다. 칠흑 같은 어둠 속의 빗소리는 두려움을 느끼기에 충분했다. 취기는 이미 자신이 감당할 수 없는 피곤함을 몰고 와서 나른함을 느끼며 서서히 폭우 속으로 빠져들고 있었다.

오랜 세월의 추억이 빗소리에 스민다.

타임머신을 타고 과거 속으로….

색소폰 연주

아침부터 날씨가 흐려지더니 추풍령 고개를 넘고 나서 빗방울이 굵어지면서 기어코 쏟아지기 시작한다. 차창 윈도 브러시가 요란스럽게 작동하며 빠르게 닦았지만, 앞이 전혀 보이지 않을 정도로 강하게 퍼붓는다.

시월의 가을 날씨가 연일 맑고 청명하게 눈에 깊이 박힐 만큼 여러 날 계속되었는데 느닷없이 무슨 심술 궂은 날씨의 변덕인지…. 빗물을 튕기면서 질주하는 차량들을 피해 고속도로 갓길에 잠시 멈추어 섰다.

딱히 급하지 않은 캠핑 여행길이다. 며칠 전 가평 재즈 페스티벌에 구경을 갔다. 곱게 물드는 단풍과 함께 전국이 축제의 계절이다. 그냥 있자니 도시, 좀이 쑤시어 어디든지 떠나지 않고서는 좀체 몸과 마음이 견디어 내기가 힘들었다.

'가평 국제 재즈페스티벌'

세계적인 재즈 보컬팀들을 며칠 동안 감상하며 즐겁게 캠핑하며 지냈다. 남한강이 흐르는 중심에 떠 있는 조그마한 거북섬에 재즈 음악이 밤새 울려 퍼지고 생기 넘치는 젊은이들이 밤새도록 먹고 마시며 흥청대는 축제 속에 함께 묻혀 보내다가 오늘 밀양으로 출발했다.

엊그저께쯤에 돌아와서 잠시 휴식을 취했지만, 피로가 풀리지 못해 몹시 고단했다.

허나 방랑기가 발동하니 참지 못하고 내친김에 길을 떠났다.

기지를 만날 수 있기에 그깟 피로쯤은 즐거움으로 바뀌어 활기찬 기분으로 출발했었다. 좀처럼 빗발이 그칠 것 같지 않아서 갓길을 벗어났다. 이미 어두워졌기에 조심스럽게 운전하며 천천히 갔다. 어차피, 퍼붓는 빗발 속에 고속도로가 정체되어 모든 차량이 저속으로 주행할 수밖에 없었다. 비는 그치지 않고 계속 내렸다.

커다란 능구렁이가 꿈틀거리듯 고속도로를 따라 길게 차량들이 굽이마다 구불구불 움직이는 뱀처럼 이어졌다.

'이거! 언제까지 비가 올 건가? 많이 늦어지겠어….'

답답한 마음은 조바심이 났지만, 날아갈 수도 없으니 그저 맥 놓고 갔다. 밤은 깊어지고 기다리는 사람도 이 빗속에 걱정되리라 생각하며 갔다 두견새 우는 산골마을 처녀가 가슴 조이며 임 그리워 애태우는 사연!

홀로 있는 기지의 모습이 떠올랐다. 비 내리는 강산, 외딴곳에 있는 풍경, 밤비 내리는 기다림의 그리움이 어느덧 두견새가 되어 애태우는 사연이 되어 가고 있을 것 같았다.

조급스럽게 걱정이 많이 되지만 퍼붓는 밤길 운행에 달리 도리가 없었다. 대구를 지나서야 빗줄기가 약해지더니 차츰 개이기 시작한다.

거짓말처럼 밤하늘에 별들이 영롱하게 반짝이며 구름이 걷혔다. 정체도 서서히 풀리고 속력도 높였다. 비에 젖은 밀양시를 지나 구귀까지 가까스로 도착하여 내비게이션을 쳐서 집을 찾아다녔지만, 주변만 맴돌 뿐 산골짝 어두운 밤길을 찾지 못하고 자꾸만 맴돌 뿐이다.

핸드폰을 꺼냈다.

"기지 씨, 집을 못 찾겠습니다."

"동네 슈퍼 앞에서 기다리세요."

어두움에 깔린 시골 마을 슈퍼는 찾기 쉬웠다. 잠깐 기다리는데 불빛이 보이며 낯익은 차량이 보이고 손을 흔들고 따라오라고 하며 되돌려서 앞서간다. 차를 어렵사리 돌려서 따라가려고 하는데 이미 앞서간 차량은 보이지 않게 사라져 버렸다. 밤길에 어디로 갔는지 찾을 수가 없어 그저 짐작으로 간 길을 더듬거리며 우왕좌왕 찾아 헤맸다.

'허참! 어디로 간 거야? 지 혼자 휙 가뻘면 우째 따라가노?'

난감하게 웃으며 돌아오길 기다렸다 잠시 후 불빛이 보이는가 싶더니 다시 되돌아 와서는 손짓하며 힘차게 말한다.

"뒤따라 천천히 오이소예"

말을 끝내자마자 차를 휭 돌려 급히 제 갈 길로 어둠 속으로 질주해 버린다.

'저거, 기지 맞나? 저런 면모도 있었나?'

즐겁게 웃으며 놓쳐버린 꽁무니를 찾으며 시골 밤길을 정신없이 뒤따라갔다. 낮은 철대문에 들어서서 마당에 주차하고 자갈돌 깔린 정원길로 자박자박 밟으며 들어갔다. 짐을 내려놓고, 피로도 풀 겸 우선 샤워를 하고 머리를 털며 나오니 술상이 차려져 있었다. 오리백숙으로 큼지막한 놈이 양다리를 치 세우고는 배통이 쩍 벌어져서 날 잡슈 하는 것처럼 보여 웃음이 나왔다.

"비가 하도 와싸서(와서) 걱정 많이 했어예."

경상도 사투리가 정스럽게 들려온다.

"뭐, 별것 아이었습니다."

술을 한 잔씩 따르고 오리백숙을 먹기 좋게 찢어발겨 놓아준다.

"팔공산엔 무슨 일로 갔어예?"

"관광차… 올라가는 길목이라."

"떠나신 후 태풍이 올라온다고 걱정이 많이 되었어요."

"차박 하면서 막걸리 한잔했지요. 보내주신 문자가 안주 같아 기뻤어요."

"떠나신 후 약간 후회했습니다. 우중이라, 그것도 태풍인데…."

"출발할 땐 날씨가 맑았지요."

"그러하긴 했지만, 비가…."

"술이 잘 넘어간다. 뜯어주는 백숙의 안주가 금세 뼈다귀만 모아졌다. 취하는 술맛에 서로 건배하며 옛 추억으로 손을 잡고 긴 여행을 떠난다.

아무리 얘기하고 또 해도 재미있고 애틋한 부분도 많아 지루함을 모른다. 무수한 사연들이 가슴에 파고들고 이심전심 한마음으로 호응하며 박수 치면서 무척 즐거워했다. 밤늦도록 마신 술자리가 어수선하다. 취중에 서로가 찾으며 추억을 부르면서 즐거운 시간이 오래도록 이어졌다.

창밖엔 가을비가 밤새 소리 나게 내리더니 맑은 하늘이 청명했다. 거실 바닥 양쪽으로 스피커를 설치하고 앰프를 벽면 탁자 위에 올려놓고 음향기기를 받침대에 자리 잡히고 마이크를 쭈욱 뽑아 알맞게 꼽아 놓았다. 기지가 돌아오기 전에 색소폰 연주 시스템을 설치하며 오전 내내 소일했다. 악기 거치대에 테너 색소폰 악기를 엇비슷하게 멋있게 걸어두고 기다렸다.

"어마나! 이건 뭐에요?"

돌아온 기지가 거실의 광경에 놀라워하며 호기심으로 가득찬 모습에 감탄을 전하며 신기해했다. 간단하게 설치될 음향기기가 아니었기에 그

수고스러움과 열정에 고마워하고 즐거움을 나타내며 반겼다.

"색소폰 언제 배웠어요? 색소폰 소리가 참 좋아요."

"십여 년… 좀 오래됩니다."

"어둠이 잔디밭에 조용히 내려앉는 저녁 으스름 속에 색소폰을 불기 시작했다. 부드럽고 감미로운 소리가 굵직하게 낮게 깔리며 거실의 바닥과 천장을 꽉 채우며 호소력 짙은 저음으로 분위기를 이끌어 나갔다. 경이로운 눈빛으로 소파에 양손을 모으고 다소곳이 앉아 조용하고 부드러운 색소폰 소리를 가슴에 안으며 함박웃음 짓는 모습과 함께 행복하게 바라보고 있었다.

"기지 씨, 어떤 노래를 좋아합니까?"

"트로트, 좋아합니다, 우리나라…."

'달 밝은 이 한 밤에 슬피 우는 두견새야… 네 마음 내가 알고 내 마음 네가 안다 울지마라 두견새야…'

〈두견새 우는 사연〉 이미자의 노래다. 깊어가는 가을밤, 숲속 마을 외딴집에 홀로 있는 여인을 생각하며 애잔하고 구슬프게 낮게 깔리는 색소폰 소리를 들려주었다.

'님 그려 울어예는 서리서리 맺힌 사연, 님 계신 저 창가에 전하여 주~소…'

홀로 있는 산골처녀의 모습이 기지와의 현실에 공감이 되는 듯 눈앞에 겹쳐져서 구성진 소리가 알알하게 느껴졌다.

"마음에 듭니까? 연주가…?"

"심쿵입니다. 프로같아요."

생음악의 색소폰 소리를 처음 듣는다면서, "혼자 듣기엔 너무 아까워요…."

"기지 씨만을 위한 숲 속의 밤입니다."

"감동! 감동입니다."

풍성한 성량의 흐느끼는 감성의 멜로디가 옹골차게 다문 입술에 볼록한 뺨과 함께 날씬한 몸매의 제스처가 섹시하다며 술잔을 흔들고 가볍게 춤을 춘다. 호탕하게 웃고는 몇 곡을 더 연주하고 술상 앞으로 가서 마른 목을 축였다.

"한잔 더 하시렵니까?"

말과 동시에 일어서서 담금주를 가져와 술상머리에 마주 앉았다. 이 밤 또한 끊임없는 옛정의 그리움과 안타까운 세월을 탓하며 술잔을 권하고 취하도록 마셨다. 가을밤 깊은데 소슬한 바람결에 귀뚜라미 울음소리가 마당 어느 구석에서 외로움을 더해가는 소리인 듯 구슬픈 울림으로 다가오고… 달빛 내리는 창가의 별빛을 안으며 아득한 옛 시절의 젊은 동산으로 깊은 꿈을 꾸어가고 있었다.

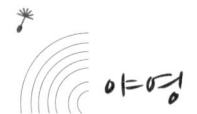

야영

앞마당 잔디빛깔이 누릿누릿하게 탈색이 되어 가고 있다. 아침 기온도 뚝 떨어져 추운 한기가 들판 가득히 번지는 완연한 늦가을이다.

해인사로 관광하려 간단한 복장을 하고 창녕 고개를 넘어 합천으로 기분 좋게 달렸다. 지난밤 건배의 정을 머릿속에 가득 떠올리며 달리는 차 속에서 얼핏 기지를 바라보았다. 대단한 정열과 건강한 육체를 가진 한창나이가 부럽지 않은, 젊은 청춘인 양 착각이 들 만큼 건강미를 자랑하는 멋진 여인이다.

누가 이 여인을 칠십을 바라보는 나이라 하겠는가? 청춘은 푸르지만 멋있게 빛바랜 황금빛 황혼도 아름답다. 행복한 마음을 숨기고 가을걷이가 끝난 들녘을 바라보며 유쾌하게 달렸다. 논과 밭은 황량한 분위기를 느끼게 했지만, 아직 단풍은 나무 끝에 매달려 대롱거리며 부는 바람과 씨름을 하고 있는 가로수길이 여행객을 반겨준다.

시월 단풍철은 전국 사찰들이 몸살을 앓는다. 가야산 깊은 산골에 위치한 해인사도 예외 없이 관광객들이 붐볐다. 잘 알려진 고찰을 꼼꼼히 관람하여 경내를 돌아다녔다. 팔만대장경 보관소에 들러서 오랫동안 머물며 옛 선인들의 노력을 경탄하면서 고개를 숙였다.

 짧은 하루가 늦가을을 재촉하듯 저물어 갔다. 단풍나무 가지 사이의 석양이 등불처럼 걸려서 바람에 대롱대롱 흔들거리며 서산을 물들인다. 산속 오솔길 옆의 나무숲 밑에 차를 세우고 야영 캠핑을 준비했다. 뒷좌석을 없애고 숙식이 가능하게 개조되어 있어 약간의 불편함이 있지만 차박을 하기엔 아무런 어려움이 없었다.

 "오늘 좀 불편하더라도 재미있는 추억을 만들어 봅시다. 기지 씨!"

 "아입니더 아주 좋네요. 새로운 경험이 될 것 같아 기대됩니다."

 "실내등 불빛 아래서 고기를 굽고 밥을 해서 상차림을 했다. 아늑한 차 안에서 조촐한 밥상을 가운데 두고 마주 앉았다. 언덕 아래의 계곡물 소리가 살랑이는 바람과 함께 자연의 합주곡 되어 천지강산을 배경 삼는 풍성한 고향마당의 식사 같은 저녁 풍경이었다. 보일러 장치가 되어 있는 바닥이 따뜻해지고 포만감에 마음도 느슨해지며 주변 환경을 감상하는 여유를 즐겼다.

 달빛이 푸른창공에 하얗게 비친다. 별들이 무수히 빛나며 깨알처럼 박혀서 머리 위로 마구 쏟아 내릴 것 같았다.

 "별들이 정말… 장관이네요!"

 숲속의 만찬을 즐기던 기지가 밤하늘을 바라보며 감탄하면서 외쳤다.

 "이런 별밤, 처음 느껴봐요."

 "달님이 질투해요, 별만 칭찬하면…."

 "구름도 있잖아요."

 "둘은 친구예요, 숨바꼭질하는…."

 따뜻한 차 속에 앉아 밤하늘을 올려다보며 깊어가는 숲속의 정취에 일렁이는 마음을 포근히 나뭇가지에 걸어둔다. 바람의 요정이 가슴을 살그머니 건드리며 숲 향기 속으로 달아난다. 조용한 산사의 밤은 깊은 계곡의 물소기와 함께 시간의 영겁 속으로 점점 묻혀 갔다. 상을 다시 펼쳐서 술과 안주를 올려놓고 양초를 찾아 불을 밝혔다. 황금빛 불빛이 실내를 채색시키며 자신을 밝게 물들인다.

술잔 가득 건배하고 가을밤 산골짜기의 풍경에 낭만을 즐기며 술은 취해 갔다. 취기어린 얼굴이 붉게 화장을 한다.

"어머… 정말, 멋진 야영이에요."

놀랍고 신비로운 광경에 스스로 매몰되어 흔들리는 촛불 속으로 눈길을 모은다.

"좋은 추억이 되겠습니다, 기지 씨."

"감사해요. 정말 멋있어…."

촛불을 가득 안은 기지의 모습이 오늘 낮의 단풍 아래에 서 있는 어린 처녀보다 이쁘고 아름답게 보였다.

깊은 산속의 밤 야영은 스산한 가을바람 결에 부엉새 울음마저 으스스한데 깨바가지를 쏟아부은 듯한 밤하늘의 별들이 영롱하게 빛을 반짝이고 달빛은 쓰리도록 차갑게 느껴졌다.

삼경을 지난 지 오래고, 사경 넘어 오경을 알리는 해인사의 새벽 타종 소리가 취기와 함께 몽롱하게 들려왔다.

영혼의 울림이 계곡 깊이 울려 퍼진다.

텅~~~ 터…엉~~~!

오솔길 산책

산새 울음소리가 차 지붕 위에서 요란스럽다.

날이 밝았다.

아침 한기가 소슬하다 못해 차갑다.

가야산 깊은 산골짝의 해는 아직 보이지 않는다. 계곡물이 세차게 흐르는 오솔길에 산책을 나갔다.

작은 조약돌이 물빛에 흔들리며 나무 그림자에 얹혀서 물속 풍경화를 그린다.

두 팔을 벌려 길게 기지개를 폈쳤다. 맑은 공기가 가슴에 가득 채워지며 기분이 산뜻하다.

바위를 타고 낮게 흐르는 물결이 면경처럼 맑고 깨끗하다. 떨어진 단풍잎이 맴을 돌며 물살에 실리어 떠도는 작은 웅덩이에 양발을 걸쳤다.

"에그… 손 시려!"

엄청 차다. 양손에 푸른 산천을 담아서 세수를 했다 정신이 후다닥 찾아왔다.

"우와, 낯짝도 얼얼하네그려."

"놀란 눈으로 기지를 쳐다보며 소리쳤다. 조용히 웃으며 손수건을 건네준다. 준비성이 없는 습성은 언제나 일을 저질러 놓고는 뒷감당을 못한다.

'원래. 조신한 처녀였어… 차분함이….'

계면쩍은 웃음을 보이며 젖은 손수건을 도로 건네고 산책길을 돌아섰다. 가야산 산마루에 붉은 햇살이 조금씩 하산을 서두른다. 산골짝의 하루가 또다시 새롭게 시작되고 있다.

상념

　반가움의 시간은 너무나 짧다. 행복했던 순간이 매시간 꽉 차서 하루하루가 분별없이 마냥 흘러갔다.
　짙은 운무가 깔리는 벌판을 걸어간다. 행복의 요정이 아름다운 동산으로 손짓하며 불렀다 웃으며 반기는 손길 따라 가볍게 춤을 추며 행복의 동산에 떠다닌다.
　시간이 멈춰버린 요정의 세계에 기쁨과 즐거운 환희의 꽃동산에 요정이 되어서 행복동산을 돌아다녔다.
　햇살이 동산 숲에 찾아들며 운무의 가림이 흔적 없이 흩어졌다. 안개 속에 즐기던 행복은 짧은 순간의 시간이었다.
　순식간에 흘러간 시간이….
　'건강하게 잘 지내요….'
　몽롱하게 들리는 작별 인사가 꿈을 꾼다. '엊그제 같은데…' 멀어져 가는 그의 모습에 멍하니 가슴이 텅 빈 것처럼 허전함이 채워지지 않는다. 가버린 빈자리가 눈에 밟힌다.
　종시 믿기지 않는 지난 시간이 흐르는 물소리같이 졸졸거리며 소리 내며 찾아온다. 조그마하게, 점점 크게… 환영 속에 환청과 함께 울려 왔다.

심인택이란 사람, 그 사람이 나의 첫사랑의 남자라니! 멋있고 유머스럽게 재미있고, 인생을 즐길 줄 아는 풍류남아였단 말인가. 아무에게나 자랑하고 싶은 사람, 혼자 감추긴 너무나 가슴 벅찬 첫사랑의 남자. 그런 사람이 내게 있었다고 말하고 싶은 사람, 나의 첫사랑이… 이제는 추억 속에 친구가 되어 지난날을 함께 나누는 반가운 이성의 친구이다.

또 만날 수 있을 거야.

다짐하는 마음이 굳게 가슴에 새겨진다.

색소폰을 부는 입술을 옹골차게 다물고 양 볼이 풍선처럼 부푼 입 매무새, 매력이 넘치고 쭈욱 곧은 몸매에 흔들거리는 제스처가 너무 섹시해서 가슴 벅차는 행복감에 젖어 와락 달려들어 안기고 싶었다.

'춤추고 싶어…'라고 나도 모르게 말해 버렸던 감동의 색소폰 연주 소리가 멋있는 남자. 가야산 별밤 아래 지나간 추억의 촛불을 밝히고 유성처럼 흘러간 세월을 한잔 술로 녹이며 못 이룬 인연을 노래하며 호탕하게 웃음 짓는 감성 깊은 사람 그런 첫사랑의 남자가 추억의 동산에서 요정처럼 노닐다 안개 속으로 사라져갔다.

'건강하게 잘 지내요.' 인사말이 자꾸만 크게 들린다. 다시 또 오겠다는 소리로 환청이 되어 크게 울려온다.

또 오리라…

   또 오리라…

      또 오리라….

유람 산천

햇볕이 따갑다. 습기가 없는 강한 햇살이 한여름의 폭염보다 뜨겁게 맨머리의 이마빡에 달구어진 철판처럼 사정없이 갖다 붙이는 것 같다.

튀어나온 광대뼈 쪽이 화끈거렸다. 만져보니 얼굴 자체가 몹시 탔다. 얼핏 태양을 쳐다보니 맑은 하늘에 햇볕이 온천지에 말끔하게 비춰준다.

'너무 맑아서, 자외선이 강한 거야.'

목수건으로 얼굴을 가리고 캡을 찾아서 눌러썼다. 속리산 정상을 향해 부지런히 올라갔다.

정오경 문장대에 도착하고 산세를 굽어보며 주변을 관망하였다. 문장대 정상에 펑퍼짐한 바윗돌이 구덩이가 파여 빗물이 맑게 고여 있었다.

산새 몇 마리가 날아와 물을 쪼아 먹고는 높은 산머리를 휭 돌다 날아갔다.

탁 트인 사방을 정상에서 잠시 내려다보다가 바람같이 뛰는 걸음으로 달려서 내려왔다. 쉬엄쉬엄 여행하며 다니는 캠핑 길이라 정한 곳 없이 기웃거린다.

국도와 시골 옛 도로를 찾아서 유유자적한 마음으로 주변을 살펴보면서 다녔다. 3일 만에 계룡산 갑사에 저녁 무렵 도착했다. 사찰 경내는 내일 새벽 일찍이 돌아보기로 하고 아늑한 숲속에 주차하였다. 몇 집 안 되는 상가는 이미 철수하여 불 꺼진 좌판대만 포장이 씌어 있어 어두움 속에 고요하다.

갑사의 일주문이 희미한 그림자처럼 저 멀리서 어른거리며 산중의 괴기스러움을 알려주어 기분이 으스스한데 밤 귀뚜라미 소리만 인기척에 호들갑이다. 기온이 차고 춥다. 막걸리를 두 병째 비웠다.

오싹하던 한기가 사라지고 몸이 더워졌다. 보일러의 따뜻한 밑자리가 온기를 더해 준다. 취기가 더워진 몸을 더욱더 노곤하게 만든다. 잠자리를 준비하고 실내등을 끄고 길게 누웠다.

좀체 잠 못 이루는 밤 세월의 강이 일렁인다. 차창 밖의 먼 하늘이 높고 별빛에 검다. 고고한 적막 속에 초승달이 희미한데. 기러기가 줄을 지어 창공을 가로지르며 날아간다. 울음소리가 심란하다 단풍잎도 잠을 자듯 바람 한 점 없는 하늘에 기러기 울음이 처량하게 들린다.

녹음된 색소폰의 고운 소리가 기러기들 울음에 실리어 멀리멀리 퍼져 나간다. 거긴 두견새가 울겠지…

조용히 읊조린다. 문자를 띄워 보냈다.

'초승달, 조각배처럼 단풍 가지에 걸려있네.
가을밤이 차가워 기러기 떼 날갯짓이
서늘함을 더 하네.
잊지 못할 그리움…
이 밤 홀로 누워 옛 추억에 뒤척인다.'

새벽녘 저무는 초승달 속으로 깊은 잠에 빠져 들었다. 일찍 눈을 떴다. 인기척이 없는 이른 아침의 갑사 경내를 천천히 둘러보고 산행길을 앞에 두고 돌아섰다. 가을 한철 동안의 여행이 이젠 휴식이 필요함을 몸으로 느껴져 온다.

계룡산을 끼고 돌아가며 동학사로 갔다. 아직 오전이라 등산객들이 보이지 않는 호젓한 기분으로 정상으로 등산을 했다 오랜 세월이 흘렀다.

이십 대 한창때에 올라와 보고는 그야말로 오십 년 만이다.

산길은 여전히 가파르고 험난했다. 맑은 가을볕은 시샘하듯이 따갑게 얼굴을 태운다.

인증 샷! 한 컷으로
정상을 기념하고 부지런히
집으로…
집으로….

마음의 행로

일할 수 있는 행복은 삶의 자체가 값지다.

적당한 일은 생활의 활력소가 되고 인생을 즐겁게 해주는 영양제 같은 보약이다.

매일매일 출근길이 즐거움이며 자신이 존재하는 최고의 가치이다. 인택 씨를 생각만 해도 즐겁고 가슴 깊이 전해오는 행복이다.

그가 보내준 음악을 오가며 빠짐없이 듣고 또 듣곤 한다.

색소폰 선율이 차 안 가득히 퍼지고 감상하며 출근하는 기분은 더없이 산뜻하다.

옛 추억 속에 빠져 희미해진 장면들이 새록새록 깨우치듯이 생각나게 만든다.

달리는 차 창 밖의 지나가는 풍경처럼 세월은 흘러갔지만, 점점 이어지는 옛이야기가 또렷이 회상되어 색소폰 소리와 함께 젖으며 추억 속에 달린다.

불사약 같은 남자, 그가 홀연히 내 앞에 나타나서 식어가던 정열에 활화산으로 폭발하게 만들어 가슴을 뜨겁게 해주었다.

연륜이 묻어나는 색소폰 소리가 마음을 녹이고 노래 가사 또한 이별의 사연과 절묘하게 공감되기에 애틋한 느낌을 가슴으로 말없이 전해 주었다.

인택 씨는 전이나 지금이나 흥얼거리며 노래를 잘 불렀다. 추억 속에 그의 노래도 귀속에 여전한데 지금도 그 모습을 변하지 않았다. 그는 감성이 너무나 깊고 넓게 자리 잡고 있어서 술이라도 한잔 마시면 그런 기질을 따라갈 수 없을 만큼 풍성해서 함께하는 순간은 알게 모르게 분위기 속으로 빠져든다. 그의 노래 한두 곡에 만사가 꿈 같아서 어린 시절의 만남과 헤어짐이 그토록 시리고 아플 수가 없었다.

이제는…
'옛 추억에 뒤척인다'라는
문구가 밤마다 현실이 되어서,
새벽녘이 밝아 오도록 뒤척이는 잠자리를
그 누가 알리랴.

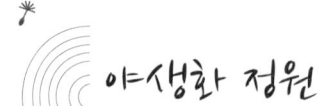
야생화 정원

잘 다듬어진 잔디 정원의 둘레에 야생화가 바람결에 간들거린다.

잔디마당 둘레 군데군데 무리 지어 가냘픈 꽃대에 수줍은 듯 피어서 함초롬히 무리지어 방실방실 웃으며 반긴다. 오월의 한낮. 꽃들의 축제인 양 야생화가 지천에 널리 피어서 예쁜 모양을 자랑한다.

할미꽃, 도라지꽃, 바람꽃, 노루귀, 제비꽃, 민들레, 봉숭아가 옹기종기 모여 앉아 손 흔들며 반기는 숲속의 별장에 돌아왔다. 온 정원 구석구석과 채전밭 귀퉁이에 이름 모를 야생화들이 작은 군락을 형성하여 여기저기 무리 지어 피어 있었다.

연약하게만 보였던 야생화가 가늘게 간들거리는 모습은 실로 장관이었고 감탄을 금할 수가 없다. 자연에 피어서 군락을 이루고 스스로 퍼져 생명의 꿈을 이어가는 끈질긴 야생화, 꽃밭에 둘러싸인 잔디 정원이 한껏 시원하게 눈에 들어온다.

조그마한 웅덩이엔 빨간 금붕어가 뻐끔거리는 주둥이로 연식 물을 머금고 개구리들도 수초 위에 앉아 눈망울 대굴거린다.

"여기 야생화들 이름이 뭐예요?"

"잘 모르겠어요. 흔하게 보던 것이 아니고 여기 와서 보인 거라…."

미꾸라지 한 마리가 가슴속을 휘젓고 다니는 궁금한 마음이 간질간질 떠나질 않는다.

"할미꽃은 알겠습니다."

보랏빛 진붉은 색깔의 고개 숙인 꽃이 보여서 말했다.

"할미꽃은 압니꺼?"

놀리듯이 웃으며 꽃 이름을 알려준다.

"무슨 꽃… 무슨 무슨 꽃….'

"와… 보기만 해도 참 행복입니다."

"예, 이른 봄부터 늦가을까지 잔디밭에 피어서 장관입니다."

한참을 뜨락에 서서 구경하며 다니다가 어둠이 깔린 뒤에 거실로 들어왔다.

오월의 밤공기가 싱그럽다. 풀 냄새, 바람 냄새, 숲 냄새가 여행의 피로를 말끔히 씻어준다, 닭백숙 한 마리가 술잔과 함께 테이블에 놓여 있었다.

"색소폰 소리가 멋있네요."

"여기 온다고 열심히 녹음했습니다."

식사와 함께 마신 술은 온몸을 느슨하게 풀어지고 색소폰 소리는 취기에 더욱더 끈적이듯 흐느적거린다. 색소폰이 호소하는 노래 가사에 옛이야기의 주인공이 되어 공감하는 마음이 되어 술잔이 오가며 끝날 줄 모르게 마셨다. 봄날 처녀 가슴에 일렁이는 분홍빛 마음일까?

오늘따라 기지의 흐트러지는 모습이 진하게 농염해 보였다.

턱을 괴고 소담스럽게 앉아 홍조 띤 얼굴로 웃으며 많은 이야기를 한다. 농담 속에 진실이 있고 진실 속에 아픔이 있다.

후회스러울 만큼 성숙한 나이가 아니었고, 어렸던 만큼 후회스러운 추억이 아니었기에, 이 밤늦도록 술잔을 권하며 긴 사연을 즐기고 있었다.

'부엉, 부엉…' 밤 부엉새가 숲속에서 고요히 울어댄다. 청송 외갓집 갈 때도, 밤길 첫 데이트 때도 부엉새는 어김없이 따라오며 울었다. 숲속의 별장에도 함께하며 울고 있다.

"초대할까요?"

"누구를? 부엉새?"

"함께 놀자고 찾아왔는데…."

재미있다고 말하며 웃으면서 술을 따른다.

"삐치면 소문낼 것 같아요."

"뭐 대숩니까! 겁 안 나요."

아는지 모르는지 의리 없다고 탓하는 듯 부엉이는 밤새 길게 길게 울고 있었다.

부엉… 부엉….

산골의 별장

　동창이 훤히 햇살이 비치는 오월의 아침. 약초 향이 은은하게 번지는 음료를 머리맡에 받쳐 둔 기지가 말한다.
　"이제 그만 일어나이소…."
　밤 부엉이 울음소리를 꿈인 듯 아닌 듯 자는 듯 마는 듯, 분간 없는 취중의 잠자리가 그만 늦잠을 자버렸다.
　타는 갈증에 얼른 받아 마시고 주섬주섬 잠자리를 털고 일어났다. 아침 햇살에 밤이슬 젖은 꽃잎들이 촉촉함을 풍기며 무리 지어 살랑이는 야생화가 정원 가득히 별천지를 이룬다.
　'우와! 장관이다.'
　감탄과 환희의 느낌으로 잔디 정원을 돌아다녔다. 채마밭 한쪽 모서리에 조그맣게 쪼그려 앉은 기지의 모습이 보였다.
　야생화 군락과 잘 자란 채마 속에 묻힌 기지는 앙증스러운 어린아이처럼 잘 보이지 않았다. 겉절이 채소를 한 손에 움켜쥐고 쪼그린 채 앞으로 걸어 나간다.
　"뭘? 그리 열심히 뜯습니까?."

바람결에 흔들리는 꽃들의 군무를 쓰다듬으며 함박 웃고 천천히 다가갔다.

"일어났어예?"

인기척에 반기며 미소를 짓는다.

"예 늦잠을 그만 잤어요."

"들어가입시더… 시장하지예…."

흙 묻은 손을 털고 일어서며 밭고랑을 건너 뛰어나왔다. 부엌으로 향한다. 빨간 생선 두어 마리 맛있게 구워져서 재첩국과 함께 식탁에 놓여 있었다. 싱싱한 겉절이 무침을 밑반찬 옆으로 놓으며 마주 앉았다.

"재첩국이 숙취에 좋답니다."

"너무 진수성찬입니다, 과분하게…."

"속은 괜찮습니꺼? 피곤하지예?"

"속이 말짱하네요, 이렇게 잘 먹으니…."

천천히 식사를 마치고 과일과 커피로, 후식으로 오랜 시간을 보냈다. 해가 조금 기운 시간에 정원 가위를 들고 담장에 사철나무에 가지치기를 했다.

꽃향기 가득 찬 화사한 정원 너머로 펼쳐진 먼 들녘에 아지랑이가 가물거려서 천지가 아득해 보인다.

키 높이를 맞추어서 가지런히 맞추어졌다. 옆면을 다듬고 나니 담장이 반듯하다. 엉성하지만 한쪽 면을 끝마쳤다.

"우째, 잘 다듬어진 것 같습니까?"

"처음치고는 볼만합니다."

"힘 드는 일인데… 기지 씨 혼자 합니까?"

"낭만의 이면엔 노력도 있답니다."

"그렇군요. 공짜로 즐기긴…."

야생화처럼 절로 피지 않는 전원생활이 잔디 손질, 채전밭 가꾸기, 그리고 담장의 가지치기와 관상수 관리 등 제반 모든 생활이 남자의 손이 절실한 환경 속에 여자 혼자서 가꾸어 나가는 모습이 대단하고 대견해 보였다.

바쁜 일상 속에 즐거움과 힘든 요소는 어쩌면 무료함을 벗어나는 한 방편일 수도 있겠지만, 결코 쉬운 생활은 아닐 것이다.

"그만, 씻고 들어오이소."

현관문 앞 댓돌 위에서 말하고 웃는다.

"풍경이 좋아서 재미있고 즐겁네요."

"풀 속이라 해충이 많아요. 모기가…."

개구리가 폴짝 뛰는 작은 웅덩이 옆 수돗가에서 손발을 씻고 거실로 들어갔다.

엷은 커튼이 잘 드리워진 거실 창 너머 먼 들녘이 저녁 으스름 빛에 한가롭다 짙은 그림자가 내리는 산기슭의 목장에서 황소 울음이 평화스럽게 깃든다.

"목 마르지예… 한잔 드시소…."

다감하게 말하며 막걸리 한잔을 그득 채워 권한다. 갈증이 싹 가셨다.

"기지 씨 바람 쐬러 나갑시다."

오월의 날씨가 청명하고 바람이 훈훈하다. 지난번에 갔던 고갯길 언덕마루 국숫집 주점으로 드라이브를 했다. 국수를 먹고 막걸리를 주문했다. 산밑에서 치올라 불어오는 바람이 머리카락을 흩트려 놓는다.

"속눈썹이 바람에 날리네요."

"긴 건 압니다만 그 정도는 아니네요."

"그럼 착시 현상인가 봅니다."

"놀림의 표현이 재미있어요."

"속눈썹에 숨겨진 눈매가 매력이라… 아름답습니다."

"새삼스리… 놀리시네요."

"놀리고 싶네요. 지금 풍경에…."

한잔 술의 취기는 자연의 풍경 속에 머무르는 여유가 젊은 날의 추억으로 되돌아가는 기분이었다.

"착각과 착시는 마음이 즐거우면 솟구치는 아름다운 행복입니다."

"^^… 감성이 깊은 사람!"

손짓하며 기지가 웃었다. 앞산 머리가 밝아왔다. 달이 뜨려나 보다 바람도 소슬하고 별들도 나타난다. 돌아가는 드라이브 길이 흥겹다.

"점심 식사는 잘 했어예?"

"잘 먹었습니다. 준비해 준 덕분에…."

조금 일찍 퇴근해서 현관에 들어서며 걱정되는 표정으로 물었다.

오월 한낮의 햇볕이 강하다 따뜻함을 넘어 뜨거움을 느끼게 한다.

펼쳐진 거실의 커튼을 한쪽만 모았다. 창 너머 보이는 들녘의 풍경이 오월 한낮의 싱그러움으로 가슴에 젖어온다.

진한 커피 향이 그리움을 잉태하며 뜬구름처럼 흘러간 세월의 아쉬움을 안타깝게 외쳐보는 아련한 추억에 손잡고 떠나가는 몽환경 속의 끝없는 여행이었다.

타오르는 정열은 이글거리는 태양처럼 대지를 달구고 잊지 못할 애타는 사연은 그리움의 용광로에 붉은 쇳물이 되어 뜨겁게 분출하며 가슴속에 녹아내렸다.

그것은 세월을 날려 보낸 추억을 불태우는 오월 한낮 정담 속에 나누는 즐거운 차 한 잔의 고요한 행복이었다. 포근히 가슴 깊이 가라앉는 그리움의 여운이 길게 흘러갔다.

 담장 너머 저녁 풍경이 고즈넉하다 너른 벌판 건너 먼 산등성이의 잔솔들이 흐려지는 시야 속에 아슴프레 가물거리고 추억의 그리움도 아름다운 꿈을 간직한 채 진한 커피 향에 묻고 있었다.

청황산 숲길

산마루 주막집에서 국수와 막걸리를 먹고 창녕 쪽으로 넘어갔다. 오르막과 내리막의 굽잇길이 거의 똑같은 형상의 모습이 닮은 꼴이다.

단지 산기슭의 모습은 달랐다. 구귀 쪽 산기슭은 작은 촌락을 이루고 있었지만, 반대편 쪽은 산중 속에 깊은 산골길만 뻗어 있었다.

내리막이 끝날 즈음 왼쪽으로 편도 1차선의 작은 숲길이 나타났다. 길 따라 천천히 찾아 들어갔다.

들꽃과 억새풀이 양편 길들을 반쯤 덮여져 있어 달리는 도로가 좁아 보인다. 산천을 구경하며 주변의 운치를 감상하며 목적 없이 가는 드라이브 길이 한가롭다.

천황산을 끼고 있는 산세가 골이 깊고 가파르다 좁은 오르막길 옆의 둔덕에 정차하고 숲속의 작은 오솔길을 헤치며 조금 걸어 들어갔다.

신록이 무성한 산중에 야생초들이 우거져서 길 찾기가 힘들다.

시골 생활에 익숙한 기지는 풀숲에 들어가서 머리꼭지만 얼핏 설핏 보이며 잡풀들을 뽑으며 왔다 갔다 한다.

무료하게 지켜보다가 커다란 돌덩이 위에 엉덩이를 걸치고 눈길 따라

지켜보다가 슬금슬금 먼저 내려와서 차에서 기다렸다.

양손에 잡풀을 뜯어 쥐고 날랜 다람쥐 같은 걸음으로 저 멀리 숲길 속을 빠져나오는 기지 모습이 보였다.

"나물 반찬을 조금 뜯었어예…."

손을 흔들며 보이고 자랑한다.

"산 중 보약을 캐고 다녔군요."

"꼴짝(골짜기)에 지천인데, 무서워서."

"재미있게 잘 다니는 것 같아… 기다릴 걸! 그랬습니다."

"그랬으면. 산삼도 캤을 텐데…."

"손에 쥐고 있는 것이 산삼입니다."

길옆 계곡 밑으로 졸졸 소리 울리며 산골 물이 시원스럽게 흘러가고 있었다. 조심하며 내려가 발을 빠트리고 작은 웅덩이를 앞에 두고 마주 앉았다. 발장구를 치며 물방울을 튕겼다.

"몸이 서늘해집니다, 차워서…."

"한기 들지 않게 조심하이소…."

뜯어온 산나물을 어느새 개울물에 씻으며 미소가 얼굴에 잔잔히 번진다. 산골이 깊으니 햇살이 금세 엷어진다. 더운 기운이 빠지니 바람도 서늘하다. 갑자기 시원한 바람이 '쏴—' 소리 내며 나뭇잎 가지를 세차게 부비며 지나간다. 겨울바람 소리 같다. 그렇다! 지난겨울 운문사의 노송나무 숲길에 부는 바람 소리도 '쏴-' 하는 빗소리같이 내며 불었다. 느끼는 체감 온도가 계절의 차이를 알려주고 있다.

"동생분은 잘 계시지요?."

"동생? 누구?"

"○○ 씨… 얼마 전 식사하며 만난…."

지난 정초의 대한 추위가 한창일 때 기지를 만나러 왔었다. 삭막한 겨울 풍경에 무료함을 달래려 청도의 운문사로 드라이브 갔다 오면서 잠깐 만나서 인사를 한 적이 있어 바람 소리에 깨우치며 안부를 물어보았다.

"그날, 조금 겸연쩍었습니다."

"왜? 우째서…."

"눈 내리는 새벽 그 겨울밤을 나는 죄다 알고 있다고 속으로 말하고 있는 것 같아서요."

"그날 동생은 엄청 걱정했나 봐요. 아버지가 마당에 눈 쓸고 계셔서…."

"동생이 더 긴장 했군요."

"가스나 저거 큰일났다 했답니다."

"기지 씨는 뭐… 담담하던데요."

"인택 씨도 숫제 느긋합띠다."

"하하… 핫."

"호호… 홋."

재미있고 즐거운 추억이 되어 아련하다. 돌아갈 수 없는 젊은 날의 옛 이야기. 마주 보고 웃으며 흐르는 물길 따라 고운 마음을 물소리에 엮어서 멀리멀리 물길 따라 흘려 보낸다. 수많은 사연이 물속에서 맴을 돌고 머물다가 추억 따라 산천으로 흘러간다.

세월이 안타깝게 흘러가는 소리.

　　인생도 쉼 없이 흘러~ 흘러간다.

　　　　졸졸… 졸졸… 졸졸졸졸….

노을 속으로

 삼복을 다 지난 처서를 맞이한 팔월 하순이다. 태양은 아직도 넓은 창공에 뜨거운 열기를 가득 채우며 이글거리고, 지표면의 잡초들은 목마름에 축 처져서 기세가 꺾인 채 고개를 마냥 늘어트리고 있다.
 잔디의 푸르름이 시야를 편안하게 마사지해 주는 야생화 정원의 저녁 풍경 속에 비치파라솔을 정원수 아래에 펼쳤다.
 오후의 열기를 서산머리에 남긴 채 긴 여름 해는 붉은 노을을 뒤로 두고 힘들었던 하루를 마감한다. 녹색이 진한 들녘에 노을이 아름답다.
 "하늘이 핏빛처럼 붉어요…."
 파라솔이 펼쳐진 식탁에 음식을 차리며 환희에 찬 목소리로 기지가 말했다.
 "피를 토하며 남기는 태양의 정열!"
 보란 듯이 가슴을 젖히며 대답했다.
 "인택 씨를 비유하는 것 같네요."
 "왜 아니겠소… 그대에게 보내는…."
 "노을이 저토록 아름다울 줄이야!"

"그리움이 숨겨진 고운 마음입니다."

"고운 마음이 너무 붉게 물 드네요"

"아련한 추억이 맘 아파서 곱게 곱게 물드나 봐요"

붉게 뭉쳐진 솜사탕 같은 구름이 몽실몽실 흐르며 서산머리에 길게 걸쳐 있다. 파아란 하늘가에 번지는 노을빛에 마주친 기지는 자신마저 붉게 물들이며 저무는 황혼을 멍하니 바라보고 있었고 꿈결 같은 인생의 깊이를 조용하게 함축하면서 잔잔한 미소를 지으며 노을 속에 걷고 있는 것이다.

이미 그녀는 꿈을 꾸는 유랑객이 되어 아득한 세월의 여행을 노을에 묻혀 흘러 흘러 들어 간다.

"어머 청송이잖아!"

"현주가 보여… 현주가 맞아!"

물소리 바람 소리 정겹게 스쳐 간 고장. 가슴에 심겨진 잊지 못할 고장. 황혼빛에 저무는 들녘의 보고 싶은 얼굴. 밭고랑 사이에서 호미를 던지며 현주가 반기면서 일어섰다.

"현주야 많이 보고 싶었어…."

"언니야 왜 이리 늦게 왔어?"

모두 모두 반긴다. 모두 모두 웃는다. 연분홍 치마가 노을빛에 더욱더 붉다. 휘날리는 옷고름 잡고 모두 모두 춤을 춘다. 빙글빙글 돌면서 겹겹이 에워싼다.

"오빠는 같이 안 왔어?"

"오빠는 왜 못 와?"

손을 잡고 강강술래 춤을 춘다. 노오란 꽃봉오리 한 송이가 함초롬히 가슴에 꽂혀서 노을빛에 애처롭다.

"오빠는. 그리움으로 가슴에 묻혔어… 사랑의 꽃봉오리를 피우지 못했어."

슬픈 노래가 핏빛 구름이 되어 흘러간다. 하나둘. 가벼운 깃털이 되어 모두 모두 노을 속으로 숨어든다. 손을 잡고 날아든다. 사랑의 노래가 울려 퍼진다. 세월의 그리움이 노을 속에 피어. 황혼에 남긴다.

"어디쯤… 가고 있습니까? ^^"

노을 속으로 혼자 걸어가는 기지를 보며 살짝이 물었다.

"청송…! 청송에 갔어요"

방글방글 웃으며 빤히 바라보고는 노을 속에 함께 걷자 한다.

물안개가 스멀스멀 피어오르는 강변의 과수원에 푸른 잎이 무성하다. 빨갛게 영그는 사과가 나무마다 주렁주렁 탐스러움을 자랑하는 과수원집.

"안동 과수원에 왔네요"

넓은 과수원에 둘러싸인 작은집이 한눈에 들어오자, 환희에 찬 목소리로 기지가 외쳤다. 빨갛게 익은 사과가 보인다.

"사과가 맛있게 익었어…."

두 사람의 남녀가 머리 맞대고 앉아 있다.

"하얀 새벽의 아픔이 보여요"

기지가 젖은 목소리로 말했다.

피우지 못한 꽃봉오리를 애태워 하는 새벽의 순간이 점점 귓속을 크게 울린다.

"인연의 갈림길이 된 과수원의 밤이, 애틋하게 간직되었던 하얀 새벽의 순정이었어…."

"미안해요, 미안해…."

"아냐, 운명인 거야 운명…."

"운명…! 운명….!"

흐린 눈빛에 잦아드는 목소리가 울림이 되어 노을 속에 넓게 번져 나간다.

운명인 거야… 운명인 거야….

노을 지는 황혼에 손을 잡고 사라져 간다.

먼 산기슭이 어둠에 짙어지고 있다. 탁 트인 담장 너머로 고즈넉한 푸른 들녘이 좌우로 좌악 펼쳐져서 산천이 한눈에 들어온다.

"잔디 깔린 정원의 별장에 비치파라솔 밑에 앉은 한잔 술이 낭만입니다"

"전원생활의 로망을… 준비 없이 오늘 처음으로 실천해 보네요"

"노을 속의 산책은 즐거웠습니까?"

"너무… 아련해서…."

"추억은 희미한 그림자가 더 그립습니다."

"그래서 더… 아픈가 봐요."

"아픔이 담긴 그리움이 있기에 잊지 못할 추억으로 남겨집니다."

"아픔? 아픈 건 싫어요."

"그럼! 간질여 줄까요? 간질간질"

한바탕 호쾌하게 함께 웃었다. 순간. 가라앉았던 마음도 활짝 피어져 일순간 유쾌한 술자리가 되었다.

황혼이 지는 잔디 정원에서 그림 같은 광경을 비치파라솔에 앉아 가벼이 술잔을 비워 갔다.

노을빛이 잔털처럼 남겨진 별장의 밤은 점점 깊어지고 바람결에 간들거리는 야생화가 멋진 여름밤의 낭만이었다. 달이 떴다. 초승달이….

은하수가 길게 밤하늘을 가로지른다. 영롱한 별빛 아래 풀벌레 울음소리….

풀숲 속에서 합창단을 만든다.

밤 부엉새가 찾아왔다.

부엉…부엉….

저수지 산책

"산책하는 모습이 청년 같아요."

걷는 모습을 바라보며 뒤따라오던 기지가 가까이 다가와서 살포시 말한다. 늦더위의 오후 햇살에 지루함을 느끼며 근처 숲길에 바람을 쐬러 나왔다. 창녕으로 넘어가는 고갯길 옆으로 호젓한 산길이 산새들의 울음소리에 묻혀 꼬불꼬불 한가롭게 길게 이어져 간다

"몸매가 젊은이 못지않아요."

"건강하게 보이십니까?"

"아름답게 보입니다, 건강미가….'"

나무숲이 우거진 산책로가 시원한 터널이 형성되어 주변이 아늑하고 고요하다

"저수지가 보입니다"

"주변 농경지에 대비한 물이에요"

그다지 적지 않은 수량의 저수지 둘레에 별장 같은 두어 채의 집이 조용하고 쓸쓸하다, 잡풀 속에 괴기스럽다. 하수처리 문제가 해결되지 않아서 개발되지 않아 자연 속에 묻혀 있다.

"오히려 자연이 잘 보존되었네요."

"인택 씨, 쑥 뜯을까요? 쑥이 많아요."

말을 하자마자 산골 할매가 되어 쑥 덤불 속으로 뛰어든다.

"에구… 시골 처녀 출신 아니랄까 봐…."

"우짜겠습니꺼! 태생이 시골인데."

바람이 일어 저수지의 물결이 주름 펼치듯이 겹겹이 밀려온다. 하얀 물결머리가 늦여름 오후의 강한 햇빛에 반사되어 바닷가의 은모래같이 눈이 부시다 물새 한 마리가 저수지 가에서 자맥질을 연신 바쁘게 하면서 은빛 물결에 동동 떠다니면서 여유를 즐긴다.

"쑥이 거칠고 억세네요."

"여름 쑥이라… 여린 잎만 따세요."

덤불 속으로 왔다 갔다 하며 쑥 채취하는 솜씨가 날다람쥐 같다.

"쑥떡 좋아합니꺼?"

"떡보입니다. 다 좋아합니다."

어느새, 보자기처럼 모아쥔 앞치마에 쑥이 그득하다. 비탈진 언덕을 가뿐히 내려오면서 말한다.

"통풍이 잘되는 곳에 일 년 동안 잘 말려서 쑥떡을 하면 잘 굳지 않고 찰진 맛이 오랫동안 유지해요."

"일 년 후에나…?"

"이곳 방앗간의 비법이 있나 봐요."

맛있는 쑥떡 생각에 침이 고인다.

"내년에 한번 잡숴 보세요."

석양이 지는 저수지 주변의 산천에 적막이 감돌고 녹음 짙은 산책로가 그늘이 깊어진다.

산기슭의 그림자에 산마루를 바라보고, 서늘한 바람에 더위를 식히며 돌아가는 발길을 재촉한다.

"자연에 숨겨진 아름다운 곳, 보석 같은 산책로입니다"

"잘 알려지지 않아서 청정지역인데 혼자서는 무섭기도 하고…"

인가도 드문 산골 동네에 깊이 자리 잡고 숨겨져 있으니 쉽게 찾아 즐길 수가 없는 외딴곳이었다. 얼굴을 부딪치면서 지나가는 바람이 하루의 피로를 풀어준다. 물가에 밀려드는 윤슬이 파닥거리는 물고기의 비늘처럼 비추어지는 저수지를 바라보며 말없이 걸었다.

숲속 바람이 팔짱을 낀다.

같이 가자고….

마중

올해도 집주변의 감나무밭에 감홍색의 감이 주렁주렁 가지가 찢어질 듯이 감이 많이 열었다. 간혹 이웃에서 먹어 보라고 주는 홍시를 먹어 보면 정말 달고 맛이 좋았다.

늦가을 찬 서리가 대지에 얼음꽃을 피우기 시작하면 가지엔 홍시 몇 개가 나무 꼭대기에 터질 듯 매달려 까치밥으로 대롱대롱 흔들리며 남겨져 한해의 끝자락이 얼마 남지 않았음을 자연스레 알려 준다. 그가 돌아간 지 벌써 석 달 정도 지났다.

보고 싶음이 한계에 와 있을 즈음이면 어김없이 인택 씨는 내 앞에 모습을 보여준다.

조금 있으면 그가 밀양역에 도착할 것이고 나는 또 반갑게 맞이할 거다. 그는 활달한 모습에 밝게 웃으며 나타날 것이다. 반듯한 청년 같은 모습으로… .

'서울발 무궁화 열차는 이십 분가량 연착됨을 알려드립니다.'

서성이는 마음에 역 안내 방송이 들렸다. 기다림의 시간은 길다. 지난 여름에 함께 부산으로 데이트 겸 치과에 들렀다. 웃으면 살짝 보이는 송곳니의 덧니를 그동안 잘 교정하여 예쁜 모습이 되었기에 오늘 자랑하고 싶었다. 깜짝 놀라는 모습을 상상하며 즐거운 기분이 솟구치는 기다림이었다.

'시간이 참! 늦게 가….'
약간의 조급중에 부산 갔던 생각이 났다.
'팥빙수 하나만 먹고 돌아왔어.'
'왜 그냥 볼일만 보고 왔을까?'
참 싱거운 데이트라고 생각되었다.
'멀리까지 가서 그냥 돌아오다니… 바닷가라도 갈 걸 그랬어!'
아쉬운 마음이 들었지만 아마도 번잡한 도시의 환경과 소음에 적응되지 못해 도망치듯 전원으로 돌아가고 싶었던 것이다. 맑은 공기 드넓은 산천으로….

'그래! 시골이 좋아…'
사람들이 꾸역꾸역 개찰구로 빠져나오고 있었다. 인택 씨는 언제나 맨 마지막으로 나타난다. 젊음을 자랑하듯… 반가움에 언뜻 다가가니, "어? 뉘신지…." 딴청이다. 장난기가 눈에 가득해 웃었다.
"기지 씨 아입니꺼? 몰라봤음다."
거짓말인 줄 알지만 유쾌했다. 그가 한껏 퍼붓는 장난기 행위가 싫지 않았고 또 스스로 만족감에 행복했다.
"어디로 바람 쐴까요?"
자동차 열쇠를 건네받은 그가 말했다.
"짧은 해가 금방 어두워집니다"
황량한 늦가을 들판을 사이에 끼고 집으로 향했다.
달리는 차 창 밖의 바람이 소슬하다. 녹음해 준 색소폰 음악을 실내에서 들으며 천천히 드라이브를 즐기고 추억을 싣고서 함께 달렸다.

거실에 보료를 깔고 히터를 높이고 그를 포근히 앉도록 해줬다. 자그마한 찻주전자를 준비하고 일회용 얇은 촛불을 받쳐서 물을 끓였다.

은은한 촛불에 따뜻하게 데워진 차를 나누어 마시며 달빛 어린 정원을 바라보며 즐거운 환담에 시간이 흘러간다.

그와 나는 늘 어린 시절로 돌아간다. 나는 어김없이 시골처녀고, 조신한 여인이 되었고, 그는 호탕한 성격에 사교를 잘하는 활달한 젊은 남자였다.

사골도 두세 번 우려내면 맛이 가는데 두 사람의 옛 추억은 우릴수록 더욱더 강한 진국으로 변해간다.

"기지 씨는 지금도 매력적인 여잡니다."

그가 말하며 술 한 잔을 따른다.

"여러모로 여성의 자질이 넘쳐요" 말하고 건배를 외쳤다.

"나 중독성이 강한 여자랍니다" 하면서 붉어진 눈매로 웃었다.

"오호, 그래서 오십 년 동안 기지 씨를 쫓아다녔나 봅니다."

"서로가 찾았지요. 누구랄 것도 없이."

"이미 중독이 깊어 회복 불능입니다."

"인택 씨는 강한 남자입니다. 깊이가 있고 올차지요."

정말 그랬다. 여태껏 생각해 본 그는 옛적에도 말과 행동이 속이 깊고 어린 티가 보이지 않았다.

청송으로 어떤 복장과 색깔로 입고서 찾아온 것과 대구의 작별에 앞서 간단한 정표를 가슴에 달아주는 섬세함과 당부의 말 한마디는 나이에 걸맞지 않은 행동과 생각인 것이다. 그건 아마도 집안의 장자로서의 새겨야 할 넓은 품성이었나 보다.

한때는 이 사람을 어째서 깊이 생각해 보지 못 했나 하는 후회스러움이 밀려왔던 적도 있었다.

허나 운명은 정해진 대로 살아간다고 하지 않던가! 각자의 정해진 인연으로 만나고 헤어지는 것을 내 어찌 한 여인으로서 거대한 운명의 줄기를 비틀어 볼 수 있겠는가?

가물거리는 촛불에 추억을 함께 몰입하면서 지나간 세월의 역사를 우리고 우려먹고 있었다. 밤 부엉새가 또 찾아왔다. 저놈이 울면, 이 밤이 깊은 거다.

부엉….

유리 주전자 속에 찻물이 보골보골 끓고 있다.

까투리

"쿵….".

거실 창문에 뭔가 부딪히는 소리에 벌떡 일어나 정원 잔디밭에 나가보았다. 큰 까투리 한 마리가 거실 창문에 부딪혀 잔디밭 연못에 빠져 푸덕거리고 있었다.

살이 통통하게 오른 제법 큰 까투리였다. 이놈이 아마 잔디밭에서 노닐다가 급히 날아간다는 것이 앞뜰 대형 유리문에 부딪혀 떨어져 나간 모양이다.

밖에서 보면 거실 창문이 높은 하늘에 흰 구름 동동 떠가고 누런 잔디밭이 앞산을 배경으로 맑게 비쳐 이놈이 착각하고 날아오르다가 그만 사고를 당한 것이다. 몇 번 푸드덕거리더니 이내 축 처져버린다. 목이 부러진 것이다. 연못에 빠진 놈을 집어 드니 "어머나! 무슨 일이에요?" 뒤 따라 나오던 기지가 놀라며 물었다.

"거참! 이놈이 살신 해서 안줏감으로 우리를 축하하나 봅니다."

"암꿩이네요. 꿩도리탕 해드릴게요."

부엌으로 가져가 물을 끓이고 식사 준비한다. 저녁 겸 술자리가 됐다.

"야생이라 고기가 질기네요."

닭고기보다 토끼 고기 맛이었다. 양귀비 술을 작은 주전자에 가져와 꿩고기를 먹으며 저녁 만찬을 즐겼다.
"인택 씨는 식성이 참 좋아요. 뭐든 잘 먹고 소화도 잘 하는군요."
"맛이 있으면 한 가지만 먹지만 편식은 하지 않습니다. 아무거나 다…."
"식성이 무난하니 집에서 좋아하겠습니다. 부인은 어떤 분이세요?"
"착한 사람입니다."
한마디로 확신하듯 말하며 빙긋이 웃었다.
"부군께서는 어떤 분이었습니까?"
"학자풍이지요, 명문대를 졸업하고 법원에서 일했습니다."
"상류계층 사모님이셨겠습니다."
"상류라기보다 보편적으로 편하게 살았어요. 애들 공부 잘하고… 시부모님 모시기에 신경을 썼지만 고생은 안 하고 잘 지냈지요. 말수도 적고 조용한 사람이었어요."
"다정다감한 분이셨군요."
"나이 차가 많아 어려웠어요. 또 중매 결혼이었고요."
"집안이 좋았겠습니다. 몇 년 차이예요?"
"칠 년 차… 많이 났어요."
"세대차가 많이 났겠습니다."
"……."
"우린 오 년 차가 됩니다. 정서적으로 생각하는 차이를 느끼며 생활하지만, 보편적으로 잘 맞추어서 배려하며 지내는 편입니다."
세대 차이에서 느끼는 감정을 서로 공감하면서 즐거운 꿩도리탕 파티는 밤늦게 이어지고 술잔 속에 그리움을 담았다.

"젊은 날의 추억을 못 잊어서 오랜 세월 과거 속에 회상하며 인택 씨를 보지만 올바르지 못하다는 생각에 마음속으로 자꾸만 위축되어집니다."

"옛 추억을 찾아 그리움에 못 잊어… 아름답고 순수했던 젊은 날의 꿈속 같은 모습을 그리며 정담을 나누는 잊지 못할 사연의 회포입니다. 기지 씨와 나는 진정 이성의 우정입니다."

"내로남불."

"물론 내로남불이 맞습니다. 그러나 불륜의 정의가 어디까지입니까? 첫사랑의 추억을 찾다 보면 누구든 간직한 사연들이 있겠죠. 단지 어떻게 그 추억이 잘 매듭지어졌냐입니다. 이렇게 오십 년의 세월에 정서적인 그리움으로 지난날을 회상하며 찾아보는 회포라는 말이 불륜이라면 나는 완강히 부인하겠습니다. 설사 내로남불이래도…."

"첫사랑의 추억을 한 번쯤 만나보고 싶은 꿈을 누구나 생각하고 있어요. 간혹 설렘으로 끝내지만, 대다수 서로가 상대방에 대한 실망만 안고 돌아선답니다. 자신은 돌아보지 못한 채…."

"세월을 인정 못 하고 과거에만 서로가 매몰되어서 그렇지요. 추억도 짧고 그리움도 깊지 못하여 단편적인 모습만 상상해서 그래요."

"서로가 제 모습을 보지 못하고… 상대만 늙었다고 빈 웃음을 감추며 세월을 탓해요."

인간은 욕망의 속성이 감추어져 있기에 한 번쯤 로맨스를 꿈꾸는 것이 세상의 마음이다. 이성에 대한 로맨스를 꿈꾸는 것에 모두가 내로남불에 자유로울 수가 있겠는가!

그것이 첫사랑이든 아니든, 인간은 사회적 동물이기에 살아가는 모든 요소마다 내로남불이 존재한다는 것을….

늦가을 별장이 어두움 속의 적막에 감싸여 서서히 깊어가고 있었다.

그리움을 나누는 정담에 우정을 새기며 달빛 내리는 창가에서 술잔을 기울인다. 첫사랑을 추억하는 것은 젊은 날의 청춘을 조금이라도 찾아보고 싶은 아쉬운 마음의 발로이다.

아련한 추억과 잊지 못할 그리움으로 간직한 정신적 만남을 불륜이라고 한다면 세상은 너무나도 삭막하고 쓸쓸하다. 이성의 친구는 있을 수 없다지만 이성의 우정으로 추억을 돈독히 이어가고 신의와 예의로 서로 그리움을 존중한다면 참다운 인연의 행운이고 타인들이 부러워할 행복이다.

언필칭 추억은 추억일 때 아름답고 그리움은 그리워할 때 더욱더 아련하다. 하지만 청춘을 되돌려 보는 추억의 그리움을 어느 날 조우 한다면 그것은 진정한 우정으로 승화시키는 용기도 첫사랑에 대한 아름다운 추억으로 존경받을 훌륭한 인격으로 남겨질 것이다.

때 묻지 않은 설렘의 첫사랑은 그 감정 그대로 마음속에만 고이 간직하는 것이 참된 그리움이고, 아름다운 추억으로 남기는 것이, 첫사랑을 맞이하는 근본일 것이다.

'이기지.'

진실하고 속 깊은 여인 스쳐 지나가는 짧은 인연이 아니었기에 많은 추억과 잊지 못할 그리움으로 나누는 만년의 우정으로 회포를 함께하는 이성의 친구요, 인연에 감사하는 세월에 참 벗이다. 오래된 추억의 그리움이 밤새 녹아 손짓에 새겨보는 애달픈 사연, 달빛 아래서 흐느끼는 색소폰 소리는 두고두고 맴돌며 가슴을 친다.

인생은 한 방울 이슬 같은 것이라고…

인연은 지나가는 바람 같은 것이라고…

첫사랑의 추억은 아름다운 꿈의 그리움이었다고….

천축사

초여름의 아침 해가 동편 하늘 가에서 벌써 이글거림을 느끼게 한다.
 까칠한 모시 홑청의 이부자리에서 뒹굴며 사각사각한 촉감에 쾌감을 잠시 즐겼다. 까칠한 모시의 느낌이 기분을 무척 즐겁게 한다. 상쾌하다.
 솔잎에 찐 삼겹살의 술안주가 입맛을 배가시켜서 지난밤의 술자리가 길어졌나보다 생각하며 자리에서 일어나 앉았다.
 "시원하게 마시고 일어나이소."
 물 한 잔을 받쳐 들고 온 기지가 옆에 앉아 말하고는 부엌으로 나갔다. 상쾌한 기분으로 샤워를 마치고 슬쩍 몸매 자랑을 했다.
 "조각 몸매 같습니다."
 부엌에서 바라보던 기지가 웃으며 말했다.
 "헤라클레스 같습니까?"
 팔뚝에 힘을 잔뜩 들이며 말했다.
 "사십 대 젊은 사람 같아요."
 "몸은 그렇다 치고…."
 "모습도 아직 젊은이 같아요. 인택 씨는 정말 동안이에요"

찬사 일색이다. 멋진 포즈를 취하고 장난스럽게 왔다 갔다 한다.

"개구쟁이야… 정말!"

"아직 철이 덜들었습니당."

아침부터 유쾌한 기분으로 식사를 마치고 잔디밭의 잡초를 솎아내고 작은 연못에 줄어든 물을 보충시켰다.

한낮의 땡볕에 데워진 잔디밭의 열기가 그다지 싫지 않은 느낌으로 후끈하게 맞이한다. 야생화 무리들이 살랑거리며 반기는 정원을 잠시 돌아다녔다. 마늘종대가 길게 나와 곧 수확 철이 됨을 알려 주는 채전밭에서 흙무더기 고랑을 다독다독 고르는 시간을 가졌다. 으스름이 내리는 저녁 더위는 집 안에서 머무르기를 거부한다.

풀벌레 울음이 고요한 적막을 흩트려 놓는 어두움의 오솔길로 산책을 나왔다. 길섶 옆 논 가에서 개구리 울음소리가 초저녁의 깊이를 떼창으로 알려 준다. 훈훈한 밤바람이 산책길에 불어왔다.

풀내음, 물냄새, 농가의 정서를 느끼며 조금씩 걸으니 얕은 앞산 입구에 산비탈을 끼고 폭 좁은 아스팔트 길이 보였다. 비탈길 아래쪽은 논밭이고 위쪽 산기슭엔 이름 모를 야생화가 길 따라 줄지어 피어있어 별빛 아래 아름답게 피어 방문객을 환영하고 있었다.

"어디로 가는 길입니까?"

살랑거리는 야생화를 한 손으로 저으며 궁금스러운 눈으로 바라보고 물었다.

"조금 올라가면 절이 있어요."

꽃잎들을 쓰다듬으며 기지가 말한다.

"호젓한 산길 속에 절이라…!"

"오래된 고찰이에요."

천천히 걸어서 올라갔다. 조금 올라가니 석등에 불 밝힌 대웅전이 눈앞에 들어왔다. 주변이 아담하고 그다지 작지 않으며 모습이 잘 갖추어진 사찰의 형태가 밤하늘 아래 괴괴하다.

"성당에 가기 전에 여기 몇 번 왔어요."

"부처님과의 연이 아니었나 봅니다."

"마음엔 두었었는데 어찌 인연이 안 되었나 봐요."

부도를 끼고 돌며 기지가 웃으며 말했다. 연못엔 연꽃이 밤빛에 아슴푸레하게 보인다. 돌자갈이 자리 잡고 있었다. 오층 석탑이 꽃들과 수석으로 둘러싸여 있었다.

"절 이름은 뭐예요?"

"천축사… 소태리 천축사예요."

인적이 드문 소태마을 산기슭에 천축사의 저녁 예불 소리가 낭랑하게 퍼진다. 칠흑 같은 어두운 밤하늘에 보석 같은 별빛이 알알이 박혀서 반짝인다.

"지난번 저수지도 소태마을입니까?"

"소태리 저수지라고 불러요."

바람 한 점 없는 산천이 고요하다. 앞이 잘 보이지 않는 밤길을 짐작으로만 살금살금 걸으며 내려왔다. 검지손가락 하나를 가만히 내밀었다.

"어두워… 어두워서…."

별빛 아래 기지의 웃는 모습이 야화같다.

"나 두고 혼자 갈까 봐."

"세 살배기 응석받이야."

한 손 안에 꼭 잡고서 흔들어 준다. 보드라운 손안에서 전해지는 따스함이 손가락 하나로 전신에 전류가 흘렀다.

"꼭 잡고 같이 걸어가요."

잡은 손을 흔들며 앞서 걸어간다. 장날 소 팔려 가는 농부의 새끼줄처럼 검지손가락 하나를 움켜쥐고 앞서간다. 짐짓 몸을 뒤로 젖히고 장난스럽게 어기적거리며 억지로 따라간다.

"이랴! 송아지야 어서 가자…."

재미있는 목소리가 웃음이 함박이다.

"음~메~에… 음메에"

슬픈 울음 흉내내며 끌려간다.

"음마… 배고파… 음매에… 밥줘"

"우'웡… 알았다. 우웡… 어서 가자."

손가락 하나로 정감이 오고 간다. 길섶 옆의 야화들도 장난에 끼어들며 밤바람을 부여잡고 간들간들 웃는다

"무서워… 무서없다… 앙."

어기적어기적 끌려가면서 거짓말이 응석이다.

"괜찮아…요 꼭잡고 가께용…."

따뜻한 손안에 살포시 쥐고 흔들어 준다. 인기척 하나 없는 적막한 별밤 아래 손가락에 그리움을 녹이며 즐겁게 걷는다.

"길어졌어요 손가락이…!"

앞서 걷던 기지가 돌아보며 웃는다.

"어렵쇼! 길어졌넹…."

"……? ^^"

어둠 속에 미소 짓는 야화가 뇌쇄적이다.

"무섭단 말… 거짓말!"

"음메…에, 정말이야… 음메에."

"우워… 거짓말, 우워…엉."

응석은 피노키오 코가 되고 있다. 긴 손가락이 점점 부풀어 굵어진다. 어둠의 도깨비가 요술 방망이를 두드리나 보다, 놈이 잔뜩 심통을 부린다. 장난치며 손가락을 자꾸만 건드린다. 급기야! 아주 길게 뻗친다. 숫제, 나무막대기처럼 단단해진다.

'이크! 도깨비한테 제대로 걸렸구나.'

굵어진 손가락에 힘이 솟구치며 꼬물거린다. 가슴이 더워지고 정신이 혼미하여 긴 한숨이 쉬어졌다. 앞선 야화가 한 손 가득 쥔 손가락을 빙글빙글 돌리며 강하게 끌고 간다. 부드러운 손길에 꼼지락거리며 손가락 잡혀 따라간다. 도깨비가 따라오는 비밀스런 저녁이다.

"음메에… 숨차!"

"우웡… 알았데이, 쉬어가자."

새끼줄 놀이에 숨겨진 욕망의 정열이 흘러간 세월의 그리움을 달래주는 추억의 산책이었다. 먼 하늘 별빛을 바라보는 기지를 등위에서 살짝. 끌어안았다. 살 내음 맡으며 뜨거운 온기가 전해왔다. 겹쳐진 야화의 숨결이 가파르다. 손가락을 꼭 잡은 채….

저녁 깊은 산천(山川)에 풀벌레 소리 요란하게 울어젖히고 잔별들이 창공에 산재한 적막강산에 짓궂은 개구쟁이가 되어 갔다. 손가락 하나가 고물고물 손안에서 꼼지락거리며 한껏 윙크한다. 조물조물 움켜쥔 손바닥에, 율동 맞춰 춤을 추듯 부드러운 날갯짓이 아름답다.

'나비야, 청산 가자… 가다가 힘들면 꽃잎에 쉬어가자.'

전해지는 감정의 느낌이 이심이고 전심이다. 젊은 청춘의 시절 잊지 못할 그리움이 만년의 한 노년이 되어 서로가 만났으니….

세월의 안타까움을 손가락 하나에 정표가 되어 맺혀진 응어리를 늦은 밤 별빛 아래서 숨겨진 욕망을 표출하는 개구쟁이가 되어 갔다. 손가락 하나가…

고물고물 손 안에서…

조물조물 손바닥에…

손가락 하나에 연정이 넘쳐난다. 바람에 일렁이는 보리밭 들녘길에 따뜻하고 정다운 느낌을 서로 탐미하며 밤 깊은 산책길을 이어갔다.

'나비야 청산 가자… 가다가 힘들면 꽃잎에 쉬어가자.'

되돌아갈 수 없는 세월에 진한 아쉬움을 남기는 깊은 회한을, 밤바람에 훨훨 날려 보낸다.

연정

그가 떠난 지 벌써 몇 달이 순식간에 흘러갔다. 한순간에 잠시 왔다가 훌쩍 떠나버린 인택 씨를 못내 그리워하며 오가는 출퇴근 길에 늘상 함께한다.

나의 마음과 정신 속에 깊이 새겨져 떠나지 않는 그를 무엇으로 달래도 인택 씨를 보는 것만 못하지만, 그가 부른 색소폰 소리, 그가 말하는 목소리.

그에게서 묻어오는 연정에 그 느낌과 전해오는 감정, 장난기 많은 말솜씨와 흉내 내지 못할 개구쟁이 같은 천진함과 어리광스런 행동. 알면 알수록 재미와 재치가 양파 껍질처럼 벗겨지는 즐거움을 주는 사람.

그와 언제나 함께하고 싶은 욕망이 괴롭히지만, 단란한 가정이 있는 그이기에 어떤 한계선에서 멈춰야 하는 현실에 안타까움을 가져보기도 하는 사람. 감성의 깊이가 풍부하여 매사를 긍정적인 사고로 바라보며 인생을 즐겁게 살아가는 방랑기 많은 남자지만 그런 인택 씨가 정말 좋았다.

카톡으로 들려주는 색소폰 소리에 가슴 뛰며 함께 보낸 가사에 얼마나 깊이 공감하고 설렘의 연속이었던가! 그의 음악을 듣고 있으면 풍부한 감성이 온몸으로 전해지는 느낌에 스스로 감동에 빠져든다. 그런 감정이 내 가슴에 전해지면서 인택 씨의 모습을 떠올려지면 함께 따라 불러보기도 하며 때론, 자신의 감정에 스스로 몰입되어 가슴이 미어지는 아픈 마음에 간혹 눈물 지울 때도 있었다.

새벽 일찍 잠이 깬 잠자리에 누워서도 인택 씨의 폭넓은 감성의 음악에 그리워하는 순정의 여인이 되어 버린 것 같아 이젠 그가 생활 속에 자리 잡힌 활력의 원천이고 삶의 가치를 안겨 주는 기쁨이고 즐거움이었다.

행복이란! 살아가면서 어떤 순간 마음껏 몰입할 수 있는 그 무엇이, 자신의 인생에서 함께할 때 행복의 가치가 충만하여 노을 지는 황혼에도 곱게 단풍이 드는 만년을 감사하는 넉넉한 마음이 되어진다.

언제나 생각나고 과거를 떠올려지는 재미있는 사람 그런 인택 씨가 나의 첫사랑이었던 것이 무한한 기쁨이고 행복이었다. 멀리 있어 그리움에 가끔 만나지만 그럴수록 더욱더 그리워하는 기다림이 순간순간을 그 무엇과도 바꿀 수 없는 보석 같은 행복이다. 추적추적 온종일 가을비가 색 바랜 잔디 정원에 소리 없이 내린다.

나뭇가지마다 젖은 옷을 입고 굳은 비속에 쓸쓸함을 방울방울 떨어뜨린다. 거실창 너머 먼 들녘이 저무는 풍경에 쓸쓸하게 가슴에 스며든다. 허전한 심사에 공허함을 느끼며 긴 소파에 누워 비에 젖는 들녘을 음미하며 조용히 관조하는 평온한 마음에 문자가 왔다. 인택 씨였다.

먼 하늘 그곳에도 비가 내리나 보다.

― 빗속의 산책 ―

비가 내립니다. / 주룩… 주룩… / 빗속에 산책을… / 해, 보셨나요 / 우산 속에 무지개를 / 본 적 있나요. / 빗방울 또골… 또골… / 추억을 튕기면서… / 빗속을 걷고 걸어… / 그리움에 눈물 지어… / 첫사랑의 아픔이… / 빗물이야… / 빗물이야… / 소리쳐… 소리쳐… / 젖은 가슴에 불러본 적 있나요 / 아픈 마음에 울어본 적 있나요. / 지나간 세월이… / 궂은 비가 내립니다. / 주룩…주룩… 비가 내립니다. / 걸음걸음 눈물 되어… / 가슴에 내리는 비 / 오늘도 오늘도… / 비가… 내립니다.

비 오는 들녘을 바라보며 문자를 읽고 또 읽어 본다. 이심전심이런가. 마음이 깊으면 멀리 있다 해도 생각과 느낌이 일치하여 언제나 함께한다. 저무는 가을비가 들녘의 어스름에 그리움을 재촉한다.

그가 오면….

빗속의 산책을 꼭 하여 볼 거야.

가슴에 내리는 비를… 추억을 찾아가며 소리쳐 불러볼 거야. 아픔을 승화시킨 재회의 기쁨을 우산 속에 꼭 잡고 걸어갈 거야.

그리움이 돋아나는 그 길을 빗소리 들으며 무지개를 찾으러 걸어가야지….

비야!

전해다오.

비야, 비야,

빗속을 걸어가리라!

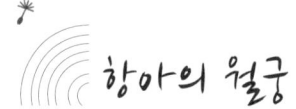

항아의 월궁

비가 한바탕 쏟아지려나…! 어두운 하늘에 우중충하니 검은 잿빛에 잔뜩 찌푸린 모양이 마구 쏟아 내릴 것 같은 추적한 가을비가 연일 이어지며 사람들의 마음을 괴롭히고 있다.

추석을 지난 지 벌써 한 달 남짓 십일월 초순이건만 단풍 행락객들의 들뜬 마음을 헤아릴 줄 모르는 하늘이 무심하기만 하다.

부슬부슬 바람 없이 날리는 잔비가 머릿결을 적히고 촉촉해진 낯짝을 간지럽힌다. 손수건으로 얼굴을 문지르며 급히 터미널로 들어섰다. 구귀까지 한 시간 족히 걸린다.

오후 다섯 시 막차가 마산 터미널을 벗어나자 차량의 전조등이 젖은 거리를 환히 비추며 서서히 출발했다. 아직 이른 저녁나절이건만, 날씨로 인해 도로가 이미 어둡다. 짧은 해에 구름마저 짙게 드리웠으니… 좌석에 앉자마자 문자를 띄워 보냈다.

"지금 막 출발했습니다"

기다리고 있다는 듯 바로 답신이 왔다.

"예 알겠습니다…."

"여긴 지금 비가 내리고 있어요."
"여기는 맑았다 흐렸다 합니다"
"거진 한 시간 족히 걸린다고 해요."
"조심해서 천천히 잘 오이소."

한바탕 빗속을 버스는 달렸다 조금 늦게 구귀에 들어서니 하늘이 말짱하다. 이미 저녁 으스름에 먼발치 산밑 아래의 농가들이 어둠 속에 올망졸망 정겹다. 한적한 저녁 풍경의 시골 정거장 작은 터미널의 모퉁이에 기지가 마중 나왔다.

"어서 오이소…!"

말수 적은 기지가 마중하며 반긴다. 언제나 보아도 만남이 새롭다. 가슴이 설레고 설핏한 눈길에 언행이 서로가 예의를 차린다.

"예… 잘 지내고 계셨지요?"

그리움이 함축된 기다림의 인사다. 그닥 멀지 않는 마중 나온 길을 함께 돌아섰다. 저녁 공기 속에 개 짖는 소리가 마을 길에 분주하게 퍼진다. 잔디 마당과 주변의 경관이 만추로 짙게 물들고 있었다.

푸른 잎사귀의 배추가 암팡지게 마늘 뽑힌 자리를 채우고…. 쭉쭉 뻗은 허연 무들이 각선미 자랑하는 처녀들의 종아리만큼 멋졌다. 삐쭉삐쭉 솟아오른 대파들도 대꼬챙이를 꼽아 놓은 듯 진녹색으로 길게 자라고 있었다.

겨울 살림살이의 채소가 심어진 주부의 알뜰한 채마밭 속 풍경이다.

소슬한 가을바람이 정원수의 잎사귀를 살랑살랑 어루만지며 소리 없이 지나간다. 정원 한 모퉁이의 야생 들국화들이 묻어나는 밤이슬에 꽃잎은 귀뚜라미들의 노래를 들으며 몸치장이 청초하다.

산골 별장은 만추의 시간 속에 서서히 어두움 속으로 깊이 잠들어 가고 있었다.

  만월은 휑하니 추공(秋空)에 얼음덩이처럼 박혀서 하얀 미소를 흘리며 구름 속에 노 저어 동동 떠가고….

  고요히 번지는 달빛에 지난 세월의 아련함을 물결처럼 펼쳐 보는 산골의 밤하늘을 술잔에 담아서 가슴에 심는다. 취기가 오른 건배의 술잔은 언제나 기억 속에 새겨진 추억을 마주 보는 눈빛에 그리움을 잉태하며 새록새록 새겨 놓는다.

  조용히 나누는 정담 속에 가을밤은 달빛 머금은 낙엽들이 바람결에 사르륵사르륵 쓸려 가며 메마른 잔디 정원에서 맴돌아 몰려다니다가 부서지는 잎사귀들을 장독대 뒷모퉁이 구석으로 차곡차곡 옹크리며, 서글픈 세월에 자신들의 추억을 묻어 버린다.

  추야창천에 휘영청 높이 뜬 둥근달

  냉기로 무장을 한 잔별들의 서슬 퍼런 호위를 받으며 온화한 월광은 천지강산에 백설같은 분 빛으로 고운 화장을 하고, 띄엄띄엄 뜬 구름송이를 징검다리 삼아 깨금 놀이 하며 너울너울 선녀춤을 추면서 미끄러지듯 서편으로 흘러간다.

  은은히 감겨오는 백색의 밤빛을 거실 가득히 나누고 양귀비 향기에 피어오르는 취기의 술잔에 서서히 젖어가는 그리움이 설레는 밤. 귀뚜라미 울어 주는 가을밤의 별장이었다.

  먼 산등성마루의 솔가지 위에 밤이슬 소록소록하게 내리는데 뒷동산 부엉새는 어두움 속에 숨어 울면서 한밤을 지새워 간다.

창틀 너머 깔려 있는 고요한 밤 들녘.

잿빛 운무에 적막마저 소리 죽어 갇히고

흐려지는 달빛에 아스름히 졸고 있는 밤

추억의 동산에 밤꽃이 만개한다.

그리움이 가득 찬 건배의 술잔.

지난 세월의 아쉬움을 빈 술잔에 가득 채우고 타오르는 정열은 휘영청 밝은 달빛 속으로 달려가며 가만히 숨어든다.

달….

하얀 얼굴 둥근달이 방글방글 웃는다.

추억을 간직한 세월의 달.

그리움 품어진 수줍은 달.

백설 같은 둥근 가을 달밤에 별들의 합창이 보석처럼 반짝이며 박수를 친다. 달은 언제나 설레는 마음으로 가슴 태우며

추억을 손잡고 달빛 타고 산책을 한다.

항아의 월궁(月宮姮娥)으로….

남천강 산책

사방이 휑하니 탁 트인 누각, 오랜 세월의 시간만큼 뭇 선인들의 자취가 배어있는 넓은 마룻바닥에 정좌하고 앉았다. 길게 펼쳐진 강바닥에서 불어오는 바람이 오슬오슬(오싹오싹)하다.

붉은 기둥이 나열된 누각의 텅 빈 곳을 채우지 못한 강바람이 허탈한 신음 소리를 지르며 산마루 턱으로 쏜살같이 도망치며 사정없이 내뺀다. 귀때기 거칠게 핥으며 달라붙는 강바람이 무명천 찢는 날카로운 소리가 되어 머리끝이 쭈뼛쭈뼛 진저리 쳐진다. 자라목이 되면서 움츠러들어 시린 뒤통수로 회오리바람을 배웅하였다.

눈꼬리에 파고드는 맞바람을 실눈으로 가늘게 뜨고 영남루 아래에 굽이치는 남천강을 깊은 심호흡으로 가물가물 내려다보았다. 물안개 엷게 깔린 긴 강줄기 저 멀리, 꿈꾸는 이상향의 무릉도원 같아 아련하게 손짓하며 부른다. 보일 듯 말 듯 알 듯 말 듯 가물거리는 미지의 세계가 궁금증으로 빠져간다.

쫓아가면 금세 붙잡을 행복 같기에 서둘러 강변길로 잽싸게 내려왔다. 깔끔하게 다듬어진 남천강 둔치에 선남선녀들의 팔짱 낀 산책이 아름답고, 뜬구름 흘러가는 푸른 물결의 강심에는 작은 물새들과 우아한 기품을 자랑하는 깃털 큰고니 새들이 주름 물결에 일렁이는 파도를 타고 감춰진 갈퀴로 매끄럽게 율동하며 물결 속에 동동 유영한다.

온갖 풍상의 세월을 묵묵히 인고하며 버텨온 푸른 기상의 노송들이 제멋대로 꼬부라진 허리를, 기대고, 의지하고, 엉키고, 설켜서, 비틀어진 굽은 팔을 간신히 벌려서 가을볕 신선한 그늘을 만들어 주는 솔밭의 정경이 눈에 그윽하다 메마른 솔깝들이 흩어져 깔린 폭신한 산책길에 향토의 문인 제사들의 자랑하는 감성의 글귀가 한량한 나그네 발길을 잠시 붙잡아 맨다.

주옥같은 글귀와 섬세한 문장이 즐비하게 걸려서 펼쳐진 전시품에 언뜻 스치는 짧은 글귀가 눈길을 머물게 한다.

'찢어지는 아픔 숨기고 눈물 없이 돌아서는 뒷모습은 또 얼마나 아름다운가!'

이별을 미화하는 시인의 숨겨진 아픔이 시리게 감겨 온다. 가슴 저미는 느낌에 푸른 강물은 더욱더 깊이 가라앉아 검은빛으로 진한 멍을 들게 만든다. 선하게 돌아설 수 없는 공감이 가슴마저 일렁이는데, 코끝에 스며드는 솔향에 이별의 슬픔을 아프게 함께 재웠다.

일면식 없는 시인의 아픔을 휘어진 솔가지 끝에 꼬불쳐 걸쳐 두고 짙푸른 소나무 검은 그늘 아래 오솔길을 터벅터벅 허리 젖히고 걸어 들어갔다. 펼쳐진 노송잎에 가려진 숲길이 고요한데 휘어진 가지 위에 까마귀 한 마리 사뿐히 날아와 짧은 모가지를 주억거리며 길손을 맞이한다.

' 까…악 까악….'

울림 큰 울음소리가 꼬부라진 노송길 따라 꼬불꼬불 꼬부라져 솔밭 사이사이로 감돌며 파도 타듯 너울너울 번져간다. 오솔길에 채워진 공명을 머리에 이고 유유자적한 마음으로 주변을 살펴보는 눈길 앞에 한 무리의 여인들이 동실동실한 모습을 서로 부딪치며 걸어간다.

자못 왁짜지껄 두서없이 주고받는 환담이 흘러 듣는 귓속을 후빈다.

여인 1. "기양 니가 먼저 자빠졌삐라."

여인2. "맞다. 지 발에 걸렸다 카고… ㅋㅋ."

여인0 "야는…! 내는 그리 몬한다. ㅎㅎ."

손사래 치며 주먹 쥐고 콩콩 때린다. 피하는 시늉 하면서 팔을 잡고,

여인 1. "니 빼물다 놓친데이… 호호"

여인 3. " 니 맘 단디 묵고 콱 저질려삐라."

여인 0. "야들이 뭐라카노! 친구 만나(맞나)? ㅎㅎ"

여인 4. "친구니께 한번 시킨 대로 해봐라 두 눈 찌끈 감고시리…"

"하하 호호 홋홋 푸푸풋 킥킥킥…"
앞서거니뒷서거니 왔다갔다 재미 넘친다.

여인 5. "사람 좋드라, 비할 데 없이…."

여인 6. "하모! 놓치지 말그래이…."

여인 1. "친구야 내 시킨 대로 해라."

여인0. "방법이 틀렸다. 점잖은 사람한테…."

아마도 숫기 없는 남친을 사귀면서 속앓이하는 친구를 확실하게 맺어 지길 바라는 마음에 농반진반 장난스런 우정을 나누며 걸어가고 있는 것

이다. 바람결에 들려오는 재미를 은근 슬쩍 함께하며 뒤따라 걸어가는 먼발치에 나붓나붓 목깃을 날리며 걸어오는 기지가 보였다. 짙은 밤갈색의 정장 차림이다. 퇴근 후 약속된 솔밭길에 찾아오는 조그마한 모습이 소담스럽게 안겨 온다. 정시하며 다가오는 고운 눈가에 주름물결 겹치는 입꼬리 미소가 세월이 깊이만큼 곱게 익어 다정다감한 품성으로 가슴에 촉촉하게 스며온다.

"무료하지는 않았습니까?"

"강변 경치에 푹 함몰되었습니다"

가볍게 답례하고 나란히 솔 향기 짙게 깔리는 솔밭 사잇길을 천천히 걸어갔다. 솔 향기 먹으며 떼는 발자국의 두 마음이 서로가 여유로운데 길 따라 작은 새들이 호로록호로록 소리 내며 부산스럽게 떼를 지어 머리 위에서 따라다닌다.

함께 걸어가는 즐거운 마음을 새 떼들의 앙증맞은 군무를 바라보며 솔밭 사잇길을 웃음 짓는 미소로 정담을 나누고 행복한 산책을 하였다.

깨끗이 펼쳐진 강변 둔치길 아래로 흐르는 강물은 푸른 물결이 굽이쳐서 쉼 없이 흘러가고 햇볕 따사로운 가을바람이 뺨에 어우러져 붉은 홍조를 띤다.

가볍게 스치는 강바람이 살랑살랑 불어와 엷은 목깃을 살며시 어르며 나부끼는데 함께 걷는 율동에 가릴 듯 말 듯 숨겨진 목선의 매력이 눈에 박힌다. 강줄기 멀리 흐려지는 미지의 풍경들이 가물가물 꾸는 꿈길처럼 아슴하다. 강물은 알랑가! 인연의 끝을?

알 길 없는 마음의 강바람만 걸음걸음을 무겁게 가슴에 울려준다.

크루즈 여행담

부… 웅!

뱃고동 소리가 우렁차게 길게 울린다.

흰 구름 뭉실뭉실 흘러가는 코발트 빛 하늘에 검은 연기를 맏아 올리며 울려 퍼지는 뱃고동 소리….

부둣가의 이별을 슬퍼하는 마도로스의 애틋함인가! 한숨인가! 안녕을 빌어주며 떠나가는 사나이의 아픔을 대신하는 작별의 고동 소리.

부~웅…!

부드럽게 우렁차게 고동 소리를 연신 울리며 부두를 멀리멀리 뒤로하고 짙푸른 파도를 헤치며 유람선은 현해탄을 향해 속력을 높이고 거침없이 달려간다.

바닷바람이 세차게 머리카락을 휘젓는다. 뱃머리에 부딪치는 거친 파도가 하얀 풋말이 되어서 물결을 가르는데 무수한 갈매기 떼들이 귀청을 어지럽히며 오락가락 뱃길 따라 춤을 추듯 날아오른다.

"바람이 습하고 끈적해요"

함께 갑판 위를 걸으며 뱃길 멀리 펼쳐지는 섬들의 경관을 시원스레 바라보던 영주가 두 팔을 벌리고 비릿한 바람을 맞이하며 가까이 다가와서 말했다.

"오사카는 습한 고장이지, 더구나 지금이 한창 더운 팔월 초순이야."

"밤새 가는가 봐 얼마나 걸리려나?"

"오전 열 시 도착이야. 꼭 열여덟 시간 걸려. 느릿느릿 밤새도록…."

"비행기로 날아가면 두세 시간을…."

"그럼, 여행의 재미가 없잖아…."

후덥지근한 바람은 부서지는 파도의 물기에 무겁게 실리어 얇은 셔츠가 한층 눅눅하게 살갗에 감겨든다.

어느덧 저녁 으스름의 붉은 태양은 수평선 멀리 주홍빛 얼굴을 반쯤 바닷물에 감추고 길었던 여름 한낮의 열기를 식히려고 고개 숙여 잠겨들려고 한다.

뱃전에 펼쳐지는 아름다운 황혼의 장관을 넓은 갑판 위에서 즐기는 다양한 인종들의 무수한 관광객들을 남겨두고 좁은 계단을 타고 선실로 내려왔다.

2만여 톤급 축구장 두 배 정도의 8층 높이에 길이가 약 이삼백 미터로 승선 인원이 약 7백 명 정도로 부산과 오사카로 운행하는 국외 크루즈 관광선이다.

"심 사장님 악기 준비하십시오."

선내 숙소에 찾아가니 함께 온 일행들이 색소폰을 조립하면서 재촉한다. 선내 디너쇼를 위한 색소폰 연주를 초청받았던 것이다.

'쿨 색소폰 동호회'

다섯 명의 색소폰 연주자들이 어느 날 뜻을 모아 연습실을 꾸몄다.

적당한 건물 지하 공간에 칸막이를 설치하고 동호회를 알리면서 합주도 하며 개인 연습도 열심히 하고 초보 레슨도 함께하였다. 연륜이 쌓이면서 회원들도 많아 음악실엔 색소폰 소리로 서로의 친목을 함께하며 색소폰 합주도 열심히 하였다.

노력하니 행운도 뜻밖에 찾아왔다. 유람선의 저녁 디너쇼에 초청받은 것이다. 다섯 명의 합주 음악으로…. 국외 크루즈 관광 여객선이다.

부산서 오사카까지 운항하는 국제선에 5일간 비용 일체를 제공받으며 관광 겸한 선상 디너쇼에 매일 색소폰 음악을 연주하는 훌륭한 조건의 초청인 것이다.

시간 여유를 두고 파트별로 나누어 악보를 익히고 합주에 올인을 했다. 한 곡당 네 파트로 나뉘어서 합주곡으로 연주하는 앙상블 음악으로 팝송과 국내 가요를 적당히 섞어서 배분하여 연주 목록을 작성했다. 며칠 전 연주 오디션에 통과되었다는 통보를 받아 악기들을 챙기고 하루 전날.

오전에 KTX를 타고 부산에 왔다. 이왕에 여행을 겸한 연주회이니 부부 동반을 하기로 의견 일치를 모으고 음악실 회원들 중 몇 사람도 함께 동반했다. 초청받은 다섯 명 중 아내도 투파트 알토색소폰을 맡았기에 함께하였다.

오사카로 출항하기 하루 전날 밤 전야제를 광안리 앞바다에 정박하고 크루즈 선상에서 불꽃놀이, 황홀한 빛의 아름다움을 가득 안으며 오인의 색소폰 합주를 신나게 불면서 관광객들을 광란의 춤 파티장으로 끌어나갔다.

다이아몬드 브릿지의 휘황찬란한 네온 불빛이 검은 바닷물결에 일렁이며 크루즈선의 뱃전에 부딪쳐서 반사되는 형형색색의 빛으로 포장하는 선상의 전야제. 하룻밤을 광안리 바닷가에서 지새우고 오후 느지막이 부산 국제항을 출항하여 이제금 일본 내해로 들어선 것이다.
 연주복을 갈아입고 선실 한쪽 모퉁이에 악기를 모아서 보관한 후 만찬석으로 들어섰다. 넓은 중앙홀엔 몹시 붐볐다. 좌석은 꽉 찼고 선실 창가에도 둘러섰다. 황혼에 출렁이는 붉은 파도. 석양에 물드는 깃털 같은 흰 구름. 저녁 으스름에 가물거리는 수평선. 선창 밖의 풍경이 한 폭의 그림 같다. 팡파르 소리와 함께 사회자가 말한다.
 "다음은 색소폰 합주가 있겠습니다."
 관중들의 환호와 박수 속에 다섯 연주자가 일렬로 무대에 서서 연주를 했다.
 '돌아와요 부산항'을 연주하면서 관광객들에게 인사를 했다. 합주곡을 정하여 내국인으로서 감사를 표한 후 팝송도 불렀다. 내국인 외국인 모두가 잘 알려진 곡으로 연주를 하니 함께 즐기던 관광객들도 합창으로 답례를 한다.
 '아름다운 강산'
 거듭되는 앵콜송을 마지막으로 연주하며 크루즈 선상 음악 연주를 끝마쳤다. 흥분된 열기를 식히려 아내와 함께 시원하게 불어오는 바닷바람을 안으며 넓은 갑판 위로 올라왔다.
 어두움이 짙게 깔린 밤바다. 뱃길 따라 넘실거리는 파도 넘어 감실감실 졸고 있는 작은 섬들의 부둣가 불빛이 선 눈 속에 쓸쓸하게 가슴에 젖아든다.
 헝클어진 머리카락을 쓸어 넘기며 크루즈 선의 갑판 위로 이리저리 구경다녔다. 큰 바다거북이 한 마리가 느릿느릿 유영하는 듯 파도 위로 천천히 달려간다.
 "색소폰 연주가 아주 멋졌습니다. 실력이 대단하네요…"

크루즈선의 음악 감독이 마주 오며 인사를 하고 칭찬하여 주었다.

"감사합니다. 초청해 주셔서."

"즐거운 여행. 되시기 바랍니다."

그는 진심으로 칭찬해 주며 기회가 되면 다시 초청하겠다고 하며 바쁘게 선실로 내려갔다.

"두 분 어디 갔다 옵니까?"

숙소로 들어서니 동료들이 이구동성으로 농을 하며 힐난이다.

"기분 좋은 덕담과 칭찬을 듣고 왔습니다."

"잘 불었다고 합디까?"

"어쩌면 또 초청될 것 같습니다."

음악 감독의 평가를 알려 주었다. 모두가 환호하며 기뻐한다. 큰방 숙소 한곳에 모두 모여 자축 파티를 하며 밤새도록 즐거운 담소로 단체 여행의 즐거움을 나누며 시간 가는 줄 모른다.

김수영 씨 부부는 고향이 전라도 광양이다. 부인의 전라도 사투리 재담이 배꼽을 들락날락 꼬부렸다 폈다, 돌돌 구르게 만드는 만담가 뺨치는 솜씨였다.

좌중의 분위기를 쥐락펴락하는 태깔이 남도창, 서도창, 민요가락 등 자유자재다. 호리낭창한 조그마한 몸매 하며 길게 뽑아내는 매꼬롬한(매끈한) 창의 한 소리는 듣는 이의 마음을 도시 어찌할거나! 참으로 말리지 못할 재주꾼이었다.

"아, 글씨 사람의 팔자랑께 요상한 것인지라. 암만 생각해 보드라도잉 참으로 웃스분 야그를 한번 해볼랑께로 쪼깨 들어볼라요? 거시긴 한께."

다붓다붓 둘러앉아 웃음을 던지며 쳐다보는 여럿 사람을 보며 정감스런 사투리로 무명실 뽑듯 슬금슬금 이어간다.

"나가 여지꺼정 살면서 사람의 팔자가 대반에 회까닥 바뀐 경우를 잠시 들어본 적이 있는데요잉… 아! 고것이 말하자면 거렁뱅이가 만석갑부 되고 정승판서가 상놈 되는 웃기는 인생 역전이 그야말로 못 고칠 여덟팔자 순식간에 고쳐 쓰게 되는 운명의 야그인데… 에 긍께, 나가 쪼깨 아는 이북사람인디, 그 냥반이 육이오 사변을 만나 부모 형제 생이별하고 일사 후퇴 때 요샛말로 유행가 가사맨치로 눈보라 휘몰아치는 바람찬 흥남부두 미군용 선에 혈혈단신 빈 껍데기로 월남한 피난민이었다요…."

배 창시 꼬일 만큼 굶어 가며 정처 없이 정착한 곳이 부산의 영주동. 월남한 피난민들이 오골오골 깨고락지 합창하듯 모여들어 판자촌을 이루며 생활하는 헐벗고 궁핍한 피난민 동네였다.

그도 부산항이 훤히 보이는 영주동 산만디기(산마루)에 한 귀퉁이를 비집고 들어가 얼기설기 하꼬방(판잣집)을 지어놓고 겨우 입에 풀칠을 하며 하루를 버티고 이틀을 견디며 산 목숨을 부지하며 개골창에 지렁이 밟히듯 마지못해 꿈틀거리는 힘겨운 생활을 희망없이 이어가고 있었다.

다양한 군상들의 피난처 임시수도 부산은 희망과 좌절이 몸부림치는 또 하나의 다른 전쟁터였다. 허기진 배를 채우려고 닥치는 대로 몸을 뒹굴었고 막노동에 땅을 파는 삽질도 했다 부둣가를 배회하며 지게도 지며 때론 넝마도 주워서 팔았다.

국제시장에서 밥을 빌어먹으며 깡통시장의 밀매품 심부름도 하다가 붙잡혀 뒤지도록 얻어터지고 맞고, 뼈도 부러트리며 영창도 수없이 들락거렸다.

돌아서서 한숨마저 제대로 몰아쉴 틈바구니도 없는 고달픈 피난민 생활에 눈뜨면 하루요 눈감으면 이틀이라… 사는 건지 꿈을 꾸는 건지 부지불식간에 흐르는 세월 속에 굳은살도 이골이 났다.

때로는 기쁜 날도 있고 즐거운 시간도 있기 마련이라 어쩌다 한 번쯤은 부둣가 선술집의 붉은 홍등 아래에 걸터앉아 불어오는 바닷바람에 머리카락 쓸면서 텁텁한 막걸리 한잔 술로 온갖 시름을 출렁이는 선창가 파도 물에 아픈 가슴을 묻고 비틀거리는 갈지자걸음으로 흥얼흥얼 콧노래로 자신을 달랜다.

미로같이 엉켜있는 영주동 산 몽당길에 겨우 기어오르며 다닥다닥 달라붙은 판자촌의 동네 한쪽 구석진 곳에 겨우 꼽사리 끼어, 지어 논 바람새는 하꼬방 집에 생의 모든 것을 팽개치듯, 힘든 몸뚱아리를 풀기 삭은 베적삼 바지 구겨지는 목불인견의 모습으로 곤두박질치며 던져 버리는 외로운 한 밤을 뒹굴며 샌다.

허나, 사람의 팔자는 타고 난다고 했던가! 운명이 뒤바뀔 시간이 어두움 속의 먹구름 밀쳐 내듯 도도히 밝아오고 있었다. 경천동지하고 천지강산이 뒤바뀌는 운명이 자신을 감싸고 흘러갈 줄이야!

여느 때처럼 맥없이 흘러가는 일상에 지친 심신은 잔뜩 취한 취기로 홀로 깊은 잠에 골아떨어졌다. 한밤중. 판자촌 밤하늘 아래 울려퍼지는 단말마의 외침소리가 겁에 잔뜩 질려서 겨우 막힌 숨소리를 헛바람 빠지듯 뱉으며 쏟아내는 혼이 다 빠진 소리, 얼마저 빠져버린 정신 나간 소리였다.

"불이야… 불이야…!"

간담이 서늘하게 파고드는 외침 소리는 순식간에 난민촌 구석으로 울려 퍼지면서 피난민 가슴을 혼비백산의 도가니로 몰아갔다. 화들짝 놀란 토끼들이 엉덩짝 튕겨 오르며 산지사방으로 날고 뛰듯이 좁고 굽은 골목길에 북새통이 된다.

"불이 났다, 불이야!"

저마다 "불이야" 외쳐대는 고함 소리가 겨울밤 찬 공기를 타고 골던 잠귀를 찢는다. 바닷가를 마주 보고 있는 영주동 산만댕이(산마루)로 치올라 불어오는 바람은 미로처럼 엉켜 있는 판자촌 골목길을 성난 화마의 길잡이가 되어 골목골목을 파고들며 시뻘건 혓바닥을 널름거리며 핥아댄다.

기름칠한 판자 쪼가리와 종이박스로 지은 엉성한 집들이 가랑잎에 불쏘시개가 되어서 화르륵 소리 내며 치솟는 불길에 생각할 겨를도 없이 '퍽석' 주저앉는다.

평소에도 찾기 힘든 미로에 다급한 행동이 당황스럽고 허둥거려서 서로서로 부딪치고 뒤엉켜 버리는 목불인견의 아수라장으로 불을 피해 도망갈 길을 못 찾고 서로가 부여잡고 쥐어뜯으며 우왕좌왕 울부짖으며 정신 나간 헛소리만 허공에 질러댄다. 천지가 광란한다.

그도 비몽사몽간 잠든 정신을 후다닥 깨우고 손에 집히는 미군용 빽을 잽싸게 걸머지고 용수철처럼 튀어나왔다.

"빨리 피해라 빨리…."

아우성을 뒤통수에 매달고 엎어질 듯 몸을 던지며 불을 피해 달렸다. 가로세로 엉키는 사람들을 부딪치며 피하며, 치고받고 떨쳐 버리면서 무조건 아래로 돌진하며 불길을 피해 달리는 찰나 '쿵' 둔탁한 소리와 함께 눈앞에 번쩍하는 번갯불을 보면서 사정없이 맨바닥에 나가떨어졌다. 부딪친 것이다.

서너 발치 건너편에 맷집 좋은 사내 한 명이 뒹굴면서 처박혀 늘어지고 있다. 아플 사이도 없이 허우적거리며 일어서는 와중에 시뻘건 불기둥 하나가 앞을 막듯 자신을 향해 무너져 내린다.

불 가루를 덮어쓰면서 다급하게 손에 집히는 미군용 백을 짊어지고 혼이 빠진 채 산기슭 아래로 달음질쳤다.

불길은 온 산허리를 태우며 한 많은 피난민들에게 절망을 심어주고 판자촌은 어두움 속에 서서히 사그라져 갔다.
'어디로 가야 하나….'
막막했다. 죽음이 이글거리던 불바다를 혼신을 다해서 피했지만, 허탈한 심신은 기력이 다 빠져서 움직일 수가 없었다. 허기진 뱃가죽은 창자가 꼬일 지경이지만, 우선 추위를 견디기가 힘들었다. 젖고 더러워진 옷을 갈아입어야 했기에 부둣가 구석진 곳의 가로등 밑에 자리를 잡고 군용 백 지퍼를 풀었다.
'?'
쇠뭉치로 뒤통수를 세차게 얻어맞는 강한 충격에 귓속이 먹먹해 져왔다. 정신이 어찔하여 눈을 쉽사리 뜨지 못하고 엉겁결에 미군용 백을 감싸안았다.
'뭐여? 이것이!'
갑자기 나타난 눈앞의 현실에 가슴이 벌렁거리더니 머리끝을 꼬집는 강한 전율이 전신을 타고 찌르듯이 퍼진다. 희미한 가로등 불빛 아래서 반사되어 보이는 돈의 그림자. 돈. 돈… 그것은 모두 현금다발, 돈의 뭉치였다. 군용 백 가득히 현금다발과 달러 뭉치가 빼곡히 담겨 있는 것이다.
'어떻게 이런 일이….'
그는 당황과 난감함에 잠시 멍해졌다. 눈앞에 언뜻 스쳐 가는 광란의 소리들, 아비규환의 불길 속에 탈출 하며 부딪쳤던 급박한 순간의 가물가물한 모습이 불꽃처럼 넘실거리며 피어올랐다.
'아차! 바뀐 거구나 보따리가….'
사정없이 부딪쳐서 서로 나뒹구는 상황에 덩치 큰 사내가 널브러진 모습과 똑같은 군용 백이 겹쳐서 뒹구는 것을… 덮치듯 쓰러지는 시뻘건 불기둥을 피하며 창졸 간에 뒹구는 군용 백을 짊어지고 달려 온 것이 내 것이 아닌 남의 것이었다.

'그는 누굴까? 그리고 이 돈은?'

부딪칠 때 크기로 봐서는 예사 사람과 다른 것만은 분명한데 난민촌 하꼬방에서 뛰쳐나온 것은 도시 알 수가 없다.

밝힐 수 없는 사람과 출처가 의문인 현금다발 그리고 엄청난 달라 뭉치. 가늠할 길 없는 미스터리를 곰곰이 추론해 보지만, 추위에 떠는 지친 몸의 놀란 가슴은 머릿속마저 꽉 막혀 미궁처럼 벙벙해질 뿐이었다.

한참을 생각하던 그는 걷기 시작했다. 어둠 짙은 부둣가의 넘실거리는 파도. 희미하게 졸고 있는 해무 속의 가로등. 불빛을 뒤로 남기며 그는 서서히 사라지고 있었다. 미군용 백을 메고서….

어둠 속에 희미하게 울리는 뱃고동 소리… 짙게 깔리는 여운의 고동소리가 출렁이는 파도처럼 퍼지는 파장이 되어 어두움 속으로 서서히 사라져가는 남자의 뒷모습을 희미하게 배웅하고 있었다.

인생은 알 수 없는 미로 같은 길.

정해진 운명, 바뀐 군용 백….

가슴을 흔드는 소리, 뱃고동이 울린다.

새벽 선창가 부두에 조용히 퍼진다.

…붕…!

…부…웅…!

이야기를 마친 자리가 조용하다. 모두들 재미있게 들으면서 현실에서도 뜻밖의 일이 벌어 질 수 있는 상황이기에 고개를 끄덕이며 각자의 생각을 모은다.

"거렁뱅이 팔자도 타고 난다더니만… 그것참, 천운을 받았나 봅니다."
"그러게요, 복이 굴러왔네요."
주인공의 후일담으로 좌중이 설왕설래하며 지루한 줄 모르게 흥미롭다.
"천운을 받고 복을 누린 사람이 있나 하면, 천운을 잃은 사람도 있어요…."
다들 눈을 들어서 쳐다보니 홍일점인 여성 색소폰 연주자 유영주였다. 충청도 청주가 고향인 아내다. 말투가 고르고 조용하다. 목소리가 부드럽고 언행이 급하지 않다.
"운명이라면 가혹하고… 천운이라면 참으로 박복한 사람."
기막힌 운명의 굴레 속, 질곡(桎梏)의 인생을 살아온 한 여인의 삶을 유영주는 담담하게 애절한 사연을 구술해 나갔다.

'선지애.'
수줍은 십육 세의 처녀 이름이다.
백 리도 모자라, 천리까지 알려진 부농의 집안에 곱게 자란 꽃망울 움트는 부끄럼에 홍조 띠는 아름다운 아가씨.
대대로 이어진 만석꾼의 살림살이에 아버지는 물론이거니와 집안 어른과 친척들도 벼슬을 하며 박학다식이 인근에 견줄 바 없는 훌륭한 집안의 딸이었다.
대궐 같은 담장과 솟을대문 안에서 부모님의 사랑을 받고 꽃밭 속의 벌과 나비를 벗 삼는 요조숙녀의 예를 배우는 행실 반듯한 어린 숙녀였다. 모든 것이 부족함이 없는 나날에 행복한 꿈만 꾸면서 살아가는 세월이었다.

허나, 세상은 불길한 시절에 해방이라는 크나큰 변혁의 소용돌이가 몰아치더니 급기야, 동족상잔의 육이오 전쟁이 터져 생과 사를 걱정하는 가슴이 조이는 불안한 시간이 서서히 엄습해 왔다.

그것은 국군이 압록강까지 수복했던 기쁨도 잠시뿐 중공군의 참전으로 불가불 후퇴해야 하는 사태가 벌어지면서 피난길에 모두들 나서기 때문이었다.

"딸아, 아들아, 남쪽으로 내려가거라 아무래도, 너희 남매가 피난을 가야겠구나. 너희와 함께하긴 많이 늦었다."

어느 날 부모님이 두 남매를 불러 앉히고는 결심을 한 듯 고뇌에 찬 말씀을 했다. 몹시 낡아빠진 니꾸사꾸(륙색, 배낭) 가방 하나를 앞에 놓고 펼쳐 보이며 신신당부했다.

"잘 간수하여서 남쪽에 도착하거든 너희 남매가 유용하게 쓰도록 하여라. 결코, 남에게 발설해서는 안 되느니라. 꼭, 명심하고 조심해야 하느니라…."

걱정과 부탁을 거듭하면서 앞으로 내밀어준다. 그것은 금붙이를 잔뜩 모아놓은 금덩어리 가방이었다. 패물 주머니도 따로 손에 쥐어주면서 위급할 때 대처하라면서 딸 자식에게 애타는 심사를 가슴속에 삼키며 손잡고 살뜰히 일러준다.

"아버지, 어머니, 함께 떠나요."

지애는 부모님께 매달리며 애원하다.

"아니다. 어서 가거라 시간 없다…."

"싫어요, 저는 가지 않을래요."

두어 살 연상의 오빠는 니꾸사꾸 끈을 어깨에 걸머메었다. 한시가 급박한 상황에 부모님께 하직 인사도 못 올린 채 싫다 울먹이는 동생의 손을 이끌고 험난한 피난길에 나섰다. 함경도의 북풍한설이 살갗 속으로 파고든다. '오동지섣달'의 삭풍에 몸을 움츠리고 피난민 대열에 묻혀 남매는 부지런히 걷고 걸어갔다.

허기지고 지친 몸들은 낙오되는 피난민들이 속출했지만 남매는 힘든 피난길을 무사히 도착하였다. 인산인해의 흥남부두 이미 넓은 부두의 선착장에 피난민들로 꽉 채워져서 마지막으로 철수하는 미군용선에 승선하기를 기다리고 있었다.

이른바, 흥남부두 철수작전. 미군용선에 피난민들을 태울 거냐 말 거냐를 기다리는 북새통이 온통 아수라장 속에 중공군의 공세가 점점 더 급박하게 흥남부두를 조여오고 있었다.

"지애야, 잠시 기다리고 있어라…."

니꾸사꾸를 풀어서 동생에게 맡기고는 어디론가 훌쩍 달려간다. 먹을 것을 구해 오겠다며 꼼짝 말고 기다리라는 말을 하면서 군중 속을 헤집고 빠져나갔다. 동생은 오빠와 떨어지기 싫었지만 벌써 저만치 오빠는 멀어지고 있었다.

"오빠, 빨리 와야 해요…."

불안에 찬 목소리는 군중 속으로 묻혀서 들리지 않는 메아리가 되어 허공에 맴돌 뿐 눈앞의 오빠는 멀리 사라져 갔다. 일각이 여삼추 같은 절박한 기다림은 피를 말리는 듯 가슴에 조여 오는데 어느덧 피난민들은 미 군용선에 오르기 시작하고 있었다. 마지막으로 철수하는 미 군용선에 타려는 피난민들의 다급함이 실로 눈 뜨고 볼 수 없는 아비규환의 난장판으로 서로가 끌어 내리고 밀치고 내치며 앞다투며 달려들었다.

'오빠는 뭐해… 왜 안 와….'

조급한 마음에 속까지 오그라진다. 아무리 애태우고 언 발을 동동 굴려보아도 오빠는 나타나지 않고 있었다. 저 마지막 군용선을 못 타면 영영 남쪽으로 내려갈 수가 없다.

지애는 결심을 한다. 어쨌거나 우선 타고서 찾아봐야겠다고 생각한다. 니꾸사꾸를 힘겹게 어깨에 걸머메었다. 지치고 연약한 처녀의 몸이 천근처럼 무겁게 느꼈지만, 피난민 무리에 밀리고 끌리면서 정신없이 군용선에 올랐다.

빼곡하게 들어찬 군용선 뒷 뱃전에 한숨을 돌린 지애는 먼 눈빛으로 사방을 살펴보지만, 오빠의 모습은 눈에 들어오지 않았다. 한자리에서 꼼짝하지 않고 기다렸다. 오빠가 찾아와 주길 바라면서 무거운 니꾸사꾸를 꼭 끌어안았다.

결코, 남이 알아서도 안 되고, 단 한 순간이라도 놓칠 수 없는 자신을 지켜줄 생명줄인 것이다. 가까스로 한숨을 돌린 순간 지애는 가슴이 철렁 내려앉는 둔탁한 느낌에 정신이 번쩍 들면서 불길한 예감이 뇌리에 박힌다.

'패물 주머니!'

그렇다, 패물 주머니가 손에 잡히지 않는 것이다. 치마 속에 단단히 묶어서 속 고쟁이 깊이 감추었던 패물 주머니가 승선의 북새통 속에 허리춤에서 떨어져 나간 것이다. 부지불식간에 잃어버린 것이다.

'아연실색 기절초풍.'

하늘이 노랗게 흐려지며 정신이 혼미해졌다. 부모님 얼굴이 눈앞에 어른거렸다.

'아… 어머니 아버지….'

낙심하며 상심하시는 부모님의 모습이 가슴에 아프게 칼끝으로 꽂힌다. 미어지는 슬픔을 목구멍으로 삼키지도 못한 채 지애는 그 자리에 맥을 잃고서 쓰러졌다. 창졸간에 벌어진 어린 처녀의 모습을 피난민들이 보살펴 준다. 주무르고, 흔들고, 물을 먹이며 소리치는 아우성에 지애는 겨우 깨어났다.

"이것이라도 먹어요. 기력 차리게…."

온통 둘러싸인 피난민 중 한 사람이 귀한 곡식 가루를 한 움큼 주며 말했다. 함께 있던 한 젊은 여인이 물과 곡식을 그녀에게 천천히 먹이며 끌어안았다.

"쯧쯧… 어린 처녀를 어찌 할 꺼이…."

지애는 눈물이 그렁그렁 맺히며 목이 메어 오랫동안 쉽사리 받아넘기지 못했다.

두 사람은 부부였다. 그들도 추위에 떨며 굶주린 어린 자식을 피난 통에 잃어버리는 아픔을 삭이며 겨우 군용선에 올라탄 것이었다.

살을 에는 삭풍과 몰아치는 한설의 추위보다 더 무서운 것은 배고픔이었다. 달라붙은 뱃가죽과 꼬인 창자를 할퀴는 굶주림의 고통은 차라리 죽기보다 너 힘든 고생길이었다.

난리통에 인심은 매정스럽다 못해 눈에 독기마저 서린다. 아무리 인정에 호소하고 구걸에 매달려도 세상은 돌아앉은 돌부처처럼 굳어 있었다.

구멍 뚫린 창호지가 북풍에 '부르륵, 부르륵' 요란을 떨 듯 부부는 한 농가에 서서 온몸을 제정신없이 떨어 가며 흔들대는 손끝으로 낯선 주인에게 사정사정하며 매달렸다.

"내가 밥 한술은 못 줘도 곡식은 좀 나누어 줄 수가 있네! 괜찮은가?"

"예?"

홑껍데기만 걸치고 나온 촌노가 말했다.

"그대가 입고 있는 속내의를 벗어서 나를 주게 그럼 내가 곡식을 줌

세."

"내의를? … 곡식을…?"

추위와 굶주림을 서로 바꾸자는 것이다. 이판사판 굶어 죽을 판에 선택할 여지가 없었다.

시퍼렇게 얼어있는 아내의 만류도 뿌리치고 사내는 내의를 훌러덩 벗어 주었다. 자신이 얼어 죽는 한이 있더라도 피골상접한 굶고 있는 아내를 살리고 싶었다.

"목숨과 같은 귀한 곡식이라오."

지애에게 조심조심 떠먹이던 여인은 글썽이는 눈가를 훔치면서 말을 아파하며 겨우 잇는다. 중인환시 속에 지애는 정신을 차려 나갔다.

찾을 길 없는 오빠의 소식을 애태우며 며칠을 피난민들과 생사고락을 지새우고 미 군용선은 무사히 철수하여 목적지에 도착하였다. 지치고 힘든 피난민들도 꾸역꾸역 하선하기 시작하였다. 오빠가 없는 니꾸사꾸가 어린 처녀의 몸엔 벅찬 무게였다.

몸을 지탱하고 걸머 메어 보지만 걸음마다 헛걸음에 주변만 휘젓는다.

"이리 줘봐요… 아가씨…."

힘없이 풀린 다리에 그만 털썩 주저앉은 지애에게 수염만 길게 자란 깡마른 남자가 지애의 팔을 부축하면서 딱한 눈빛에 긴 한숨으로 말했다. 혈혈단신으로 난리통에 피난길에 나선 남자였다.

고마운 마음이야 천 길 물속보다 깊지만, 사양할 여력조차 남아있지 않았다. 니꾸사꾸를 어깨에 걸머메고 남자는 지애를 일으켜 세우며 앞장서서 걷는다.

"부두까지만 부탁드릴게요, 아저씨…."

풀기 없는 목소리가 입언저리에서 맴돌 뿐 겨우 뒤따르며 하선하는 피난민들의 군중 속으로 묻혀 들어갔다. 와글거리는 소리와 찾고 부르는 고함소리가 사방에서 무척이나 혼잡하다. 이리 밀리고 저리 치이며 지친 몸을 추슬러서 힘겹게 하선하여 부둣가에 발을 디디고 섰다. 안도 속에 지애는 급하게 남자를 찾았지만, 흩어지는 군중 속에 남자가 눈에 띄지 않는 것이다. 부둣가가 부산스럽다.

"바로 눈앞에 서서 걷고 있었는데…."

지애는 중얼거리며 조금 전까지만 해도 보였던 남자의 행방을 찾고 있었다. 이리저리 왔다갔다, 근처를 살펴보아도 남자는 종내 발견되지 않았다. 가슴속에 바윗덩어리 같은 쇠뭉치가 '쿵'하고 떨어졌다.

심장이 떨려서 두근반세근반이 되어 숨쉬기가 멈춘다. 눈앞이 캄캄하게 머릿속이 텅 비었다. 남자는 도망친 것이다. 잠깐의 헛눈질 속에 순식간에 군중 속으로 사라졌다. 금덩어리로 채워진 니꾸사꾸를 매고서….

'아…! 니꾸사꾸 마지막 희망을….'

사라진 오빠의 잔영이 원망 속에 나타났다, 지워졌다. 온화하게 웃으시는 부모님의 모습도 눈물 속에 서럽게 어린다.

지애는 비통함을 깨물며 맥없이 그 자리에 퍽석 주저앉고 만다. 한없는 서러움에 북받치는 눈물이 줄줄이 흘러나왔다. 섧게 섧게 흐느껴 우는 소리가 애간장을 끊어 놓으며 차갑게 언 땅에 엎어져서 통곡을 한다.

모든 희망과 다짐하던 꿈들은 산산이 부서져서 부산 부두의 바닷물에 흩어졌다. 아무것도 남지 않았다 행복했던 어린 시절의 추억마저 출렁이는 파도에 묻혀서 가라앉아 버렸다.

가슴 치는 아픈 사연만 쓰리게 남아, 날아드는 갈매기의 날개깃에 실리어 풀어 헤쳐진 머리 위에서 맴돌 뿐이었다.

모두 떠나가 버린 부두의 선창가에서 피눈물에 얼룩진 장승이 되어 버렸다.

선지애… 어린 처녀가….

***

영주는 아픈 사연을 담담하게 끝마쳤다. 감정이 뒤죽박죽 뒤섞인 좌중의 여러 사람들은 말 없는 침묵과 함께 처연한 분위기에 잠시 묻혀있었다. 전자와 후자의 인생이 너무나 극과 극으로 뒤바뀐 운명이었기에 쉽사리 호불호를 논할 수가 없었다. 시선을 떨어뜨리며 고개를 숙인 가라앉은 감정의 기류가 모두들에게 전해지며 미동도 없는 실내에서 뱃고동 소리만 듣고 있었다.

"두 사람의 후일은 어떻게 되었나요?"

황당한 횡재에 부럽기만 하지 않은, 또 다른 가슴 아픈 슬픈 사연이 극명하게 비교되어 모든 사람이 가라앉은 분위기에 젖으며 뒷얘기를 연신 재촉한다. 아내와 광양 부인은 엷은 미소로 답하며 뒷얘기를 잠시 미루고 있었다.

운명과 팔자는 기필코 정해진 것을…!

밤새 크루즈선은 짙은 해무를 헤치고 서서히 오사카 국제선 항구에 들어서고 있었다. 소설 같은 긴 이야기는 후일담으로 남겨두고 하선 준비를 하였다. 오일간의 오사카 관광이 시작된 것이다. 태평양을 마주 보는 해양성의 기후가 후덥덥하다. 끈적끈적 달라붙는 느낌의 습한 열기가 콧속에 점막처럼 달라붙는다.

무비용으로 관광하는 즐거운 여행 크루즈 선상의 디너 색소폰 연주. 행복한 시간에 잊지 못할 추억이 되었다.

아름다운 노년의 인생이었다.

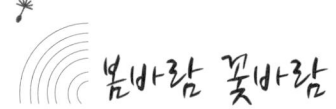
봄바람 꽃바람

비탈진 언덕 위에 봄기운이 살랑살랑 피어난다.

진달래 꽃가지에 연분홍빛 꽃잎이 반기는 마음을 연약하게 스며들더니 앵두나무 가지에도 병아리콩 같은 꽃망울이 몽글몽글 맺히면서 겨우 벌어지는 깍지를 벗어내려고 빼꼼빼꼼 봄 눈치를 살피는 모양새가 자못 수줍음 타는 봄 처녀 같다.

목련이 그러하더니, 기다림에 참지 못하던 벚꽃마저 화들짝 호들갑에 튀밥 같은 하얀 꽃잎을 하룻밤 사이에 욕심껏 터트리며 새봄을 다툰다.

봄! 봄은 기다리는 설렘 속에 포근한 사랑으로 찾아온다. 따뜻한 햇살을 받으며… 앞 뜨락 잔디마당에 드문드문 피어나는 민들레꽃이 노란색이 일색이다. 흰 꽃도 피었으면 좋으련만.

알록달록한 고양이 한 마리가 누런 잔디의 보호색으로 몸을 감추고 잔뜩 웅크리며 정신일도하사불성 같은 눈초리로 전방을 주시하는데 한쪽 앞발을 가만히 치켜들고는 모듬뛰기를 하려고 한다.

참새 한 무리가 잔디 마당에 총총거리는 어지러운 광경을 포착하고 잽싸게 달려들 참인데 이미 눈치챈 녀석들이 호로록거리며 모두 제 갈 길로 날아가 버린다. 쳐다보는 꼴이 재미있어 웃음 띠며 앞 들녘을 바라보았다. 아지랑이 아롱아롱 강산이 일그러지는 목가적 풍경이 봄 들녘을 고요하게 펼치고 있다.

찾아드는 봄을, 봄 향기… 봄바람을 벗 삼아 걸으니 봄은 눈길 따라 따라오고 봄볕은 따뜻하게 꽃길 따라 내미는 추억의 꽃봉오리에 그리움을 피우려 한다. 가슴에 피어나는 꽃망울을 어루만져보며 내 마음도 봄 동산에 부푼다.

새봄의 만남. 짧은 만남의 순간이 봄 꿈속에 활짝 피었다가 벚꽃처럼 떨어져 봄 동산에 흩어지며 꽃 바람결에 사라져 가버린 사람 그는 언제나 활달한 웃음으로 다가왔다가 잡히지 않는 흔적만 남겨두고 홀연히 가버린다.

애써 붙잡지 못하는 마음을 남겨두고 뒤돌아 가는 모습은 꽃비처럼 떨어지는 낙화 속에 흐려지는 낯선 타인 같다.

출장… 음… 출장 갔다 오겠습니다….

돌아서는 인사가 멋쩍은 웃음을 안겨준다.

잘 계시라… 건강하시라….

흔한 인사를 배제하고 함축된 뉘앙스를 가득 안겨주는 멋을 아는 사람이다. 보내고 싶지 않은 사람이지만 그는 가야만 하고 나 역시 보내야만 하는 그런저런 순간이 언제나 힘든 작별이다.

산 벚꽃이 산골 동산에… 동산에….

솜털 같은 흰 꽃들이 소복소복 덮인… 황홀한 선계(仙界)의 계절에 청년처럼 그가 왔다.

오색 빛깔을 자랑하는 아름다운 새 한 마리를 멋지게 입고서 봄처럼 찾아왔다.

방울방울 터트리는 꽃동산에… 봄 동산을 노래 부르며 돌아다녔다.

옛 고갯길 넘으며 방금 수확한 붉은 빛깔이 반짝이는 딸기를 꼭지 따서 그의 입속으로 봄 향기를 밀어넣고 웃었다. 굽이굽이 산천 속의 몽환경을 끼고 돌아다니는 드라이브가 꿈길 속을 헤매는 유람으로 한껏 들떠버린 봄 나들이었다.

고갯마루에서는 먼 강산이 봄빛 아래 가물가물 구름 꽃 속에 점멸하듯 보인다.

"미나리꽝(밭)으로 갈 걸 그랬어…."

표충사 산책길에 함께했던 미나리 정식이 분위기에 다소 아쉬움이 남는다고 어제의 심정을 나타내며 잡는 손길이 따스하다. 붉게 물드는 감정이 정겹다.

"낼 한번 가보실랍니까예?"

"청도? 미나리밭?…!"

"하우스 속의 미나리 맛이 재미있어요."

그러자는 눈빛에 마주 보며 웃었다.

맑게 펼쳐진 푸른 하늘에 봄기운이 완연하다. 점점이 떠가는 솜사탕에 옛 추억의 그림자를 하나씩 또 하나씩 실어서…실어서… 먼산 넘어 흘려보낸다.

세월 속에 아련하게 떠오르는 희미한 그리움의 잔영들을… 추억의 그림자들을… 알끈한 아픔을 가슴에 삭이며 오랫동안 산마루 터기의 봄 동산을 그와 함께 걸어다녔다.

그리움을 찾는 남자… 심인택… 밤새 비가 내렸다. 꽃잎들이 춘우 낙화되어 홀홀히 휘날리며 가냘픈 꽃잎들은 울면서 떨어진다.

봄 전령의 선물인가… 강산 들녘에 안겨주는 단물의 축복인가… 봄비는 밤새 내내 찬바람 타고 어두움 속에서 줄기차게 꽃가지에 젖은 옷을 입히고 있었다.

하얀 면사포를 벗는 봄 처녀의 앙탈을 봄비는 애처롭게 벗기는 걸까? 알알이 맺히는 눈물방울이 영롱한 구슬처럼 영글어서 벗은 가지마다 젖은 가지마다 맺혀진 눈물을 슬프게 떨어뜨린다.

꽃비가 내린다. 후루루루… 후루루루룩 바람 타고 꽃잎이 휘날리며 흩뿌린다. 꽃비 속에 돌아가는 흐려지는 모습… 꽃바람 안고 멀어지는 희미한 그의 잔영을 애써 찾지 못하고, 꽃잎 타고 울려오는 작별의 노랫소리만 점점이 울림이 되어 귓가에서 맴맴 맴돌며 들려왔다.

'출장 갔다 오리다.'

가볍게 인사하며 돌아서는 순간의 모습이 조금씩 가늘게… 꽃잎을 날리며 멀어져갔다. 인택 씨는 꽃바람 타고 왔다가 꽃비 맞으며 아름다운 추억을 안고 돌아갔다. 짙은 라일락 향기를 깊이 남겨놓고….

꿈속에 있었나 보다 봄 꿈…!

사월 춘풍에 짧은 봄 꿈을 꾸었나 보다.

진정! 꿈인가?

비에 젖은 황매화가 노오랗게 피어난다.

외로운 여로

중복! 삼복더위가 이름값을 하나보다 태울 듯이 내려 쏟는 햇볕이 따갑기가 불구덩이 앞에 선 듯 얼굴이 화끈거리며 활활 타는 것 같다.

구름 한 점 없는 코발트빛 하늘 아래 햇볕 가림도 없이 맨머리의 이마에 쏟아지는 강한 자외선이 살갗을 벗겨 낼 기세다. 대지를 덥힌 더운 열기가 온 몸뚱어리를 감싸안고 달라붙으니 더운 김이 콧구멍 속에 증기탕이 된다.

"그만 돌아가입시더…."

푸른 잎사귀가 넓게 펼쳐진 연꽃밭 사잇길에 돌아서며 기지가 말했다. 초목도 시들시들 목이 꺾이는 형국에 나약한 인간들이 어찌 자연에 맞설 수 있으랴! 잔뜩 찌그러진 부신 눈을 웃음으로 더욱더 찡그리고 앞손 가림 손등으로 땡볕을 차단하며 예쁘게 조성된 부교 길에 이리저리 낮게 깔려 펼쳐진 십자로 길목에서 함께 뒤돌아섰다.

무성하게 자란 진초록의 연잎들이 사방으로 꽉 들어찬 연밭의 풍경은 한낮의 더위 아래서 뜨거운 열기를 두터운 잎사귀에 듬뿍 머금고, 물들어진 푸르름이 싱싱하고 꿋꿋하다. 휴게실에서 차 한잔을 즐기고 여유로운 드라이브 길에 나섰다.

　냉기 가득 찬 서늘한 밀폐된 공간에서 바라보는 산천의 푸르름이 강한 햇볕아래 더욱더 푸르게 짙게 덧입혀서 녹음 속에 삼복을 버티고 있다.

　색소폰 소리가 잔잔하고 애잔하다. 가슴에 담으며 마음 속에 부르면서 말없이 추억의 동산으로 달려 나갔다.

　옛 생각에 젖어 드는 그리움의 잔물결이 찰랑찰랑 밀려오는 알싸한 아픔에 잊히지 않는 어린 시절의 까마득한 흑백 영상, 눈앞에 감실거리며 차창 가에 그림처럼 어리어진다.

　잊지 못할 사연, 흐려지는 그리운 추억.

　말을 하면 끝없이 이어 나가고 말 없으면 가슴으로 전해지는 소설 같은 이야기들 아… 생각하면 얼마나 꿈같은 세월이런가. 그 시절 그 모습이 그리워서 잊지 못해 함께 하는 추억 속의 그림자이다.

　"소설 한번 써 보세요…."

　달려 가는 차 속에서 살짝이 미소 지으며 말하던 기지는 꿈길 속에 흐린 눈빛으로 하늘을 바라본다.

　"……?"

　그렇다! 있을 수 없는 긴 인연이 오랜 세월 동안 그리움으로 찾아가는 진정 소설같이 이어지는 사연이다. 누구에게나 추억은 있다. 감추어진 아름다운 추억, 설익은 첫사랑이든 깊은 우정이든 버릴 수 없는 소중한 인연이든. 잊지 못할 기억의 이야기들이 행복한 비밀의 세월 속에 자신만의 세계에서 꿈을 꾸는 소설 같은 이야기들이 있는 것이다.

　"그럴까요?"

　흘려듣는 대답을 하고 가볍게 웃었다. 폭염 속에 드라이브는 굽이진 산재를 구불구불 감아 돌고 있었다. 정상에서 바라본 밀양 댐의 푸른 물결의 시원함이 맞바람 타고 전해진다. 간이 천막이 쳐진 목로 찻집에 앉아 냉차 한 잔씩 마시며 먼 산 아래의 자연 풍경을 바라보면서 더운 열기를 식혔다.

"무슨 생각을 하고 있어예?"

산천을 바라보고 말없이 앉아 있는 모습에 속내가 궁금했는지 기지가 말했다.

"그냥!… 멍…때리고 있지요"

웃음으로 가볍게 응대했지만 조금 전의 기지가 했던 말이 자꾸만 머릿속에 점점이 박혀오며 귓가에 울려오고 있었다.

'글을 써봐? 드라마틱하잖아… 소설 같지만, 소설이 아닌 소설 같은 이야기. 있을 수가 없는 사실적인 이야기.'

멍한 눈빛 속에 귓가에 울리는 말들이 바람 타고 푸른 산천에 미묘한 감정을 안고 자유로운 영혼이 되어 허공에 둥실둥실 흘러다니고 있는 것이다.

글을 쓴다?

생뚱맞은 생각에 어이없음이 느껴졌다. 형편없는 국문 실력에 작문 한 줄 써 보지 않았던 필력인데 언감생심도 유분수가 아닌가! 자조하는 빈 웃음은 쓴 입맛을 다셨다.

진실로 과대망상 속에 터무니없는 욕심이라고 치부하며 마음을 다스려 보지만, 괜한 생각에 답답함을 느껴본다. 끝없는 망상은 자꾸만 깊은 심연의 골짜기로 자신을 밀어 넣고 있었다. 흉중을 간파한 기지가 은근히 말했다

"인택 씨, 편지 잘 쓰지 않아요?"

"……."

용기와 응원을 함께 보냈다.

"대필 요청을 많이 받았잖아요. 학창시절에… 연애편지!"

"연서… 말입니까? 그것은 어릴 때 감수성의 표현력일 뿐, 문학적 소질하곤 다르지요."

"암튼, 도전해 보세요 재미있게…."

"도전! 가당치 않습니다. 자신 없어요, 자신이…."

단호한 의사로 손사래까지 치면서 일어섰다. 정말로 황당한 생각인 것이다.

드라이브는 배내골을 돌아, 언양 쪽으로 달려갔다. 꼬불거리는 산등선 길을 꼬불꼬불 감았다 풀었다. 재미있게 돌면서 길게 내려갔다.

조금 전에 나누었던 담소는 깊은 상념으로 박혀 산길 따라 꼬불꼬불 답답하게 마음의 길도 꼬불거리고 있었다.

생각은 한없이 감았다가 풀었다가, 가슴에 품었다가 뱉었다가, 구름에 헛바람 불어넣듯 공연한 생각은 어느새 부풀어진 마음의 풍선 속으로 야금야금 가당치 않은 헛바람을 구비길 마다 잔뜩 구겨 넣고 있었다.

이룰 수 없는 황당한 꿈의 세계에 잠시 행복했던 마음을 산골바람에 날려 보내며 굽이진 산재를 쉼 없이 내려갔다. 굽이굽이 인생길이 펼쳐진다.

한평생을 살다 보면 힘들고 어려운 고생길도 한 굽이 돌아보면 웃음꽃 피는 행복한 굽잇길을 감아 돌고 또다시 굽이 돌면 숨겨진 부귀영화도 구비길 넘어 눈앞에 펼쳐져 온다.

인생길 굽이굽이 몇 굽이를 쉼 없이 감고 풀고 돌다 보면 어느덧 황혼길이라…!

오랜 시간 동안 이어 온 인연도 새삼 부질없는 흘러간 세월인 것을….

그러나! 어찌 생각이나 했을까! 후일. 동산에 새봄이 만개하던 호시절에 불현듯 졸필을 들게 될 줄을… 그것은, 홀로 걷는 외로운 여로였다.
 삿갓 쓴 방랑 길을 인연의 봇짐을 걸머메고 기나긴 인생길을 차곡차곡 풀며 걷는 과거 속의 나그네가 되어 갔다. 삿갓 속에 글을 쓰고 있는 것이다. 인연을 말하고, 인생을 쓰고….
 홀로 걷는 외로운 여로.
 그리움에 젖어 걷는 마음의 행로.
 뜬구름에 흘러가며 추억을 쓴다.
 세월의 봇짐을 등에 지고서….

석남사

"신분증을 좀 보여주세요"

아담하게 잘 지어진 조그마한 기와집 속의 젊은 아주머니가 총총히 뚫린 유리창 너머로 얼굴을 박고 밖을 보며 두 사람에게 신분증을 요구했다. 살피는 눈빛이 미심쩍음과 호기심으로 미묘하게 겹치며 밝게 웃는다.

"…?…"

헛웃음을 삼키며 신분증을 제시했다. 받아쥔 여인이 눈매를 동그마니 치켜뜨며 놀라움과 함께 경로증을 끊어준다.

"너무 젊게 보여서요…"

"산책길에 즐거움을 더해 주네요"

덕담에 가볍게 답례하고 산사를 향해 걸어 올라갔다.

언양 석남사.

만추의 늦가을 바람이 소슬하게 뺨을 스치는 십일월의 하순.

깊은 정적으로 묻혀 가는 산중의 산사에 곱게 물들었던 단풍잎들은 이미 바랠 대로 바래어서 살랑이는 바람에도 바스러질 듯 황폐하게 나뭇가지에 매달리어 불어오는 실바람 결에도 대롱대롱 가냘프게 흩날린다.

낙엽 쌓인 비탈진 계곡에 흐르는 물길마저 덮인 세월의 무게 아래 제 갈 길을 묻어두고 기나긴 동면의 시간 속으로 긴 꼬리를 감추었다.

철 지난 관광지의 석남사 가는 길이 산새조차 울음이 그친 호젓한 풍경이다. 스산한 산바람이 낙엽을 떨어트린다.

늦은 산책길에 오후의 햇살이 먼 산마루에 가물가물 붉은빛이 쓸쓸하다. 노을을 남기고 저무는 황혼의 아름다운 풍경이 산사의 예불 소리에 겹쳐져서 삼라만상의 무상함에 가슴이 저며온다.

속세의 연을 벗어나는 비구니들의 가람. 부처님께 귀의하는 비구니의 세상에 돌아가는 일주문을 앞에 두고 돌아섰다.

"경내까진 시간이 안 되겠어요."

"아무래도… 늦겠네요."

저물어가는 으스름 속에 산색조차 짙게 어두워진다. 일몰 서산 황혼을 바라보고 버티고선 일주문 넘어 곧게 뻗은 산사 가는 길이 눈앞서 요원해 보였다.

"다음 기회에 다시 와 봅시다."

"그래요, 신분증을 또 보자 할까요?"

"뭐, 지금처럼 젊다면요."

십 년은 넘게 젊어 보인다는 매표소 여인의 말이 돌아서는 발길이 유쾌하다.

"정말, 청년 같아요. 인택 씨 모습은."

"기지 씨는 숙녀의 원숙미가 항상 돋보이니, 아름다운 여인이지요."

즐거움이 발걸음을 가볍게 비탈진 내리막길을 천천히 되돌아 내려왔다. 갑자기 기지의 발걸음이 뒤뚱거렸다. 구두의 밑창이 떨어져 나갔다.

그다지 높지 않은 구두의 뒷굽이 빠져버렸다.

"어마, 아직 새것인데…?"

"산행길이 험한가 봐요, 노면이 고르지 못하고 울퉁불퉁 하니…."

벗겨진 구두를 살펴보니 말짱하게 때 묻지 않은 새 구두가 뒷굽이 빠진 것이다.

"참으로 얄궂다. 하필이면…."

"맨발로 걸어 봅시다. 발 마사지 삼아서…."

속상한 마음을 응변(應變)으로 위로하며 잔돌 박힌 요철을 피하고 살금살금 경사진 비탈길을 천천히 내려왔다.

이미 해는 떨어졌고 주변은 어두웠다. 차에 오르면서 돌아가면 구두를 사야겠다고 생각했다가 고개를 저었다.

손수건과 신발은 선물하지 않는 것이라고 들은 속설이 떠올랐다.

'그럼… 어쩐다?'

달리, 방도를 모색해야겠다는 심중을 담으며 어두운 고갯길을 달려 나갔다.

'왜? 구두가 탈이 났을까?'

유서 깊은 산사에서 일어난 사건이 예사롭지 않게 느껴져서 자꾸만 머릿속에 남아 쉽사리 떨쳐지지 않았다. 우연한 사건이 필연일 수도 있음을 예시하는 것 같은 느낌이 어둠 속을 달리는 차 속에서 자꾸만 스멀스멀 뇌리에 떠올라 마음이 무거웠다. 만남과 헤어짐이 운명대로 흐르는 인간사 모든 것을 어찌할까나!

조용하게, 은은히 번져오는 독경 소리가 울림이 되어서 점점이 귀청에 파고든다. 낭랑하게 퍼지는 염불 소리…. 환청이 되어서 쌍 촛대 높이 불 밝힌 대웅전 불전 아래 비구니들의 합창이 눈앞에 어른거리며 가슴에 밀려온다.

'마하반야 바라밀다.'

못내 참배하지 못한 석남사의 부처님.

중생을 바라보며 지그시 미소 짓는 온화한 손짓은 무엇을 뜻하리?

'공수래 공수거'

'아재아재 바라아재 바라승아재 모지 사바하' 가자 가자 어서 가자 피안의 세계로… 생노병사와 끊임없이 윤회하는 속세의 인연과 운명 고통과 탐욕과 어리석음의 굴레를 벗어 나는 피안의 세계로….

아재아재 바라아재 바라승 아재 모지 사바하….

달빛 연서

　티 없이 맑고 맑은 푸른 하늘. 산골 별장의 밤하늘이 고요 속에 묻혔다. 쪽빛 창공에 상현달이 하얗게 걸리어서 창백한 겨울밤의 한 강산에 푸른색을 짙게 물들어 놓는다.

　오싹. 소름이 돋은 찬 기운이 옴츠리는 가슴에 파고드는 냉기 서리는 산과 들. 세상은 쥐 죽은 듯이 고요하고 쓸쓸하다. 달빛을 안으며 빛바랜 잔디 정원에 나와 홀로 지난 세월을 밟아본다.

　어둠 속에 다가오는 흘러간 시간들이 한갓 헛것인 듯 부질없는 인생의 허허로움에 텅 비어지는 가슴이 공허해진다. 나뭇잎이 어지러이 떨어진 정원이 푸른 달빛 아래에 어수선하게 눈에 든다. 이 넓은 집을 언제까지 혼자 외로이 살 것인가.

　내 몸이 아직은 건강하지만 이렇게 넓은 집을 혼자 꾸려가긴 이젠 벅차다고 느껴지는 힘에 겨운 산골 생활이다. 이제금 돌아보니 칠십을 넘긴 초반의 연륜이지만 금방이라도 팔구십이 멀지 않을 것만 같은 생각이 든다.

　어찌! 무엇을 장담 할 수가 있을까… 이곳에서 홀로 남은 삶을 이어 나가기에는 점점 자신이 없다. 또한, 한편으로 친지들에게도 다소 부담과 걱정을 안겨주며 마음으로 신경 쓰이는 일이다. 세상은 급속히 변해가고 세태는 시절 따라 적응하는 것이 당연지사. 마음을 정리하고 남은 앞날을 깊이 고심해 보아야 하지 않겠는가….

이것저것 모든 것이 힘에 부친다. 밝은 달빛의 차가움을 바라보며 어둠 속에 깊이 감추어진 앞날에 찬찬히 눈길을 모아본다. 보일 듯 말 듯 가물거리는 미래의 허상, 노년의 여인으로 묻어나는 쓸쓸함이다. 고독한 마음에 외로움이 스며든다.

심인택… 인택 씨, 그가 보고 싶다. 헤어져서 돌아서는 모습이 아득하다. 어두움 속에 나타나는 모습이 아슴프레 보이더니 신기루처럼 눈에서 사라졌다. 돌아서며 웃는 작별의 손짓은 언제나 그리움을 안겨주는 접착제 같다.

'잘 계시소. 건강하게.' 속삭이듯 하는 말이 허공에 맴돌며 차디찬 밤하늘에 녹아내린다. 달빛 타고 흩어지는 흐려지는 미소, 옛 추억을 돋아나게 하는 들풀 같은 사람, 언제나 그리움을 안겨 준다.

    창틈에 비치는 달빛이 좋아서
    홀로 밖에 나와 서성입니다.
    겨울밤 깊이 잠이 들고
    하늘엔 상현달이 그리움 마냥 추억 속에
    부풀어 가고 있어요.
    달이 차고 기울면 만나 지려나
    기쁜 만남을 기다려 봅니다.

하얀 달빛에 실어서 문자를 띄워본다. 먼빛 어두운 산등선이 눈에 박혀왔다.

> 바람 끝에 매서운 찬 겨울밤
> 달빛은 시리도록 몸을 적시네.
> 그리운 생각은 한가득
> 내 마음 추억의 목화밭에
> 포근한 꽃망울이 피어납니다.
> 몽글… 몽글…
> 검은 눈동자에 피어납니다.
> 하얀 팝콘이 되어 알알이
> 가슴에 흩뿌려집니다.

함께하는 마음이 금세 전해져 왔다. 얼어있는 적막강산에 사르륵 녹는다. 먼 산, 어두운 들녘이 밝게 보였다. 그리운 마음에 또 띄어 본다.

> 깊어가는 겨울밤.
> 돌아보는 세월의 뒷모습
> 차곡차곡 쌓인 추억의 그리움.
> 달빛 타고 흘러가는 옛 그림자. 그대와 함께 바라봅니다.

> 굽이굽이 흐르는 강물
> 깊은 인연을 채우며 감돌고.
> 찰랑이는 강변에 물결 같은 사연.

겹겹이 바람결에 밀려온다.
잊지 못할 즐거운 추억.
강 바위에 맴돌아 부딪쳐서
짙푸른 깊은 소가 되었구나.
길고 긴 강물 유구한데 추억의 역사 깊으니
그리움 또한 영원하리니…

감성에 우러나는 인택 씨의 글귀. 언제나 메마른 가슴에 솜사탕이 녹는다.

함께 부르는 노랫소리.
손짓으로 묻어오는 추억의 아픔.
달빛 타고 밤하늘에 퍼져나가요.
고갈되어 가는 나의 감성.
당신의 소녀 감성으로
나를 적셔 주었지요.
세월이 흘러가도 함께 걸어요.
우리…

흐르는 운명 앞에 마주친 인연
추억의 굵은 나이테를.
세월의 나무에 빼곡하게 그었습니다.
가지마다 피어나는 그리운 잎새,
흔들리는 바람에 끝없이 말하네.

누가 알리요! 감추어서 숨기기엔

가슴이 벅차

너무나 벅차…

들판 저 멀리 앞산이 붉게 물든다. 잔털 같은 실구름이 산머리에 가늘게 걸리어서 흰구름이 엷게 물들어 간다. 새벽이 조금씩 소리 없이 밝아온다. 하얀 꽃 서릿발을 보며 오싹 움츠렸다.

나의 삶은

당신을 향해 흐르는

한 통의 길고 긴 두루마리

아픈 연서였습니다.

홀로 지새우는 겨울밤에 인택 씨도 함께하는 즐거운 한 겨울밤이었다. 묵주를 손에 쥐고 조용히 고개 숙인다. 미소 짓는 성모님의 모습이 밝고 아름답다. 기도를 드린다.

행복한 마음에 감사의 기도를 드린다.

기도를 드린다….

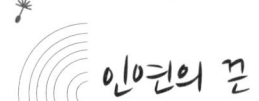

인연의 끈

 흰 가래떡이 밀려 나오듯 꾸역꾸역 쏟아지는 형형색색의 군상들….
 모래탑이 무너지는 듯이 제각기 흩어지는 좁은 역 개찰구에 맨 마지막으로 날렵한 율동이 느껴지는 걸음으로 물 찬 제비처럼 빠져나오는 인택 씨가 두리번거리며 한산해진 대합실 주변을 곱실곱실 살펴본다.
 물색 엷은 카키색 바지에 밝은 연두색 티셔츠를 받쳐 입은 말쑥한 모습으로 눈앞에 나타났다.
 연신 입가에 번지는 반가운 미소로 손짓하며 나를 맞이한다. 인택 씨가 왔다. 삼월도, 사월도 다 지난 늦은 봄 오월이 끝자락 하순. 청보리가 누렇게 익어가는 훈풍의 계절에 그리움으로 다가왔다. 가슴에 스미는 활기찬 웃음으로 그가 시원스레 말을 던진다.
 "날씨가 화창하니 드라이브합시다."
 "막걸리 사러 갈까요?"
 "아! 이팝나무 가로수길로?"
 그는 흔쾌히 소리치며 잘 포장된 자동차 전용 도로를 신나게 차를 몰았다. 옛 정미소를 털고 실내를 깔끔히 개조한 양철 지붕의 고풍 물씬한 찻집 겸 주점에서 간단한 식사를 했다. 표충사 못미처 한적한 농가에서 막걸리 두어 병 사고 돌아오는 차창 밖의 오월 하늘이 생동감 넘치게 활짝 열려 푸르름은 계절의 충만함이 만개했고 깊은 생각의 어두운 마음만 무겁게 머릿속에 맴돈다.

한동안 그도 소식이 뜸했었다. 활기찬 모습에 자랑스럽게 이야기하며 드라이브를 즐기는 그를 보며 나에게 있었던 일련의 변화를 어떻게 알릴 것인지 표정과는 달리 마음속으로 어두운 그늘이 가슴을 짓누르고 있었다. 산골 별장이 눈에 보이는 집을 뒤로하고 곧바로 숲이 짙은 야산으로 천천히 걸어 올라갔다.

골짜기마다 검푸르게 자라고 있는 쑥들이 비탈을 타고 지천으로 자라고 있었다. 따뜻한 태양 아래서 묵어버린 밭고랑 사이마다 맑은 공기와 티끌 한 점 없이 쬐어주는 햇볕 아래서 마음껏 자란 쑥들이 깨끗하고 검푸르게 보인다.

물결을 헤집듯이 이리저리 헤치며 여리고 보드라운 잎과 줄기를 따면서 고랑진 쑥밭 속을 더듬더듬 손길 따라 헤집고 다니며 비닐봉지에 가득 담았다.

쑥대를 더듬으며 얼기설기 엉켜있는 풀숲을 휘저으며 따라오는 그의 모습이 뒤꼭지에서 어설프고 엉성하다. 노랫소리가 흥겹다.

인택 씨의 콧노래 소리가 산새들의 비상에 실리어 푸른 오월의 창공에 널리 퍼진다.

골짜기에 몰아 불어오는 바람, 시원하게 머리카락 매만지며 스쳐 간다. 그의 모습을 각인하듯이 눈에 담으며 비탈진 밭고랑 외진 둔덕에 소리 없이 심란한 마음을 조용히 어르면서 쑥대밭 속에 숨기듯 쪼그리고 앉았다.

풀숲을 돌아보니 눈길 아래의 계곡 위로 작은 산새 무리가 호로록 소리 내며 앙증맞은 날갯짓이 부산하게 날아다닌다.

오월의 화창한 날씨가 훈풍에 바람 타고 실려와 산천의 포근함이 콧속 깊이 스며들어 우울하던 마음을 잠시나마 살짝 잊게 해주었다.

'담장 넘어 훔쳐 보이는 여인이 더욱더 아름답다'며 "아래에서 올려다 보이는 기지 씨의 모습이 비할 데 없는 절세가인입니다."

말하는 인택 씨의 모습이 풀숲에 숨겨져서 보이지 않는 웃음소리가 크게 들려왔다.

비탈진 경사 밑으로 숨겨진 그의 모습이 스치는 바람결에 물결처럼 흔들리며 보일 듯 말 듯 눈앞에서 한 마리의 풀나비가 춤을 추는 듯하다.

구김살 없는 인택 씨는 자유로운 영혼이 되어 흐려지는 그리움의 동산에 풀나비가 되어서 추억을 새기며 날고 있다. 감성이 깊은 사람.

풀나비가 난다.

풀숲 속에 숨겨진 그의 마음도 어울려진 동심의 세계로 뛰어노는 동화 같은 유희의 꽃동산에 한 쌍의 풀나비가 날았다.

오월의 쑥은 거칠다. 다 자란 쑥대밭에서 여린 쑥잎만 큰 봉지에 한가득 따서 담았다.

건성거리는 그와 함께 길옆 평지에 여린 쑥잎을 펼치고 앉아 손질을 했다.

잠시 뜸한 침묵이 시간을 가르며 조용히 흘러갔다. 산새 소리만 저녁 바람과 함께 산천에 울려 퍼진다. 울음소리가 쓸쓸하다. 힘든 말을 해야 하는 나의 마음도 쓸쓸하고 아픔이 가슴을 짓누른다.

"인택 씨."

"…?"

조금 가라앉은 작은 목소리에 그가 멈칫하며 고개를 들고 말없이 쳐다본다.

"인택 씨 우리 그만 봐요… 이제, 그만 만나요…."

더듬더듬 뜸을 들이듯 조용히 말했다. 갑작스런 말에 쳐다보는 그의 얼굴이 뜨악스런 표정이 역력함이 비친다. 말이 없다. 서먹한 침묵만 감돈다.

고개를 돌려 먼 산마루에 그의 눈길이 머물러 있다. 마치 예감이라도 했다는 듯이 조용히 멍을 때리고 있는 것이다. 되묻지 않는 그는 무슨 말을 기다리고 있는 것일까….

감추어진 나의 마음을 세세히 들려 주기 시작했다 그가 궁금해하는 심경의 변화를 조용하게 생각을 말해 주었다.

듣는 내내 그는 아무런 말이 없었다. 사리분별한 나를 그는 존중해 주었다.

"별장은 잘 처분되었습니까?"

"몇 군데서 연락이… 아직은…."

해가 서산에 걸리어 붉은빛을 창공에 물들이고 있었다 짙은 핏빛 노을이 지금의 아픔을 함께하듯 지난 세월의 추억을 곱게 물들이며 그리움을 안고 서산에 걸리어 머뭇거리고 있는 것이다.

오랜 인연의 끈도 황혼 속에 붉은 동아줄로 남아 추억의 그리운 재가 되어 가슴에 남겨졌다. 말없이 넘어가는 석양이 이별의 쓰라림으로 남아서 서로의 아픔으로 가슴에 깊이 심어진다.

긴 세월의 시간 속에 함께 나누었던 참된 이성의 우정이었기에 이별의 사연도 진실한 인격으로 서로 존중한다.

우정으로 승화시킨 이성의 친구.

물결같이 흘러간 추억의 만남을 이제는 붉게 타는 석양에 그리움을 묻으며 아련한 아픔이 서산으로 저물어갔다.
　인연!
　운명 속에 각인된 잊지 못할 인연의 만남은 진정 참다운 우정이었다. 추억을 함께한 오랜 세월의 친구.
　사랑의 감성이 풍부한 속 깊은 이성의 친구로 만나 그리운 사람으로 헤어지는 운명 속의 인연이었다.
　우정으로 승화시킨 여심의 배려, 진실되고 당당했다.
　이기지… 그녀였다.
　깊이 감사를 드린다.

봄기운이 가득하다. 바람이 온화하게 불고 하늘이 높다. 화창한 봄날에 장미꽃 축제가 열렸다. 수많은 사람들이 축제장 주변에 옹기종기 몰려서 장미꽃 향기에 시끌시끌 요란하다. 웃음소리가 한층 즐겁다.

"구경 한번 하고 갑시다"

차를 세우고 무리 지어 즐기는 사람들 사이의 꽃길을 나란히 걸어 들어갔다. 청춘남녀의 얼굴들이 밝은 모습으로 피어나 아름답게 비친다. 젊음의 훈장이 눈앞에서 부러움을 주고 있다

"아, 옛날이여…!"

공감하는 마음으로 미소를 짓는 기지가 살포시 팔짱을 끼면서 함께 걷는다.

"여유로운 노년이 더 행복합니다."

"그렇지요… 생각하면….'

삶의 무게를 벗어난 깊이 있는 말이다. 청춘과 노년을 어찌 비교 우위를 논할 수가 있겠는가. 반짝반짝 빛나는 젊음을 보면서 부러운 눈길이 자꾸만 머문다.

축제 마당에 번지는 꽃향기에 무량하게 퍼져있는 청춘의 기를 잔뜩 받고 간이 의자에 앉아 기념을 남겼다.

계획했던 드라이브가 애당초 초행길이 잘못돼 이곳저곳 목적지 없이 우왕좌왕하다가 마산시 어시장에 들렸다.

바닷가에 못 간 아쉬움을 가슴에 남기고 서운하고 아쉬운 마음을 안고 별장으로 돌아왔다. 야생화가 잔디 마당에서 간들간들 손짓하며 한껏 반긴다. 들판 길 넘어 깔린 저녁 으스름이 고즈넉하게 별장 안으로 비집고 들어온다.

"잡수어 보이소…."

싱싱한 전복이 횟감으로 썰어져서 눈앞에 차려졌다. 어물 반찬이 이것저것 가지런하다. 음식 솜씨는 익히 아는 터라 "술 한잔 가져오소…."

붉은 빛깔이 오묘하게 감도는 매혹적인 양귀비 담금주로 건배를 나누었다.

저편 먼 곳 들판 가로수길에 졸고 있는 가로등 불빛이 아슴푸레 흐리다. 초저녁 산천에 고요하게 줄을 선다. 적막이 울리는 봄밤, 산책을 나왔다. 싱그러운 풀냄새가 밤바람을 타고 콧속 깊이 파고 있었다. 풋풋하고 신선한 풀 냄새다.

"청보리 냄샙니다. 맡아 보이소."

가리키는 손길 아래서 보이는 청보리밭이 물결처럼 밤바람에 일렁이며 춤을 춘다. 어둠에 묻힌 청보리밭이 별빛 아래 검푸르게 파도를 타고 있었다.

"여긴, 기후가 낮아 아직 익지 않았습니다. 며칠 내에 누렇게 될 거예요."

처음 보는 청보리밭의 일렁이는 풀냄새, 풋풋하고 싱그럽다. 신선한 충격에 야릇한 쾌감이 느껴졌다. 어린 시절의 고향 동산에 어깨동무들과 뛰어놀고 있는 환상이 다가온다. 동무들의 노랫소리가 들리는 듯 춤을 추는 동심의 세계가 아련하게 펼쳐진다.

돌아갈 수 없는 아득함이 아프다. 모든 것이 그립고 그리워진다. 청보리 냄새를 안고 산길로 올라갔다. 연등이 사열하듯이 양옆으로 길게 매달려 있었다. 산길 따라 끝없이 매달려 밤길을 안내한다.

초파일! 내일이 부처님 오신 날이다. 천축사 가는 길 양옆으로 연등이 허공에 높이 매달려 길손의 밤길에 부처님의 자비를 밝히고 있었다.

만물이 생성하는 따뜻한 봄날에 부처님이 오신 날이다. 자비로운 미소로… 연등 하나가 겨우 매달려 대롱거린다.

돌 받침에 디딤발로 서서 고쳐 매었다. 바람에 간당간당 흔들리는 연등을 보고 또다시 까치발로 하고 섰지만, 너무 높아 기우뚱거린다. 기지에 소리쳤다.

"기지 씨… 나 좀 잡아줘요."

"조심하이소."

쳐다보던 기지가 허리춤을 부여잡고 까치발의 중심을 온전하게 잡아줬다. 함께 보시하는 마음의 연등을 고쳐 매달며 휘황한 불빛의 연등길을 걸었다.

산골 산사의 초파일 전야제가 고요한 어둠에 묻혀 어리석은 중생을 밝혀준다. 호젓하게 걷는 연등 불빛 아래의 밤길에 청보리 냄새가 풋풋하게 스며든다.

손잡고 걷는 손가락 놀이에 심술쟁이 도깨비도 이 밤엔 없다.

밤도깨비도 아마 부처님 탄신을 축하하러 갔나 보다. 대웅전 앞마당에 황금빛 물결이 예불 소리에 조용히 일렁이듯 흔들린다.

휘황찬란한 연등 불빛이 황홀하다.

비탈길 가장자리로 밤꽃 야화가 연등 불빛 아래서 가냘프게 길 따라 이어져서 밤길 산책을 반갑게 맞이한다. 불어오는 청보리 냄새가 가슴 속 깊이 감돌아 야릇한 기분에 최음제가 된다.

창공에 흐르는 반달이 청보리밭에 숨어 들어 검푸른 파도처럼 춤을 춘다. 그리움이 춤을 춘다.

청보리밭에 이별의 사연을 꼭꼭 숨겨 두었다.
풋풋한 청보리 냄새에 그리움을 남기며
마지막 별리의 노래를 깊이 남겼다.
그토록 오랜 세월 간직하며 그립던 사연들을 가슴에 남겨두고
작별의 인사를 달빛 타고 일렁이는 청보리밭 속에

영원히 묻었다.
오랜 인연의 끈을…
청보리밭에 모두 모두…
묻었다….

여심의 바다

"개찰구까지 같이 갈까예?"

"아닙니더… 그냥 가겠습니더."

호탕하고 쾌활하게 말하는 인택 씨의 젖은 눈길이 잠시 머뭇거린다. 손을 잡고 하는 무언의 인사가 바라보는 두 마음이 정답고 아프다.

슬픈 이별이 되어서는 안 된다고 다짐하듯 그는 곧바로 역 안으로 빨리듯이 성큼성큼 큰 걸음으로 들어갔다.

인택 씨의 뒷모습이 활기차고 씩씩하다. 절대 뒤돌아보지 않는 그가 고맙다. 곧장, 차로 돌아와서 탔다. 돌아보지 말자 멈추지 말고 가자 이젠, 새로운 다짐과 생활이 있을 거야. 거실 바닥에 햇볕이 가득 안겨진다. 인택 씨가 남기고 간 잔영이 허전하다. 빈 가슴 채우려 달래 보려고 해 보지만 더욱더 공허한 마음만 허공에 가득하다. 잠을 청해 보지만 오히려 정신만 또렷하게 밝아온다. 눈을 감았다.

정원 잔디밭에서 걸으며 웃고 있는 인택 씨의 모습이 확연하게 보였다가 사라진다. 손짓하며 미소 지으며 서성인다. 행복했었다. 그를 다시 만난 건 특별한 행복이었다.

지난 5년의 세월이 저무는 황혼의 축복이었다. 메말라가던 가슴에 단비처럼 적셔 주는 축복의 감로수였다. 고맙고, 고맙고, 감사해요. 행복을 안겨주던 그가 다시금 그립다. 인택 씨… 우리 인연의 끈은 놓지 말아요. 언제까지나… 언제까지나….

서울행 무궁화가 서서히 밀양역을 벗어나고 있다.

다섯 해의 세월 속에 오며 가며 그리움 찾아 달려왔던 정든 열차다. 이젠 그 끝마무리를 함께 하며 수많았던 추억을 뒤로 한 채 힘차게 달려간다. 봄, 여름, 가을, 겨울 사시사철의 풍경을 색다르게 보여주며 행복을 함께 했던 철마, 이제는 기지와의 추억을 뒤로 뒤로 밀어내며 내일의 일상을 향해 힘차게 앞으로 앞으로 달린다.

그녀는 멀리 떠난다. 먼 곳으로 떠나간다. 언제 멀리 떠날지는 모른다. 뜻밖에 결정에 깊은 생각을 안겨 주었지만, 그녀는 고심했던 황혼의 결정일 것이다. 남은 노년의 인생을 어딘가에 의지하며 살아가야 할 노년의 생활이기에 오랫동안 고심하며 결정했을 것이다. 여심은 깊고 깊은 바다와 같다. 넓고 깊은 바다와 같은 가슴이 있다. 모든 것에 현실적이며 객관적인 사고를 가지고 생각하며 생활한다.

하물며, 노년의 그녀가 남은 생의 보람을 찾아가는 일은 언제나 존중해야 할 결정인 것이다. 남자는 늙어도 철없는 아이 같다고 하지 않는가. 그리움이 쌓인 추억의 세월을 깊은 여심으로 다독이는 그녀에게 무한한 감사에 고개 숙인다. 덜컹거리는 소음이 요란스럽다.

기차는 어느덧 추풍령 고개를 넘어 내리막길을 시원스럽게 달려 나간다. 핸드폰이 부르륵 소음 속에 떨고 있다.

허전한 마음 달래려고 누워…잠을 청해 보지만,

잠은 온 데 간 데 흔적 없고

함께했던 시간만 또렷해 와

잊지 못할 그리움을 새겨준 세월

축복이고 행복이었습니다. 건강하시고…

인연의 끈은 놓지 말아요,

우리….

달려가는 기차 바퀴의 소음이 율동 맞춰 귓속에 크게 울려온다. 차창가에 스치고 지나가는 추억의 영상들이 풍경 속에 묻히어 주마등처럼 지나가며 흐린 눈에 어린다. 아픈 문자를 가슴에 되새기며 쓸쓸함이 허허롭다.

추억이 있는 한…

그리움은 언제나 이어지겠지.

언제나 함께하겠지.

언제까지나….

오랜 믿음에 참된 우정이었다.

인생은? 끔!

　푸른 물결 넘실거리는 동해 바다.

　밀려드는 거센 파도가 검은 바윗돌을 몰아치며 하얀 물거품을 감아돈다. 늦가을 바닷가 해변이 스산하다. 석양에 저무는 하루해가 이별을 앞두고 황금빛 노을에 황혼이 저물어간다. 탁 트인 바다 저 멀리서 비릿한 바람이 머리카락 휘저으며 시원스럽게 불어온다. 나날이 찌든 도시 생활에 심신을 정화시키려 캠핑카를 몰고 동해 바다를 찾아왔다.

　오랜만에 즐기는 자유로운 여행이다. 긴 해안선에 밀려드는 파도의 물결, 인적 드문 백사장이 쓸쓸하고 적막하다. 수많은 사연이 파도에 쓸려갔다. 저마다 그리움 안고 밀려드는 동해 바다, 흩어져 버린 많은 군상의 이야기가 물길을 먹으며 알알이 잔모래 밭에 젖어 들며 파도를 탄다…

　동해 바다는 수많은 사연을 파도 속에 잉태하며 말없이 밀려가고 밀려온다. 마지막 이별의 아픔이 파도에 너울거린다. 수평선 넘어 잠겨 드는 석양이 붉디붉다. 노을을 남기고 저무는 석양이 황혼 속에 말 없다. 석양은 말이 없다.

　가슴 젖는 문자만 가끔씩 전했다. 색소폰을 불며 추억을 실어서 보냈다. 달빛 보며 홀로 걷고 그리움을 함께 하였다. 기지도 저 달을 볼거나! 산골 전원의 달님도 아픔을 달래며 그리운 마음으로 추억 속에 바라보겠지. 파도를 타고 메시지가 밀려왔다.

고요한 적막강산에 둥근 달이 떴어요.
흔들리는 나뭇잎 사이로
얼핏 가려지는 그림자 하나
인택 씨 모습인가요.
온화한 달빛 옷을 입은
어룽어룽… 당신이 보입니다
색소폰 부는…
강산도 깨어 흐느껴 우는 듯
당신의 마음이
내 가슴에 아프게 울립니다.
아프게 해서 미안하고
미안합니다.

꽃잎은 떨어져도
향기를 남기고.
세월이 흘러가도
추억은 남습니다.
장미꽃이 아름답기에
가시에 찔리고
추억이 아른하기에
그리움에 아픕니다.
깊고 깊은 여심의 바다.
달빛 타고 먼 곳으로 흘러가도

기지 이기지…
불러보는 그 이름에
추억을 남깁니다.
함께하던 세월을
가슴에… 새깁니다.

통화 없는 마음만 전하고 먼 하늘 아래에서 함께 할 수 있다는 느낌으로 만나는 것이 아름다운 이별이기에 애써 지켜야 하는 무언의 다짐이었다. 세월 따라 언젠가는 문자도 소식도 끊어지면 그날이 기지가 멀리 떠나는 날이 되겠지….

추억을 남긴 그리운 사연이….

파도 넘어 먼 곳 선창가의 불빛이 어두운 파도 속에 존다.

해변 따라 길게 밝혀져 있는 가로등 밤바다에 아련하게 파도에 묻혀 넘실넘실 춤을 추며 일렁거린다. 전조등 불빛이 꿈틀꿈틀 이어가며 뱀처럼 주변을 끼고 구불구불 움직인다. 바람이 차다. 달빛조차 구름 속에 희미하게 감춘다.

취기 오른 몸으로 밤경치에 매료되어 차창 문을 활짝 열었다. 술기운을 차 속에 가득 안고서 콧노래를 흥얼흥얼 음악 소리에 따라 불렀다. 색소폰 소리가 꿈결같이 들려온다. 사랑을 할 땐 불같이 뜨겁게 하고 이별을 하려면 미련도 후회로 버려라….

눈꺼풀이 무거워지며 밤바다가 파도 속에 가물거린다. 색소폰 소리가 젖어 들며 울어 준다.

"그 노래 생각납니까예…."

기지가 웃으며 물었다.

"옛날 애창했던 노래 아입니꺼… 군 복무할 때도 많이 불렀심더… 뜸 북새 따라 날아간 여인 생각에…."

기지가 아프게 웃는다

"그 옛날 안동에서 대구로 나가는 버스 안에서 인택 씨가 불렀던 노래랍니다. 감회가 새롭습니다."

"기억납니다. 안동서 대구로 나가는 비포장도로 뽀오얀 먼지 덮어쓰고 덜컹거리며 흥얼거리던 모습이 기억납니다. 나란히 앉아서… 뭔가! 예감했나 봅니다."

기지의 슬픈 눈망울이 긴 속눈썹에 이슬이 맺힌다…

"인택 씨는 노상 노래를 잘 불렀답니다. 다정다감한 사람이에요"

고개 숙여 안기어 나직하게 속삭인다.

"우린 헤어져야 해요. 헤어질 운명. 인연의 배필은 따로 있어요."

"맞아! 함께할 운명이 아니었어. 그리움을 품는 연정이었어. 꿈을 꾸는 인연이었어."

밤바다 어둠 속에 피어나는 푸른 하늘 슬픈 인연이 되어 조각구름에 실려 간다.

"꿈을 꿨어요. 얼마 전에… 카키색 양복을 입은… 친정집도 보이고요… 대나무 숲에 흰 눈이 하얗게 내렸어요."

"이별을 예사하는 꿈이었군요."

"이별을?…"

"응 이별을…."

파도가 겁게 넘실거린다. 칠흑 같은 어두움 속에 커다란 웅덩이가 눈앞에 펼쳐져서 꿈틀거린다. 두렵다. 무섭다.

시커먼 아귀 귀신이 검은 파도가 되어 삼킬 듯이 넘실거리며 덮쳐든다. 갑자기 기지가 파도 속으로 뛰어든다. 검은 파도가 일순간 푸른 파도가 되어 도미노처럼 수평선을 향해 너울너울 펼쳐 나간다. 멀리멀리….

"괜찮아요, 어서 와요."

손을 흔들며 기지가 자꾸자꾸 불렀다. 검은 웅덩이가 넓고 넓은 푸른 바다로 넘실거리며 작은 돛단배에 기지가 타고 점점 수평선 넘어 멀어져 간다. 멀리멀리 저 멀리 해 돋는 수평선으로 그녀는 끝없이 흘러가고 있었다.

"잘 가요… 잘 가요 기지 씨…."

두 팔을 힘껏 흔들며 멀어지는 그녀에게 끝없이 작별의 인사를 한다. 옛 추억의 그리움을 여심의 깊은 우정으로 아름답게 남겨준 여인. 누님 같은 깊은 품성을 고이 간직한 추억의 소중함을 가르쳐 준 이성의 친구. 점점이 멀어져 가는 기지에게 그리운 마음으로 이별의 인사를 가슴에 심는다.

"잘 가요… 잘 가요…."

입안에서 우물거리며 소리가 잠긴다. 아무리 소리쳐도 입속에서 맴돈다. 허공에 허우적거리며 발이 묶인다.

"잘 있으세요. 인택 씨 함께했던 시간은 행복이었어요. 메말라가던 감성에 빛을 주는 즐거움이었고 좋은 인연에 우정이었어요. 고맙고 감사해요."

붉은빛이 번지는 동해의 수평선에 크나큰 울림이 되어 파도 타고 공명 속에 기지는 멀리멀리 멀어져 갔다. 갈매기 소리가 머리 위에 요란스럽다. 비릿한 바닷바람 냄새가 파도를 타고 코끝으로 스며들어왔다. 푸른 창공에 힘찬 군무를 추는 갈매기들을 보면서 어슴프레 눈을 떴다.

'아, 꿈을 꾸었구나… 꿈을….'

멀어져 가는 기지의 모습이 아직도 생생하게 심어져 머릿속에 남겨진다. 꿈속의 이별을 아프게 느껴보며 멍하니 오랫동안 차 속에 누워 있었다. 날이 밝아오고 있었다. 거친 파도가 하얀 물거품을 품고 말아 올리듯 바위에 부딪친다. 힘껏 부딪친다.

바다는 그렇게 시퍼런 멍이 들었나 보다. 무엇이 그리웁기에….

먼동이 튼다. 날이 새고 있다. 핏빛같이 아린 붉은 빛의 바다가 수평선을 길게 줄을 긋고 있다. 크고 작은 배들이 저 멀리 오가며 검은 연기를 뿜어내고 떠 있듯이 간다.

어디로 가는 걸까?

캠핑카에서 나왔다. 하품을 길게 하고 한껏 바닷바람을 맞으며 두 팔을 힘껏 뻗치고 기지개를 켰다. 시원하다. 상쾌한 바다 냄새가 온몸에 담긴다. 붉은 해가 수평선 위로 반쯤 걸쳐서 뜨고 있는 찬란한 동해 바다.

무수한 갈매기들이 물짓하며 머리 위로 맴을 돌며 분주히 날며 요란하다. 바위에 올라섰다.

바닷물이 바위 사이로 소용돌이치면서 하얀 포말을 만들어 발 아래에 밀려왔다. 밀려난다. 세차게 몰아친다.

철썩철썩… 쏴… 아픈 가슴을 치고 때린다. 바람이 불어온다. 양다리에 힘을 주고 버티고 섰다. 온 몸뚱아리로 강하게 받고 섰다. 폭풍 같은 바람이다. 결코 쓰러질 수 없는 세월의 강한 바람이다.

흘러가는 인생의 바람이 불어온다. 인생 자체가 바람 같은 것을… 그래, 지난 5년간 짧은 인연의 바람이 분 거야. 스쳐 가는 인연의 바람이… 5년 전 이 동해 기장 바닷가에서 기지를 찾아보자고 문득 생각했었다. 20년 만에 그녀를 찾아보자고….

여기 이 동해 바닷가 파도 속에 외쳤다. 잠시 꿈속에 만났다가 이제 깨어난 거야. 한바탕 짧은 봄 꿈이었다. 오십 년의 세월이 바람처럼 지나가는… 뜬구름에 꿈을 꾸는 바람 같은 인생 긴 세월이 한바탕 꿈속이었구나….

너무나 추억 속의 그리움이었기에 짧은 춘몽을 꾸게 했나 보다. 그리운 정의 회포를 잠시 꿈속에 만났다가 뜬구름처럼 흘러갔나 보다.

만사가 꿈이었구나. 인생이 뜬 꿈이었구나.

    파도야 쳐라. 힘차게 쳐라.
    해야, 붉은 해야.
    불끈 솟아라 힘차게 솟아라
    바람아 불어라…
    강하게 불어라 꿈이었다.
    꿈이었다….